Andreas Späth und Menno Aden

Die missbrauchte Republik

Aufklärung über die Aufklärer

Verlag Inspiration Un Limited

Andreas Späth
und Menno Aden

Die missbrauchte Republik

Aufklärung
über die
Aufklärer

Verlag Inspiration Un Limited

© 2010 Verlag Inspiration Un Limited, London/Hamburg
Alle Rechte vorbehalten. Nachdruck, auch auszugsweise, sowie Verbreitung durch
Bild, Funk, Fernsehen, Internet und Datenverarbeitungssysteme jeder Art nur mit
schriftlicher Genehmigung des Verlages.

Umschlag: Zeichensetzen – die idea Medienagentur, 35578 Wetzlar
Druck: naberDRUCK GmbH, 76549 Hügelsheim

ISBN 978-3-9812110-2-3

„Die missbrauchte Republik – Aufklärung über die Aufklärer"

Geleitwort des Mitherausgebers
von Prof. Dr. Menno Aden, Oberkirchenratspräsident a.D. (SWG)

Prävention gegen die Zerstörung des Lebens – ein Vorwort
von Christa Meves

I. AUFSÄTZE

1.1. Der sexuelle Missbrauch – ein gesamtgesellschaftliches Phänomen
von Kurt J. Heinz

1.2. Gedanken eines Katholiken über den Missbrauch in der Kirche
von Weihbischof Prof. Dr. Andreas Laun

1.3. Missbrauch durch Priester: Das wirkliche Problem ist „gewöhnliche" Homosexualität
von Dr. Gerard van den Aardweg

1.4. Sexueller Missbrauch als Sexuelle Assistenz?
von Andreas Späth

1.5. Sexualisierung der Kinder und Jugendlichen durch den Staat
von Gabriele Kuby

1.6. „Triebkräfte für den politischen Kampf"
von Christa Meves

1.7. Wie können Kinder gegen Missbrauch geschützt werden?
von Dr. Albert Wunsch

1.8. Die Missbrauchsdebatte und das Erbe der Achtundsechziger
von Jürgen Liminski

II. DOKUMENTATION

2.1. Der Umbau der Gesellschaft

2.2. Grüne Vorstellungen zum Sex mit Kindern

2.3. Die Humanistische Union (HU)

2.4. Die Arbeitsgemeinschaft Humane Sexualität (AHS)

2.5. Die Arbeitsgemeinschaft-Pädophilie (AG-Pädo)

2.6. Das Geflecht: Humanistische Union – Arbeitsgemeinschaft Humane Sexualität – Arbeitsgemeinschaft Pädophilie

2.7. Reformpädagogik zwischen pädoerotischer Grenzüberschreitung und organisierter Kriminalität

2.8. **Die Pädophilenbewegung**

2.8.1. Fritz Sack und Rüdiger Lautmann

2.8.2. Helmut Kentler

2.8.3. Psychogruppen, Kindersex und Bombenterror – Die Kommune 2

2.8.4. Die Stadtindianer

III. **Anstelle eines Nachwortes:**
Die emanzipatorischen Quellen des Bösen –
Philosophische Überlegungen
von Prof. Dr. Harald Seubert

IV. **Kurzvitae der Autoren**

V. **Personen- und Sachregister**

Geleitwort des Mitherausgebers

1. Wie viel Wahrheit ist zumutbar?

Die in diesem Buch gesammelten Aufsätze handeln von Sexualität. Sexuelle Übergriffe von Pädagogen, Erziehern und sogar kirchlichen Amtsträgern haben uns in letzter Zeit in vielfacher Weise empört. Eklig, widerwärtig, unverständlich, beschämend ist das alles, und wohl nur das Wenigste von dem, was ans Licht kommt, wird man leugnen können.

Mancher wünscht sich daher wohl, der Schleier des Nichtwissens wäre nicht gehoben worden. Es werden ja nicht nur die jeweils individuell Schuldigen benannt, vor allem werden die Einrichtungen, für welche sie tätig waren, auch dann bloßgestellt, wenn sie besseres verdient hätten. In der Tat ist zu fragen, ob die Wahrheit ein so hohes Gut ist, dass es den gesellschaftlichen Schaden, der sich aus ihrer Aufdeckung auch ergibt, ausgleicht. Wäre es nicht doch besser zu schweigen, als dass legitime Autoritäten beschädigt und sogar die ehrwürdigste Institution unserer Kultur, die Kirche, niedergezogen wird?

Irritierend ist, dass oft gerade solche Personen in diesem Zusammenhang rigorose Aufklärung fordern, welche sonst Werte wie Treue, Liebe, Ehe, Keuschheit oder gar Glaube als Reminiszenzen einer vergangenen Zeit verhöhnen. Staat und Gesellschaft akzeptieren offenbar, dass sexuelle Aktivität vor allem dem Vergnügen dient. Wenn dann doch einmal die natürliche Folge, die Empfängnis, eintritt, wird halt abgetrieben. Das ist fast so selbstverständlich wie, dass man nach zu viel Alkohol Aspirin nimmt. In Deutschland werden mindestens 200.000 Abtreibungen pro Jahr durchgeführt. Diese bleiben unbestraft, obwohl das geltende Recht in vielen Fällen Strafe vorsähe – aber welcher Staatsanwalt sollte bei dem öffentlichen Meinungsklima den Mut haben, in die Dunkelziffern hineinzuleuchten?

2. Der Staat als Selbstzerstörer

Wie kam das alles? Wer ist eigentlich schuld an dem gegenwärtigen Zustand? Pädophilie gab es immer, sexuelle Entgleisungen begleiten den Weg der Menschheit. Die '68er-Revolution hat nicht *das* auf dem Kerbholz. Diese Bewegung hat aber zu einer dramatischen Absenkung der Schamgrenze geführt. Die uns durch Scham- und Sittengefühl eingegebene Hürde, Schmutziges zu sagen oder am Ende gar zu tun, ist kaum noch da. Treibende Kreise der '68er-Revolution fanden – in diesem Buch wird es belegt – nichts dabei, Jugendlichen möglichst früh sexuelle Aktivität in allen Varianten nahezubringen. Und das letzte Tabu, Pädophilie? Kein Problem, das dient der Selbstfindung des Jugendlichen. Geschlechtsverkehr mit Minderjährigen? Aber natürlich, macht doch Spaß. Die Leute, die uns das gepredigt oder mit aufklärerisch klingendem Wortgetöse als diskutabel hingestellt haben, sind oft noch in hohen Ämtern.

Jede Revolution tritt an, um eine neue Gesellschaft und einen neuen Menschen zu fordern und hervorzubringen. Tabubrüche sind, aus dieser Sicht, verzeihliche, ja notwendige Bedingungen einer Revolution. Wenn diese aber keine innere Richtung hat oder sie verliert, entartet sie zu Gesetz- und Zügellosigkeit und schließlich zur Verwahrlosung. Diese zeigt sich zuerst und am klarsten als sexuelle Enthemmung derer, die zur Schaffung des neuen Menschen angetreten waren.

Es ist nicht ganz zu leugnen, dass einige Kräfte innerhalb der 68er Revolution von, wenn auch vagen, Vorstellungen zu neuen freiheitlichen Ordnungen geleitet waren. Von diesen ist nichts geblieben. Geblieben und seither wie eine Ansteckung ständig weiter greifend, ist aber die sexuelle Enthemmung, der Verlust des Schamgefühls. Das beginnt in der Sprache. Die ist bereits bei Schülern sexuell verseucht, und die Schulen scheinen macht- und vielleicht auch orientierungslos, ob und wenn ja wie dem entgegenzutreten wäre. Vom Internet nicht zu reden. Die Fäkalsprache der sogenannten Rapper schlägt alles zu Boden.

Aber auch die gleichsam offiziellen Medien! Kaum ein Film, der unbefangen angeschaut werden kann. Der Kommissar hat einen Hammer in der Hose, und seine Assistentin juckt es. In einem Fernseh-Wirtschaftsmagazin werden Pornoläden gleichauf mit SB-Märkten vorgestellt. Irgendwo ist immer etwas geil, obszön – und am Ende eines mit ehewidrigen Beziehungen vollgestopften Tatortfilms liegt der Kommissar auf der bisher um ihr Liebesbedürfnis betrogenen Staatsanwältin. Der Unterschied zwischen dem öffentlich-rechtlichen und privaten Fernsehen besteht nur noch darin, dass im öffentlichen die beiden noch bekleidet sind. Auch Literatur hat sich darauf eingerichtet. Kaum ein Roman ohne Beischlafszene. *Feuchtgebiete* und Ähnliches verkauft sich und zieht Nachahmer an; ein Buch *Nacktbadestrand*, in welchem eine fast 90-Jährige die Freuden der Gerontophilie beschreibt, scheint die vorerst letzte Nummer dieser Serie zu sein. Was beklagen wir uns? All das wird offenbar gerne gelesen, *Feuchtgebiete* hat mit 55.000 verkauften Exemplaren seine Autorin reich gemacht. All das wird nicht nur hingenommen, sondern auch noch je nach Genre als Kunst angesehen.

3. Die Zerstörung von Ehe und Familie

Die Ehe droht zu einem gesellschaftlichen Fremdkörper zu werden. Sie ist fast nur noch für „fundamentalistische" Christen oder für solche Kreise attraktiv, welche wie der Adel oder das Großbürgertum aus Vermögensgründen Interesse an einem erbrechtlich legitimen Nachwuchs hat. Diese letzteren Kreise haben auch die Kenntnisse und Mittel, sich vertraglich vor den zerstörerischen Wirkungen des deutschen Scheidungsrechts einigermaßen zu schützen. Allen anderen kann eine gesetzliche Eheschließung eigentlich nicht mehr empfohlen werden. Während es auch in Jahrzehnten unmöglich ist, einen bösartigen und störenden Mieter loszuwerden, ist die Ehe unter der Hand zu einem täglich aufkündbaren Vertrag mutiert. Wer keine Lust mehr, wer eine neue Freundin gefunden hat – die Ministerpräsidenten großer Bundesländer haben es uns vorgemacht – stößt seine Ehefrau ab, und man präsentiert sich in der Öffentlichkeit mit einer neuen jungen Feschen. *Der Fisch stinkt vom Kopf!* Wenn die herausragenden Vertreter unseres demokratischen Staates kein Ehrgefühl in diesen Dingen mehr zeigen – warum sollten die einfachen Bürger es noch haben?

Das Scheidungsfolgenrecht mit seinen Unterhaltsregelungen macht die Eingehung einer gesetzlichen Ehe auch für gutwillige Brautleute zu einem im Grunde untragbaren finanziellen Risiko. Es ist hier nicht der Ort, ins Einzelne zu gehen, aber Gesetz und Rechtsprechung können oft nur noch unter der Annahme verstanden werden, dass der Staat Ehe und Familie zerstören will.

Doch der Staat zieht sich damit selbst den demographischen Teppich unter den Füßen weg, und eine Lüge gebiert die andere. Mit lautem Getue wird die Alterung unseres Volkes beschrieen. Kostspielige, oft unsinnige Maßnahmen werden geplant, verworfen, ergriffen, wieder verändert, um die doppelt verdienenden Eltern allenfalls geborener Einzelkinder von der beschwerlichen Erziehungsarbeit zu befreien. Gleichzeitig werden in Deutschland, einem der reichsten Staaten der Erde, aus angeblich sozialen Gründen alljährlich hunderttausende von Kindern abgetrieben. Dafür blüht wiederum das Geschäft mit Kinderkauf, d. h. durch Korruption eingefädelte Adoptionen von Kleinkindern; gern fremdländischer Herkunft, weil die so niedlich und jedenfalls leichter zu bekommen sind.

4. Die Feigheit des Bürgertums

Das Bürgertum hat die Zerstörungen seiner Werte nicht gewollt. Es will sie auch heute nicht. Aber es hat gesellschaftliche Entwicklungen widerspruchslos hingenommen, die inakzeptabel sind und es hat durch Unaufmerksamkeit ermöglicht, dass an den Rändern des demokratischen Spektrums der schlimmste Tabubruch, der sexuelle Kindesmissbrauch, offen diskutiert, ja als angeblich gut und richtig gelobt wurde.

Nur eine tiefgreifend veränderte Medienlandschaft hat diese Entwicklung möglich gemacht. Plattformen der Pädophilen waren Periodika wie „Konkret" und – näher an der bürgerlichen Mitte der Gesellschaft – die in Berlin erscheinende „Tageszeitung". Beide hielten und halten sich für moralische Instanzen, die gerne andere anklagen. Die großen Leit- und Massenmedien unseres Landes fanden das nicht skandalös, ja kaum vermeldenswert. In dieser Lage scheint es dem wertebewussten Bürgertum die Sprache verschlagen zu haben: Selten, sehr selten steht jemand auf, um sich gegen die Zersetzung unserer Wertvorstellungen auch öffentlich zu äußern. Vereine und Gesellschaften wie die SWG, welche sich dieser Thematik annehmen, finden überraschend wenig Zulauf. Man stimmt ihnen zwar zu, aber gleichsam nur wie der aus dem Neuen Testament bekannte Nikodemus – in der Nacht! Die wenigsten sagen offen, dass sie Mitglieder einer solchen Gesellschaft sind oder eine konservative Zeitung wie etwa die *Preußische Allgemeine Zeitung, idea Spektrum* oder die *Junge Freiheit* lesen. Erklärbar ist das nur durch die, pardon, Feigheit des klassischen Bürgertums, Dinge zu sagen oder zu tun, die gegen einen vermeintlichen Konsens verstoßen. Die Massenmedien haben in vielen ethischen Fragen im öffentlichen Raum aber einen reinen Pseudokonsens errichtet, in dem plötzlich als „mutig" gilt, wer nur sagt, dass er das jahrhundertelang bis vor wenigen Jahren geltende Eherecht für richtig, die Homo-Ehe hingegen für falsch hält. Objektiv ist diese Aussage, die zweifellos Millionen Menschen völlig teilen und die selbstverständlich geäußert werden kann, nicht mutig. Doch subjektiv scheint Mut dazu zu gehören – sei es, weil das Bürgertum von Natur aus feige ist, oder sei es, weil das Konformitätsbedürfnis zur Natur des Menschen gehört. So oder so: Diese Zusammenhänge gilt es bewusst zu machen und zu durchbrechen, wenn uns gesellschaftliche Kräfte, die lange Zeit noch nicht einmal den Abgrund der Pädosexualität als solchen erkannten, nicht weiterhin erklären sollen, was gut und böse ist.

5. Unsere beiden Anliegen

Für was also setzen wir, auch der Unterzeichner, uns mit diesem Buch eigentlich ein? Zunächst dafür, bittere Tatsachen der bundesdeutschen Geschichte zu dokumentieren und einer breiteren Öffentlichkeit bekannt zu machen: Kleine, aber ambitionierte und bestens vernetzte Gruppen haben rund eine Generation lang, von den sechzigern bis in die neunziger Jahre hinein versucht, sexuelle Aktivitäten von Erwachsenen mit Kindern zu enttabuisieren, ja sie straflos zu stellen und als angebliches „Recht der Kinder" sogar als Errungenschaft gesellschaftlich zu etablieren. Es ist ein Skandal der bundesdeutschen Geistesgeschichte, dass diese Bestrebungen bis weit in etablierte Kreise – bis in die Reihen von Parlamentsparteien, Universitäten, Regierungen, Bundesbehörden und Zeitungen, ja bis in die Randbereiche der kirchlichen Jugendarbeit hinein – Widerhall und Unterstützung gefunden haben.

Das Ziel der Straflosstellung der Pädosexualität ist gegen Mitte der neunziger Jahre kläglich gescheitert und gilt seitdem als restlos diskreditiert. Aber wichtige Akteure dieses Projekts sind unverändert in verantwortlicher Position, und vor allem: Die Straflosigkeit der Pädophilien war eben doch nur die „Spitze des Eisbergs" der – wie sich zeigen lässt – oft ganz bewusst herbeigeführten Zerstörung unserer Sexualmoral. Auch darauf will dieses Buch hinweisen und Querverbindungen aufzeigen, insbesondere zur Lobby der Homosexuellen, mit der die Pädophilenlobby nachweisbar jahrzehntelang am engsten verbunden war.

Das Buch hat indessen noch ein zweites Anliegen. Wir setzen uns für uns selber und alle Menschen ein, wenn wir dafür werben, mit der Sexualität behutsamer umzugehen als es heute geschieht. Die Geschlechtlichkeit, die Sexualität ruht in unserem Tiefsten, geht uns zuinnerst an, und der unkeusche Umgang mit ihr würde uns zugrunde richten.

Die Geschlechtlichkeit ist eine uns dunkel beherrschende Macht. Kriminologisch ist sie weiterhin die stärkste Kraft, die den Menschen nicht nur zu Sittlichkeitsverbrechen, sondern zu Gewalttaten aller Art drängt. Die überwältigende und oft zerstörerische Kraft des Eros wurde von Menschen immer gefürchtet und in zahllosen Werken alter und neuer Zeit beschrieben. Aber erst Sigmund Freud hatte den Mut, sie wissenschaftlich beim Namen zu nennen, sie gleichsam an den Haaren zu packen und zu versuchen, sie niederzuwerfen. Wusste er, was er tat? Vielleicht. Das Motto über seinem grundlegenden Werk *Traumdeutung* (1899) scheint es zu sagen: *Flectere si nequeo superos, Acheronta movebo – kann ich die Götter nicht erweichen, so soll will ich die Hölle in Bewegung setzen.* Niemand, der nicht reines Herzens ist, rührt ungestraft an diesen dunklen Seiten unseres Wesens.

In Schillers Ballade *Der Taucher* taucht ein Jüngling nach dem goldenen Becher in die Tiefe der Versuchung. Er kommt wider Erwarten zurück und warnt: *... da drunten aber ist's fürchterlich und der Mensch versuche die Götter nicht!* Schiller nimmt diesen Gedanken in seinem philosophischen Gedicht *Das verschleierte Bild zu Sais* noch einmal auf. Ein Jüngling, *den des Wissens heißer Durst* nach der reinen Wahrheit treibt, tritt mit seinem Begleiter vor die verhüllte Wahrheit und meint, es sei doch ganz einfach, den Schleier herabzureißen und endlich die nackte Wahrheit zu sehen. Der Begleiter warnt ihn: Nur die Gottheit selber werde sie enthüllen. Der Jüngling kommt bei Nacht zurück und reißt der Wahrheit den Schleier herab. Am anderen Morgen wird er völlig verstört aufgefunden: *auf* *ewig war seines Lebens Heiterkeit dahin, ihn riss ein tiefer Gram zu frühem Grabe.* Die Vorlagen für beide Gedichte stammen aus der griechischen Antike, ihre Aussage hat also die mythische Qualität einer höheren Wahrheit.

Geschlechtlichkeit schafft Leben und, wer sie liebend erfährt, fühlt sich wie in Ewigkeiten geborgen. Aber nur, wer mit einem *neuen und gewissen Geist* (Psalm 51, 12), mit Behutsamkeit und Liebe handelt, kann darauf hoffen. Aber wehe, wenn wir mit unreinen Händen und Herzen locker, flockig, schlüpfrig über jegliche Sexualpraktik reden, wenn wir nach dem Motto „Alles muss mal gesagt werden!" über diese oder jene sexuelle Orientierung reden, als wären es Murmeln zum Spielen.

Es ist nicht erlaubt, Sexualität zu verschweigen, Geschlechtlichkeit herabzuwürdigen. Wir müssen sie ernst nehmen, wie einen Freund, der zum Feind, wie einen Feind, der zum Freund werden kann.

Eine Gesellschaft, die wie die heutige deutsche Geschlechtlichkeit allzu oft mit Lüsternheit und Geilheit gleichsetzt, zerstört was am Ende die Höhe des Lebens ausmacht. Die Liebe und die Möglichkeit, sie in ihrer äußersten Form, in der Gemeinschaft von Mann und Frau zu erleben. Diese entsteht aber nicht im Licht unkeusch schweifender Kameras oder im schlüpfrigen Geschwätz. Diese Liebe vollzieht sich nur im Dunklen, in welchem alles Leben und, wie die Religionen lehren, der Geist Gottes seine wahre Gestalt suchte und fand.

Prof. Dr. Menno Aden,
im August 2010

Prävention gegen die Zerstörung des Lebens – ein Vorwort

Das Jahr 2010 war geprägt von einer beispiellosen Welle an Enthüllungen über Fälle sexuellen Missbrauchs an Kindern und Jugendlichen. Nach ersten Berichten über Altfälle an katholischen Einrichtungen zu Jahresbeginn folgten Enthüllungen über die Odenwaldschule, über Missbrauch in Kinderläden, in Internaten und in anderen gesellschaftlichen Bereichen.

Der Entschluss der Bundesregierung Ende März 2010, einen Runden Tisch einzurichten, der dem Auswuchs des „sexuellen Kindesmissbrauchs" durch präventive Maßnahmen Einhalt gebieten soll, war und ist ein begrüßenswerter Fortschritt in später Stunde. Doch in der weiteren Diskussion wurde schnell klar, dass wirksame Prävention zunächst nach den Ursachen fragen muss. Hier ging und geht vieles durcheinander. Beispielsweise konnte der normalen Zeitungsleser leicht zu dem Eindruck kommen, dass katholische Einrichtungen für derartige Missbräuche besonders anfällig seien. Nur nach und nach sickerte in den Massenmedien durch, dass rund 90 Prozent aller Missbrauchsfälle im rein privaten und familiären Bereich geschehen. Da aber hatten die großen plakativen Schlagzeilen, die Bischöfe und Orden, ja die Kirchen insgesamt in ein Zwielicht des Misstrauens rückten, ihren schädigenden „Dienst" schon getan.

Nur aufmerksame Leser guter Zeitungen erfuhren überhaupt, dass es seit den späten sechziger Jahren – das Jahr 1968 markiert hier wirklich eine Epochenwende – bis teilweise in die neunziger Jahre hinein auf der gesellschaftlichen Linken ernstzunehmende Bestrebungen gab, sexuelle Aktivitäten von Erwachsenen mit Kindern als unschädlich zu verharmlosen, ja sie als etwas Positives darzustellen. Sexueller Kindesmissbrauch, seit jeher im Urteil der übergroßen Mehrheit der Menschen das schlimmste Verbrechen nach dem Mord, sollte nach dem Willen dieser Kräfte durch Streichung der entsprechenden Paragraphen straflos gestellt und durch eine subtile Manipulation der Bevölkerung, insbesondere der Jugend, als etwas mehr oder weniger Normales etabliert werden.

Es ist das große Verdienst der Kirchlichen Sammlung um Bibel und Bekenntnis in Bayern und ihres Vorsitzenden Andreas Späth, mit dem vorliegenden Band diese unsäglichen Bestrebungen, die den unvoreingenommenen Leser nur mit tiefer Abscheu erfüllen können, in ihren Ursachen und Zusammenhängen in bisher einmaliger Weise exakt und zusammenhängend dokumentiert zu haben. Als Mitherausgeber ist der in Hamburg ansässigen Staats- und Wirtschaftspolitischen Gesellschaft (SWG) e.V. unter ihrem Vorsitzenden Prof. Menno Aden zu danken, ohne dessen Engagement diese Veröffentlichung kaum zustande gekommen wäre.

Die Autoren zeichnen ein exaktes Bild der geistesgeschichtlichen Wurzeln und der Aktivitäten der Bewegung der aktiven Förderer der Pädosexualität. Es war eine zahlenmäßig kleine Bewegung, die aber – wie hier dokumentiert wird – in den 30 Jahren zwischen 1968 und etwa 1998 erheblichen gesellschaftspolitischen Einfluss gewann und ausübte. Insbesondere die nachgerade revolutionäre Änderung unseres Ehe- und Familienrechts seit Ende der 60er Jahre, die schulische Sexualerziehung, aber teilweise auch die kirchliche Jugendarbeit tragen bis heute zumindest in Teilen die Handschrift dieser ungemein gut vernetzten und zielstrebigen Bewegung. Nach den Enthüllungen der zurückliegenden Monate will niemand mehr etwas mit ihnen zu tun gehabt haben, doch die prominentesten Vertreter dieser Bewegung berieten als Professoren Bundes- und Landesregierungen in Fragen der Schul- und Jugendpolitik, schmückten sich mit dem Bundesverdienstkreuz, verhinderten als Gerichtsgutachter die Bestrafung von Kinderschändern und nahmen sogar auf die kirchliche Jugendarbeit Einfluss. Dieses Buch nennt mutig Aktivitäten und Akteure beim Namen. Es wird deutlich: Der ambitionierte Titel „Die missbrauchte Republik" ist durchaus keine Übertreibung.

Sehr schnell wird hierbei deutlich, dass die Aktivitäten zur Legalisierung und gesellschaftlichen Anerkennung der Pädosexualität in Deutschland nicht den Hauch einer Chance gehabt hätten ohne den geistesgeschichtlichen Hintergrund der sogenannten „sexuellen Revolution". Millionen Menschen wurde „sexuelle Befreiung" versprochen, doch das Ergebnis der zunehmenden Sexualisierung des öffentlichen Raums, der Geringschätzung von Scham und sexueller Zurückhaltung war ein Boom an Promiskuität und Scheidungen, das millionenfache Unglück der Scheidungswaisen und nicht zuletzt das Elend von Millionen Abtreibungen. Wer wurde dadurch eigentlich froh? Die Fähigkeit unzähliger Menschen, stabile Beziehungen einzugehen und damit als Eltern und Eheleute glücklich zu werden, wurde ruiniert. Für andere hingegen war es ein großes Geschäft. Auch diese dunkle Kehrseite der gesellschaftlichen Umwälzung, deren kriminelle Spitze die Bewegung der Pädosexuellen bildet, wird in der vorliegenden Schrift offen thematisiert.

Aber das Buch zeigt auch Auswege auf. Es genügt eben nicht, durch ausgeklügelte Vorsichts- und Präventionsmaßnahmen den sexuellen Kindesmissbrauch zahlenmäßig zurückzudrängen. Das ist richtig und wichtig und gewiss wird es am „Runden Tisch" der Bundesregierung ganz im Vordergrund stehen. Doch wenn wir das Übel wirksam bei der Wurzel packen wollen, sind andere Dinge und ein wirkliches Umdenken notwendig.

Vergessen wir nicht, dass ein bedeutender Teil des Kindesmissbrauchs in Form der Kinderpornographie geschieht – es ist derjenige Teil des Gesamtphänomens, der weiterhin wächst, weil das Internet dieser Branche einen kaum kontrollierbaren Vertriebsweg eröffnet hat. Berücksichtigt man außerdem, wie wichtig den Protagonisten der Pädosexualität von Anfang an die Zerstörung des kindlichen Schamgefühls war, so wird klar, dass wir auch über die weitgehend aufgehobene Strafbarkeit der Pornographie neu nachdenken müssen.

Verhinderung von Kindesmissbrauch heißt aber an allererster Stelle Stärkung der Familie, besonders der Mütter. Das linke Programm, die Familie zu zerstören, muss endlich als existenzgefährdend erkannt, und es muss ermöglicht werden, dass Mütter ohne Not bei ihren kleinen Kindern – besonders in der frühen Bindungsphase – bleiben können, erst recht, wenn sie wirtschaftlich nicht auf Rosen gebettet sind. Neuerdings weiß sogar Alice Schwarzer, die übrigens beim Thema Pädophilie viel früher als andere mutig ihre Stimme erhoben hat, dass nur eine starke Mutter mit vertrauensvoll an sie gebundenen Kindern wird erreichen können, dass diese ihr über Eingriffs- und Missbrauchsversuche berichten. Im besten Fall sollten die Kinder durch den elterlichen, familiären Schutz so viel Selbstsicherheit erwerben, dass Verführungsversuche an ihnen abprallen.

Christa Meves, im August 2010

I. AUFSÄTZE

1.1. Der sexuelle Missbrauch – ein gesamtgesellschaftliches Phänomen

von Kurt J. Heinz

Seit Monaten beherrscht der sexuelle Missbrauch von Kindern und Jugendlichen die Schlagzeilen. Der Leiter des Canisius-Kollegs der Jesuiten in Berlin trat Ende Januar 2010 eine Lawine der Empörung über Einrichtungen der katholischen Kirche los. Mit seinem Gang an die Öffentlichkeit gerieten Hinweise auf Missbrauchsfälle in kirchlichen Einrichtungen in den Sog eines plötzlich explodierenden öffentlichen Interesses. Beschuldigungen und Anklagen schwollen zu einem reißenden Strom des Verdachts an, der sich vor allem über die katholische Kirche ergoss. Doch wird dabei oft verkannt, dass der sexuelle Missbrauch weder ein speziell kirchliches noch ein neues, sondern ein gesellschaftsweites Phänomen ist, das massenhaft vorkommt. Wer es mit den Opfern ernst meint, darf sich nicht auf die Frage beschränken, was weltliche und kirchliche Institutionen anders machen müssen und wie deren Opfer entschädigt werden können, sondern muss prüfen, was Politik und Gesellschaft im Umgang mit der Sexualität ändern müssen, damit Kinder und Jugendliche nicht länger zu Opfern werden.

Sexueller Missbrauch wird mit hohen Strafen geahndet

Nachdem Pater Klaus Mertes, Rektor des Canisius-Kollegs der Jesuiten in Berlin, im Zusammenhang mit Vorfällen aus den siebziger und achtziger Jahren an die Öffentlichkeit trat[1] und eine Welle größten medialen Interesses auslöste, griff Bundesjustizministerin Sabine Leutheusser-Schnarrenberger das Thema des Missbrauchs von Kindern in kirchlichen Einrichtungen rasch auf und forderte von der katholischen Kirche, jedes Anzeichen eines Verdachtes den Strafverfolgungsbehörden anzuzeigen sowie sich an einem Runden Tisch zu verantworten. Die drangvolle Initiative der FDP-Politikerin und das große mediale Interesse konnten so nicht unbedingt erwartet werden. Es gab auch in den zurückliegenden Jahren immer wieder Missbrauchsfälle, die jedoch auf weit geringeres Interesse stießen, von eigentlichen Sexualmorden einmal abgesehen. Dies erscheint insoweit erklärbar, als im geistig-moralischen Milieu vergangener Jahrzehnte sexuelle Handlungen mit Kindern nicht mehr von allen Teilen der Gesellschaft als eindeutig kriminell angesehen wurden. Insbesondere bei den Grünen gab es Bestrebungen, derartige pädophile Aktivitäten zu entkriminalisieren oder sogar als positiv zu propagieren. Doch jetzt sprangen auch die Grünen auf den Zug auf, der sich gegen den „sexuellen Missbrauch von Kindern in der katholischen Kirche" in Gang setzte. Sie schienen sogar mit Sabine Leutheusser-Schnarrenberger um die Rolle des Chefanklägers wetteifern zu wollen. Renate Künast von Bündnis 90/Die Grünen forderte über die Einrichtung eines Runden Tisches hinaus auch die Einrichtung einer Bundestags-

Meinungsbild: ein Spiegel der Medienberichte, nicht der Wirklichkeit 15

kommission. Und selbst Volker Beck, der sich Mitte der achtziger Jahre noch für eine Entkriminalisierung der Pädosexualität aussprach[2] (sich heute davon aber zu distanzieren versucht), verurteilt jetzt diejenigen, deren sexuelle Neigungen er einst verharmloste und für unterstützenswert hielt.

Im Gegensatz zur früher geübten Ignoranz rüttelt der sexuelle Kindesmissbrauch zu Recht die Öffentlichkeit auf. Denn zu sexuellen Übergriffen gehören minder schwere Vergehen, bei denen es wie bei exhibitionistischen Handlungen zu keinem körperlichen Kontakt mit dem Opfer kommt, ebenso wie schwerste Verbrechen, bei denen das Opfer extreme Formen körperlicher sexueller Gewalt erfährt, wie es bei der Vergewaltigung geschieht was die Betroffenen häufig für den Rest ihres Lebens traumatisiert. Es geht also um Formen der sexuellen Gewalt, die den Opfern vielfach schweren Schaden zufügt, und die schon deshalb vom Gesetzgeber mit zum Teil hohen Freiheitsstrafen belegt ist. Das Strafgesetzbuch legt fest: Sexuelle Handlungen vor, mit oder an Kindern werden als sexueller Missbrauch mit Freiheitsstrafen bis zu 5 Jahren, in besonders schweren Fällen bis zu 10 Jahren geahndet. Zum sexuellen Missbrauch zählt auch, wenn jemand ein Kind dazu bestimmt, sexuelle Handlungen an einem Dritten vorzunehmen.

In der aktuellen Debatte stellt sich nicht mehr die Frage, ob die begangenen Taten strafwürdig sind, sondern, ob die gegenwärtig diskutierten Maßnahmen und deren inhaltliche sowie strukturelle Ausrichtung dem Missbrauchsproblem und seinen Opfern gerecht werden. Wer die bisherige Entwicklung der öffentlichen Diskussion kritisch hinterfragt, kann zu dem Schluss kommen, dass sie unbegründet auf Fälle in kirchlichen und weltlichen Einrichtungen verengt ist, und deswegen dem Kindesmissbrauch in der Gesellschaft als generellem Problem nicht gerecht wird. Dies lässt sich auch am Meinungsbild ablesen, das sich bis Sommer 2010 in der Bevölkerung über den sexuellen Missbrauch entwickelt hat.

Meinungsbild: ein Spiegel der Medienberichte, nicht der Wirklichkeit

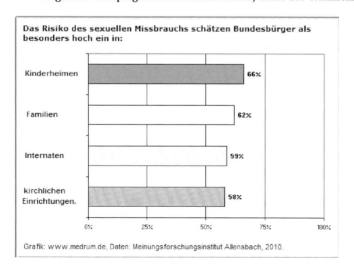

Nach Erkenntnissen des Meinungsforschungsinstitutes Allensbach vom Juni 2010 hält eine Mehrheit der Bundesbürger das Risiko, als Kind sexuell missbraucht zu werden, für hoch. Auffällig ist, dass die Risikoeinschätzung für Internate (59%) und kirchliche Einrichtungen (58%) kaum geringer ist als für den Familien- oder Bekanntenkreis (62%).[3] In diesen Zahlen spiegelt sich ein Meinungsbild wieder, das wesentlich durch die medienbekannten Verdachtsfälle von Missbrauch in kirchlichen Einrichtungen geprägt ist. Der Anteil der Bevölkerung, der der Kirche zutraut, in moralischen Fragen Orientierung zu geben, ist allein zwischen März und Juni 2010 von 29 auf 23 Prozent gesunken. In weiten Teilen der Bevölkerung ist der unzutreffende Eindruck entstanden, dass sexueller Missbrauch ein in der katholischen Kirche weitverbreitetes Phänomen ist. Kindesmissbrauch durch katholische Priester halten 47 Prozent der Bevölkerung für häufig, obwohl die berichteten Fälle nur eine sehr kleine Minderheit der Priester betreffen und überwiegend Jahrzehnte zurückliegen.

Einen ähnlich verzerrten Eindruck über die Häufigkeit und das Risiko des sexuellen Missbrauchs kann gewinnen, wer die Hinweise auf Missbrauchsfälle an die „Unabhängige Beauftragte der Bundesregierung" analysiert. Nach einer Zwischenbilanz sind dort bis Mitte Juni 2010 Hinweise auf mehr als 1000 Missbrauchsfälle eingegangen. In zwei Dritteln der Fälle habe der Missbrauch in Institutionen stattgefunden, davon rund die Hälfte in kirchlichen, vor allem katholischen Institutionen.[4] Doch diese Fälle geben nur einen winzigen, keineswegs repräsentativen Ausschnitt des tatsächlichen Geschehens wieder und vermitteln deswegen ein stark verzerrtes Bild der Wirklichkeit. Denn die polizeiliche Kriminalstatistik belegt: Sexuelle Vergehen an Kindern und Jugendlichen finden überwiegend im privaten Raum und nicht in kirchlichen oder weltlichen Einrichtungen statt.

Riesige Dunkelziffer und große Opferzahlen im privaten Bereich

Bereits seit Anfang der 90er Jahre erfasst die Polizei jährlich im Durchschnitt etwa 15.000 Opfer von sexuellem Kindesmissbrauch (in den 80er Jahren lag die Zahl der in den alten Bundesländern polizeilich erfassten Fälle noch bei etwa 10.000 jährlich). Seit 2005 zeichnet sich ein Rückgang auf ein Niveau von etwa 12.000 Missbrauchsfällen pro Jahr ab.

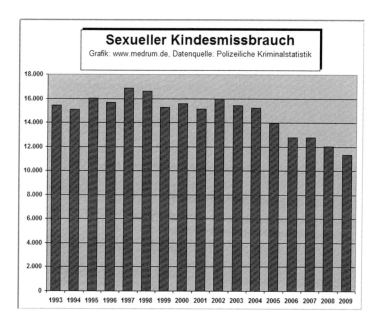

Die Dunkelziffer wird von Experten als sehr hoch eingeschätzt, denn in den meisten Fällen kommt es nicht zu einer Anzeige.[5] Der Umfang tatsächlicher Missbrauchsfälle wird auf das Zehn- bis 15-Fache der zur Anzeige gebrachten Fälle geschätzt. Ein Großteil der Opfer sind Kinder im vorpubertären oder pubertären Alter, doch haben zehn Prozent der Opfer noch nicht einmal das Schulalter erreicht. Das Lebensumfeld dieser unter 6-Jährigen liegt nicht in (schulischen) Institutionen oder Vereinen, sondern wird von ihren Familien, Kinderkrippen und Kindergärten gebildet.

Übergriffige Pädagogik wie im Fall der Odenwaldschule sowie übergriffige Seelsorge und Geistlichkeit wie im Kloster Ettal oder im Canisius-Kolleg sind eher Sonderfälle, die aber eine enorm hohe Aufmerksamkeit erreicht haben. Dies geht übereinstimmend aus der Kriminalstatistik und sozialwissenschaftlichen Studien hervor.

Sexuelle Gewalt wird weit überwiegend im sozialen Nahbereich verübt

Nach polizeilichen Erkenntnissen ereignen sich etwa drei Viertel aller Missbrauchsfälle im sozialen Nahbereich, das heißt im Bekanntenkreis, im Kreis der Familie und Verwandtschaft sowie ihrer Nachbarschaft bzw. im Verwandten- oder Bekanntenkreis der Kinder. Wer argumentiert, der Zölibat müsse aufgehoben werden, um dem sexuellen Missbrauch zu begegnen, ignoriert, dass diese in den meisten Fällen von Tätern begangen wird, die weder zölibatär leben noch zu zölibatärem Leben verpflichtet wären. „Nein, der sexuelle Missbrauch von Kindern ist keine Erfindung katholischer Patres", stellt selbst Alice Schwarzer völlig zu Recht fest.[6]

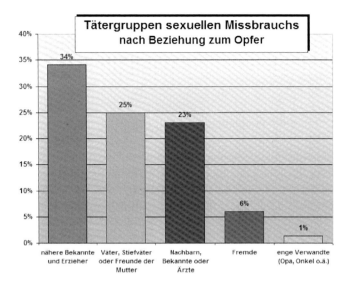

In kirchlichen Einrichtungen sind die Täter überdies mehrheitlich Homosexuelle, auch die Opfer also größtenteils männlichen Geschlechts. Außerhalb kirchlicher Einrichtungen sind jedoch Mädchen weitaus häufiger betroffen als Jungen. In Studien schwanken die Ergebnisse zwischen dem Doppelten bis zum Drei- oder Vierfachen.[7] Bis zu 25 Prozent der weiblichen und 8 Prozent der männlichen Befragten einer Studentengruppe in sozialwissenschaftlichen Untersuchungen berichteten retrospektiv von erfahrenen sexuellen Übergriffen.

Verengte Diskussion wird 10 Millionen Opfern nicht gerecht

Aus dem Vergleich verschiedener Untersuchungen lässt sich folgern, dass etwa jedes fünfte Mädchen und jeder zehnte Junge Opfer sexuellen Missbrauchs werden. Das entspricht einem Anteil von 15 Prozent der Bevölkerung. Dies bedeutet: Die bei der Beauftragten der Bundesregierung bisher erfassten etwa 350 Fälle in kirchlichen Einrichtungen sind nicht einmal eine Spitze des Eisbergs. Denn es kann davon ausgegangen werden, dass bis zu etwa 12 Millionen Menschen in Deutschland im Laufe ihrer Kindheit und Jugend in dieser oder jener Form sexuell missbraucht wurden! Auch wenn in dieser enormen Zahl alle Arten von Verfehlungen, also auch die sogenannten „leichteren" Fälle wie rein exhibitionistische Handlungen, die etwa zwischen 15 und 20 Prozent aller Fälle ausmachen, enthalten sind, macht dies die alarmierende Dimension deutlich, um die es beim sexuellen Missbrauch geht. In der politischen und gesellschaftlichen Diskussion wird das viel zu wenig beachtet, obwohl es zwingend geboten wäre, um künftige Opfer zu vermeiden.

Die bisher weitgehend verengte Diskussion muss deshalb ihren Blick weiten, andernfalls wird die Politik nicht den Ursachen für den massenhaften Missbrauch in der Gesellschaft auf den Grund gehen. Dies zeigen auch die bisher bei der „Unabhängigen Beauftragten der Bundesregierung" gemeldeten Fälle: Sie verteilen sich über einen Zeitraum von

62 (!) Jahren und liegen statistisch gesehen durchschnittlich dreißig Jahre zurück. Verglichen mit den Zahlen der Kriminalstatistik betragen sie nicht einmal ein Promille der polizeilich erfassten Fälle. Werden sie mit dem tatsächlichen Umfang des Missbrauchsgeschehens einschließlich Dunkelziffer verglichen, erfassen sie lediglich 0,1 Promille aller Fälle und sind – statistisch gesehen – unbedeutend. Die Feststellung, zwei Drittel der Missbrauchsfälle habe in Institutionen und ein Drittel in kirchlichen Einrichtungen stattgefunden, gilt somit lediglich für den Bruchteil von etwa einem Zehntausendstel der tatsächlichen Vergehen und Verbrechen, über die sich Opfer, Täter und mögliche Zeugen meist in Schweigen hüllen.

Wer also glaubt, es genüge, die Fälle des Runden Tisches abzuarbeiten, begeht einen kapitalen Irrtum. Die Forderungen von Christine Bergmann, „Tätertoleranz darf nicht länger vor Opferschutz stehen" und „sexuelle Gewalt gegen Kinder muss gesellschaftlich geächtet werden", muss für alle Täter und für alle Opfer gelten. Bergmanns Erklärung, sie wolle über den Runden Tisch Veränderungen bei Einrichtungen bewirken, die mit Kindern und Jugendlichen arbeiten[8], ist deshalb zwar vorbehaltlos zu unterstützen, doch greift sie viel zu kurz.

Was muss geschehen, um Kinder zu schützen?

Es ist nicht nur erforderlich, die bekannt gewordenen Fälle aus Einrichtungen aufzuarbeiten. Sie sollten vielmehr als Impuls dienen, um zu klären, weshalb Kinder vor allem im sozialen Nahbereich so häufig Opfer des Missbrauchs werden und was unternommen werden muss, um dies künftig zu verhindern. Wer wie Heiner Geißler argumentiert, der sexuelle Missbrauch in der katholischen Kirche sei eine Folge ihrer Körper- und Sexualitätsfeindlichkeit[9], kommt spätestens dann in Erklärungsnot, wenn er die Ursachen der sexuellen Gewalt an Kindern und Jugendlichen in einer Gesellschaft erklären soll, in der es seit der sogenannten sexuellen Befreiung ab den sechziger Jahren nahezu kein Tabu mehr gibt, das der Befriedigung sexueller Bedürfnisse entgegenstünde. Protagonisten der sexuellen Freiheit suggerierten, sexuelle Triebbefriedigung sei Teil der Gesundheit und müsse – nur noch der Norm der Gewaltfreiheit unterworfen – in die Beliebigkeit des Individuums gestellt und von überkommener „bürgerlicher Moral" befreit werden. Selbst Sex mit Kindern wäre von Vertretern einer solchen Anschauung legalisiert worden, wenn sich die radikalen Auffassungen, wie sie in den achtziger Jahren vor allem in der Partei der Grünen vertreten wurden, gesellschaftlich und politisch durchgesetzt hätten.

Die Konsequenzen dieses Denkens waren unausweichlich. Die Sex- und Pornographiesucht ist eine davon und hat schon längst ein bedenkliches Ausmaß bis hinein in die Generation der Kinder und Jugendlichen erreicht. Der Ethiker und Theologe Thomas Schirrmacher warnt: „Mehr als ein Drittel aller weltweiten Internet-Downloads haben einen pornografischen Inhalt; jede neunte Website besteht aus Pornografie. Fast jeder zehnte Mann in Deutschland gilt bereits als pornografiesüchtig, Tendenz steigend."[10] Davon sind Kinder und Jugendliche zweifach betroffen. Zum einen als direkte „Konsumenten" über das Medium Internet und zum anderen als Missbrauchsopfer sex- und pornographiesüchtiger Erwachsener. Das Suchtverhalten bleibt oft nicht auf den Konsum von Pornographie beschränkt, sondern neigt zu schrittweiser Eskalation.

Die von der Politik freigegebene pornographische Durchseuchung der Gesellschaft ist nicht die einzige Folge dieses Denkens geblieben. Zu den weiteren Folgen gehört der Bruch zahlloser Ehen und Partnerschaften, fast jede zweite Ehe wird mittlerweile irgendwann geschieden. Kindern wird so das Zusammenleben mit Mutter und Vater genommen und setzt sie in großen Scharen einem chaotischen Beziehungsgefüge wechselnder Lebens- und Sexualpartner aus, das ihnen die so wichtige Geborgenheit nimmt, die ihnen ein Aufwachsen im Schoße liebender Eltern gibt. So werden die Schicksale zahlloser Kinder belastet und Lebensstrukturen ausgehöhlt, die als Fundament für die soziale Stabilität der Gesellschaft und ihre gesunde Entwicklung unerlässlich sind.

Doch über derartige und weitreichende Folgen der sexuellen „Befreiung" und die Zusammenhänge mit sexuellem Missbrauch wird in den Medien meist geschwiegen. In Wahrheit findet hier eine „Vertuschung" im großen Maßstab statt, über die eine ernsthafte öffentliche Debatte geführt werden müsste. Anlässe dafür hat es mehrfach gegeben. Bereits das, was Bernd Siggelkow in seinem Buch „Deutschlands sexuelle Tragödie" offenbart hat[11], hätte zu einer solchen breiten Debatte führen müssen, stieß jedoch zu einem guten Teil auf taube Ohren. Thomas Schirrmacher schreibt in seinem Vorwort zu Siggelkows frappierenden Enthüllungen: *„Die verheißene sexuelle Befreiung ist längst völlig aus dem Ruder gelaufen. Der versprochene Spaß wird täglich beworben, über diejenigen, die die Zeche bezahlen, spricht man kaum; seien es Zwangsprostituierte, Sexsüchtige oder Kinder, die durch Frühsexualisierung die Fähigkeit verlieren, noch irgendwelche stabilen Beziehungen jenseits vom Sex aufzubauen – mit allen Folgen, die das hat."* Wer so tut, als gäbe es keine Wechselwirkungen zwischen einer teilweise in sexueller Beliebigkeit lebenden Erwachsenengeneration und dem sexuellem Missbrauch von Kindern und Jugendlichen belügt sich und eine Gesellschaft, in der eine Sexualmoral, die sich an traditionellen Vorstellungen sexueller Zurückhaltung und Enthaltsamkeit orientiert, als „bürgerlich" oder „körperfeindlich" denunziert wird. Aber nicht die sexuellen Keuschheitsvorstellungen einer katholischen Kirche, sondern die sexuelle Zügellosigkeit in der Gesellschaft gehört zu den eigentlichen Missbrauchstreibern, wie der Forensiker und Kriminalpsychologe Hans-Ludwig Kröber bestätigt. „Man wird eher vom Küssen schwanger, als vom Zölibat pädophil", brachte er diesen Sachverhalt im Interview mit dem Magazin CICERO auf den Punkt.

Das gesellschaftsweite Phänomen des sexuellen Missbrauchs und seiner Ursachen müsste unvoreingenommen als Punkt 1 auf die Tagesordnung Runder Tische gesetzt werden, wenn der massenhafte Missbrauch wirksam zurückgedrängt werden soll. Es scheint allerdings fast schon abwegig, von Politikern oder Politikerinnen wie Bundesjustizministerin Leutheusser-Schnarrenberger Initiativen zu erwarten, die ein Umdenken einläuten könnten. Von Leutheusser-Schnarrenberger, die einer Humanistischen Union zugewandt ist, in der Verharmloser der Pädophilie wie Helmut Kentler das Denken in Fragen der Sexualität mitgeprägt haben, kann kaum erwartet werden, dass sie nun beginnt, die Fassaden einer Gesellschaft einzureißen, in der sexuelle Freizügigkeit sakrosankt geworden ist. Hier liegen wohl die Gründe, weshalb bei führenden Repräsentanten in Politik und Gesellschaft noch keine Bereitschaft erkennbar ist, die Festungen, die die Bewegung der sexuellen Revolution errichtet hat, niederzureißen. Stattdessen gibt es trotz Missbrauchsdebatte auch jetzt noch Stimmen, die selbst letzte noch vorhandene gesetzliche Grenzen für die Pornographie aufheben wollen. So hatte die Huch Medien GmbH ein Gutachten in Auftrag gegeben, das die Folgen der Pornographie für Jugendliche untersuchen sollte. Aus diesem Gutachten des Sexualwissenschaftlers Kurt Starke von der Universität Leipzig leitete das Unternehmen die Forderung ab, auch das Verbot der Verbreitung einfacher Pornografie im Strafrecht) und im Jugendmedienschutz-Staatsvertrag (JMStV) abzuschaffen. Starke behauptete in seinem Gutachten, eine Gefährdung der Jugend durch Pornographie lasse sich wissenschaftlich nicht nachweisen, ein Verbot der Pornographie könne sogar schädlich sein, weil es die Entwicklung der Persönlichkeit behindern könne. Ein Aufschrei derer, die sich einerseits mit großer medialer Wirksamkeit gegen den sexuellen Missbrauch von Kindern und Jugendlichen hervortun, bleibt andererseits erstaunlicherweise selbst gegen derartige Bestrebungen aus.

Insgesamt betrachtet stehen Politik und Gesellschaft beim sexuellen Missbrauch von Kindern und Jugendlichen vor einer großen Herausforderung. Das machen auch die Erkenntnisse über Tätergruppen und Täterzahlen deutlich. Nach den Ergebnissen einer Studie des Sexualmediziners Klaus Beier sind 1 Prozent der Männer durch den kindlichen Körper erregbar. Beier spricht von insgesamt etwa 250.000 Betroffenen. Nach den Erkenntnissen aus der polizeilichen Kriminalstatistik sind die Täter in 95,6 Prozent der Fälle männlich, davon 70 Prozent älter als 21 Jahre. Diesen Zahlen zufolge kommen auf einen pädophilen Täter bis zu 40 Opfer, wenn die Dunkelzifferschätzungen der Opferzahlen zutreffend sind.

Auch die Größenordnung pädophil veranlagter Männer verdeutlicht, dass die aus kirchlichen und weltlichen Einrichtungen bekannt gewordenen Verdachtsfälle des sexuellen Missbrauchs nur einen kleinen Ausschnitt aus dem gesamten Tatgeschehen widerspiegeln. Pater Mertes informierte über den Missbrauch von zwei ehemaligen Patres am Canisius-Kolleg, im Kloster Ettal ging es um vier des Missbrauchs verdächtige Patres. Die sechs verdächtigen Patres dieser beiden prominenten Einrichtungen und die Gesamtzahl übergriffiger Geistlicher sind ein winziger Bruchteil aus der Schar von 250.000 Pädophilen in der Gesellschaft. Dies relativiert keineswegs Schuld und Leid in jedem Einzelfall, doch zeigt auch dieses Verhältnis die Proportionen auf. In der katholischen Kirche ist das „System des Schweigens" gebrochen. Doch das Kartell des Schweigens über das Missbrauchsgeschehen, das sich Tag für Tag im Verborgenen des gesellschaftlichen Alltags außerhalb von Einrichtungen vollzieht, ist ungebrochen. Nach wie vor kommt nur ein geringer Teil der tatsächlichen Fälle zur polizeilichen Anzeige, und nur über eine sehr geringe Zahl wird in den Medien berichtet. Nach wie vor läuten nur sehr wenige die Alarmglocken und rufen zum Kampf gegen den sexuellen Missbrauch in der Breite unserer Gesellschaft auf. Gerade dieser Kampf wäre von unendlich wichtiger Bedeutung für die Opfer und für eine Gesellschaft, die seit langem unter sexuellen Exzessen und deren Folgen Schaden nimmt. Wer dieser Verantwortung gerecht werden will, muss dem seit Jahrzehnten anhaltenden sexuellen Missbrauch in der ganzen Republik den Kampf ansagen. Die Bedeutung dieses Kampfes geht über Debatten und Vereinbarungen am Runden Tisch hinaus. Es ist ein Kampf gegen den Mainstream, der vor allem auch im parlamentarischen Raum geführt werden müsste. Eine Kommission des Deutschen Bundestages könnte die richtigen Signale setzen, um das Ende dieses massenhaften Missbrauchs einzuläuten.

---

[1] Pater Klaus Mertes SJ, Schreiben an die ehemaligen Schülerinnen und Schüler der potentiell betroffenen Jahrgänge in den 70er und 80er Jahren am Canisius-Kolleg vom 20.01.2010

[2] Volker Beck, „Das Strafrecht ändern? Plädoyer für realistische Neuorientierung der Sexualpolitik", in: „Der pädosexuelle Komplex" von Angelo Leopardi, 1988. (Volker Beck hat später bestritten, dass sein Aufsatz autorisiert gewesen sei, s. u. Kapitel 2.2.)

[3] Professor Dr. Renate Köcher, Geschäftsführerin des Instituts für Demoskopie Allensbach, in „Schwere Zeiten für die Kirchen", Frankfurter Allgemeine Zeitung vom 23.06.2010

[4] Dr. Christine Bergmann, Unabhängige Beauftragte zur Aufarbeitung des sexuellen Kindesmissbrauchs, Pressemitteilung vom 15.06.2010

[5] Kathinka Beckmann: Sexuellen Missbrauch erkennen und professionell handeln, in Theorie und Praxis der Sozialpädagogik, 6/2009.

[6] Alice Schwarzer: Wie es geschehen kann, EMMA 2/2010

[7] Helmut Neumann, Kinder- und Jugendlichenpsychotherapeut, Uni-Klinik für Kinder- und Jugendmedizin Bochum: Vorlesung „Kindesmisshandlung", 2004.

[8] Christine Bergmann im Interview mit der Tageszeitung DIE WELT vom 12.06.2010

[9] Heiner Geißler in der ARD-Sendung „Menschen bei Maischberger" zum Thema „Die Priester und der Sex: Verschweigen, verleugnen, vertuschen?" vom 09.03.2010

[10] Thomas Schirrmacher: „Internetpornografie", SCM Hänssler, 2008

[11] Bernd Siggelkow und Wolfgang Büscher: „Deutschlands sexuelle Tragödie. Wenn Kinder nicht mehr lernen was Liebe ist." Gerth Medien, 2008.

1.2. Gedanken eines Katholiken über den Missbrauch in der Kirche

von Weihbischof Prof. Dr. Andreas Laun

Auch für die Missbrauch-Debatte gilt: Es müssen nicht alle alles sagen, und es ist tatsächlich schon sehr viel und genug gesagt worden, ich versuche nicht, es zu wiederholen. Unnötig auch Beteuerungen wie „dass ich geschockt bin und dass wir alles tun müssen, um solche Dinge zu verhindern". Öffentlich würde sich derzeit nicht einmal ein Pädophiler getrauen, anders zu reden, und die Pädophilen-Partei, die es gab, hat sich, so hört man, inzwischen aufgelöst. Inzwischen weiß man auch auf Grund der Statistik, dass die katholische Kirche keineswegs die gefährlichste Brutstätte der Pädophilie ist, sondern sogar im Gegenteil diesbezüglich mit der „sicherste Ort". Diese Feststellung ändert nichts an der Schuld derer, die in ihren Reihen gesündigt haben, und auch nicht die Schuld derer, die weggeschaut, geschwiegen und getan haben, als ob nichts wäre. Dass manche „damals" weder die schweren Folgen der Tat für das Opfer verstanden noch um die „Unbekehrbarkeit" der Täter wussten, denen sie daher in gutem Glauben einen neuen Anfang ermöglichen wollten, mag in manchen Fällen ihre Schuld mildern, hebt sie aber nicht auf.

Also was bleibt zu tun, was sollte trotz der Gefahr von Wiederholung doch noch gesagt werden? Mir scheint, folgende Fragen sollte man stellen und beantworten:

Die Frage nach dem Missbrauch und der Missbrauch des Missbrauchs

Die Missbrauchs-Debatte galt nur streckenweise dem Wohl der Opfer. Im Gegenteil, vielfach wurden sie nochmals missbraucht von denen, die den Missbrauch anklagten, und zwar als Waffe gegen die verhasste katholische Kirche – nicht immer, aber allzu oft.

Wenn ein Flugzeug abstürzt, beginnt man sofort nach der Ursache des Unglücks zu forschen. In der Missbrauchsdebatte behauptete man zwar wieder und wieder, die Kirche hätte vertuschen wollen, aber nach den eigentlichen Ursachen forschte man kaum.

Die Antwort auf die Frage nach dem „Woher der Missbrauch?" sollte man in zwei Punkte gliedern und von daher dann die Frage nach der Prävention stellen:

Die Fragen
- Was sind überhaupt die Ursachen, dass Menschen Kinder missbrauchen, wie kommt es zu diesem Verlangen?
- Gibt es Faktoren, die die Entwicklung einer pädophilen Neigung fördern?
- Gibt es Kräfte in der Gesellschaft, die sowohl die pädophile Entwicklung als auch den tatsächlichen Missbrauch fördern oder wahrscheinlicher machen?
- Was wirkt präventiv, was kann „man" bewusst tun, um sowohl die pädophile Entwicklung als auch die pädophile Tat zu verhindern?
- Wie soll man mit den Opfern umgehen?
- Wie soll man mit den Tätern umgehen?

Zur Frage nach dem Woher des Missbrauchs

Tatsächlich hat es den sexuellen Missbrauch von Kindern zu allen Zeiten, bei allen Völkern, in allen Kulturen und Religionen, also immer und überall gegeben, manchmal ideologisch verbrämt und verteidigt, fast immer verboten und bestraft, aber gegeben hat es ihn immer. Dass es Missbrauch immer gegeben hat, rechtfertigt ihn ebenso wenig wie andere Verbrechen, die es auch immer gab, und es erklärt ihn nicht. Warum das sexuelle Interesse mancher Menschen sich auf Kinder richtet oder richten kann, wissen wir nicht. Wir können in den Täterprofilen manche Ursachen erkennen oder wir glauben, wir könnten es, etwa wenn die Erfahrung zeigt: Selbst missbrauchte Menschen neigen dazu, wieder andere zu missbrauchen. Aber ganz genau kennt man die Kausalitäten in der Regel nicht, warum sich einige wenige Menschen in einer bestimmten Gelegenheits-Situation an Kinder heranmachen.

Theologisch gesprochen ist der sexuelle Missbrauch eine besonders schlimme Folge der Sünde, des Abfalls von Gott.

Arten des Missbrauchs

Missbrauch ist nicht gleich Missbrauch. Es gibt extreme Formen des Missbrauchs, die an schlimmste KZ-Berichte erinnern: Kinder werden entführt, missbraucht, gefoltert, getötet. Es ist ein Verdienst von Ulla Fröhling, diese Art der Kriminalität dargestellt zu haben. Der Fall „Dutroux" in Belgien hat diese dunkle Nebenwelt mitten in der Gesellschaft des Sozialstaates ahnen lassen.

Davon unterscheidet sich um Welten der „Griff in die Hose", so schlimm er auch ist, und andere Zudringlichkeiten. Der Art nach nochmals anders ist der „virtuelle" Missbrauch durch Bilder im Internet, Filme und Bilder. Vor allem auch was den Umgang mit den Tätern betrifft, müssen diese Unterschiede beachtet werden, was das Strafrecht und die Justiz ja auch tun, die Medien hingegen nicht immer.

Prävention

Kein pädagogisches Konzept und keine Belehrung werden lückenlos verhindern, dass Kinder missbraucht werden. Was man tun kann, ist einzig und allein: Die Missbrauchsrate minimieren durch geeignete Maßnahmen, ohne sich dabei Illusionen zu machen.

Gewisse Spielregeln, die es früher gab und deren Sinn vergessen wurde, werden wohl wieder eingeführt werden müssen. So etwa könnte man die Frage aufwerfen, ob Kinder-Beichten nicht im Normalfall nur im Beichtstuhl stattfinden sollten, nicht im „Aussprachezimmer". Oder in Internaten: Keine Zimmerbesuche hinter verschlossenen Türen – und ähnliche Maßnahmen dieser Art.

Gefährliche Ideologien und die sexuelle Revolution als Mittäterin

Welche Kräfte in der Gesellschaft, welche Ideologien, welche Religionen, welche politischen Kräfte fördern den Missbrauch? Es wird die Zeit kommen, da wird man die Geschichte der sexuellen Revolution analysieren. Dabei wird man auch politisch inkorrekte Fragen stellen müssen nach den „Vätern" dieser Revolution und sich fragen müssen nach Zusammenhängen zwischen der Persönlichkeitsstruktur dieser Leute und ihrer Ideologie: Alfred C. Kinsey (1894–1956) war, das weiß man heute, selbst pädophil, viele andere waren homosexuell. Dann wird die heute tabuisierte Frage erlaubt sein müssen, welchen Einfluss die homosexuelle Ideologie auf die sexuelle Revolution ausgeübt hat.

Ihren Erfolg verdankte diese Revolution den vielen, die bereitwillig mitgetan haben und auch heute noch mittun. Dies ist umso schlimmer, als die Vertreter des Staates selbst sie immer noch fördern, vor allem mit der verpflichtenden „Sexualerziehung" in den Schulen, in der weithin nicht erzogen, sondern verführt wird. Dabei werden zugleich wesentliche Elternrechte außer Kraft gesetzt und die Freiheit der Meinung missachtet.

Wie kann man so naiv sein zu meinen, die sexuelle Revolution habe nicht auch den Missbrauch gefördert? Wenn „sexuell alles erlaubt ist", wie soll ein pädophil Empfindender begreifen, dass Sex mit Kindern Missbrauch und darum kriminell ist? Man kann nicht einen Staudamm sprengen und dem Wasser befehlen, alle Häuser zu überfluten, nur eines zu verschonen! Wenn eigentlich jede Form von sexueller Aktivität wünschenswert ist, gefördert und mit Rechten ausgestattet wird, ist es für den, der diese spezielle Neigung hat, schwer oder gar nicht einzusehen, warum ausgerechnet sein Verlangen, das sich auf Kinder bezieht, schlecht sein soll. Warum auch, wenn der „intergenerative Sex" doch angeblich auf Freiwilligkeit beruht? Die sexuellen Triebe generell freigeben und nur an einer Stelle Stoppschilder aufzustellen, ist absurd und kann nicht funktionieren. Es wäre höchste Zeit, sich dieser Problematik, dieser Schuldgeschichte zuzuwenden, ihr nachzugehen.

Sicher ist auch: Die sexuelle Revolution hat auch Christen erreicht, und dabei waren die einen gefestigt durch ihren Glauben und die Gnade Gottes, andere hingegen ließen sich verführen. So ist es nicht ungerecht zu sagen: Auch am Missbrauch in der Kirche trägt die sexuelle Revolution ihren Anteil an Schuld, ohne dass dies für den einzelnen getauften Täter eine Ausrede wäre.

Missbrauch in der Kirche und Prävention durch die Lehre

Die katholische Kirche und mit ihr auch andere christliche Gemeinschaften verkünden die vernünftigste, menschengerechteste Moral, die es gibt, und diese Moral wirkt darum präventiv, wo immer sie angenommen und gelebt wird. Dazu kommt: Die Kirche hat sich nie Illusionen gemacht, sie könne den sündenlosen Menschen erziehen, sie wusste immer, dass es die Sünde auch in ihren Reihen gibt und geben wird.

Dieser Realismus hat sie befähigt, den Zeitgeistern, die in die andere Richtung wiesen, einigermaßen Widerstand zu leisten – nicht so lückenlos, wie es wünschenswert gewesen wäre, das zeigen die Missbrauchsfälle, die jetzt aufgedeckt wurden. Nur eines ist absurd: Denjenigen, der Warnschilder aufstellt, verantwortlich zu machen für jene, die sie ignorieren, oder zu verlangen, die Stoppschilder zu entfernen, wenn bei der Aufstellung Leute dabei waren, die sie später selbst missachtet haben. Es gibt keinen dümmeren Vorwurf an die Adresse der Kirche als zu behaupten, ihre Moral sei schuld und sollte sich ändern.

Vertuschen in der Kirche – Folge von gesellschaftlicher Naivität

Dazu kommt noch der oft wiederholte Vorwurf, die Kirche wollte vertuschen und habe vertuscht. Auch dazu einige Anmerkungen:

Vertuschen ist es, wenn der Verantwortliche das Übel, das geschehen ist, kennt und keine Konsequenzen zieht. Aber eine Meldepflicht der Presse gegenüber gibt es nicht.

Zweitens ist zu bedenken: Wahr ist, dass man auch in der Kirche Täter oft versetzt und nicht angezeigt hat. Fragt man nach den Ursachen solchen Verhaltens, ist natürlich die Feigheit zu nennen, aber auch ein Nicht-Wissen, das in allen Kreisen der Gesellschaft vorhanden war: Man wusste noch nicht, wie verheerend sich der Missbrauch an einem Kind lebenslang auswirken kann und man überschätzte die Fähigkeit der Täter, „sich zu bessern". Man wusste, dass Alkoholkranke im Normalfall weder durch gute Vorsätze noch durch Verbote „trocken" gestellt werden können, wenn Alkohol in ihrer Reichweite bleibt. Aber man wusste einfach bis in die 1990er Jahre hinein nicht, dass die Enthaltsamkeit eines Pädophilen noch schwerer sicherzustellen ist als die des Alkoholikers. Von daher erklärt sich, dass kirchliche Vorgesetze, auch wenn sie guten Willens und bereit waren zu handeln, nicht selten Maßnahmen ergriffen, die man heute verantwortungslos nennt. Weltliche Institutionen haben sich hier indessen auch nicht anders verhalten, das Resozialisierungsprinzip des Strafrechts trug dazu bei.

Der Umgang mit den Tätern

Allgemein sollte man sich, wie bei jedem Verbrechen, vor Überreaktionen und einer Anlass-Gesetzgebung hüten. Derzeit scheint dazu eine gewisse Gefahr zu bestehen: Der Staat hat seine Strafgesetze, seine Haftandrohungen. Aber der Täter kann seine Strafe abbüßen, nur in den schlimmsten Formen gibt es lebenslänglich mit Einweisung in eine Anstalt für immer. Dem entsprechend sollten auch die Sanktionen der Kirche nicht in jedem Fall eine Art „kirchlich-soziale Todesstrafe" sein, wie das heute in vielen Fällen gemacht wird: Ein Priester, der irgendwann am Computer Kinderpornographie heruntergeladen hat, muss mit Strafe rechnen. Aber ist es angemessen, ihn bis zu seinem Lebensende von allen priesterlichen Tätigkeiten fernzuhalten? Dass bei diesem Vergehen im Unterschied zu vielen anderen die Optik eine besonders große Rolle spielt, ist sicher wahr, aber ein „mittlerer Weg" zwischen objektiver Schuldigkeit und dem Wohl der Kirche wäre angemessen. Auch solche Täter sind keine Monster, sondern Menschen, die Anspruch auf Barmherzigkeit und Vergebung haben.

Schlussbemerkung: Wie auch in anderer Hinsicht, wird es was den Missbrauch betrifft, unmöglich bleiben, ein Paradies auf Erden zu schaffen, in dem er nie vorkommt. Möglich aber ist, wachsam zu sein und präventive Maßnahmen zu setzen, die nicht alles, aber vieles verhindern. Dabei sollten alle Menschen guten Willens zusammenwirken, ähnlich wie es kein rein katholisches, medizinisches, technisches, politisches Anliegen ist, Verkehrsunfälle einzudämmen. Dass es daneben immer auch Menschen geben wird, die alle Verbote brechen oder sogar erneut versuchen könnten die Pädophilie zu „entkriminalisieren", mit dieser doppelten Bedrohung werden wir leben müssen und dabei achten, dass die „Firewall" stets auf dem neuesten Stand ist, „upgedated" in jeder Hinsicht!

1.3. Missbrauch durch Priester: Das wirkliche Problem ist „gewöhnliche" Homosexualität

von Dr. Gerard van den Aardweg

Es ist wahr, dass es vor allem zwischen ungefähr 1955 und 1995, gipfelnd in der Periode 1965 bis 1985, mehr Sex-Skandale unter Priestern und Ordensleuten gegeben hat als mancher dachte. Insoweit ist es gut, dass nicht nur mit Rücksicht auf die Justiziabilität, sondern vor allem in Hinblick auf die Prävention vieles publik gemacht wurde und wird – aber nicht auf die Weise, in der es im Frühjahr 2010 geschehen ist. Das war eher eine Desinformationskampagne, die neues Unrecht verursacht hat, indem sie eine verdrehte Vorstellung der Wirklichkeit vorgeführt hat und die wahren Fakten und Hintergründe vertuscht wurden.

Die „Sittlichkeitsprozesse" von 1936/37 und die heutige Kampagne
Die Mentalität der Kampagne in den meisten Medien und Aussagen von Politikern in fast allen Parteien haben unheimliche Ähnlichkeiten mit den „Sittlichkeitsprozessen" gegen katholische Priester und Ordensleute 1936 bis 1937, die Hitler angeordnet hatte, und die von der von Goebbels geleiteten Medienhetze begleitet wurden. Das Motiv war damals wie heute die Diffamierung der katholischen Kirche. Damals wegen des Widerstandes der Kirche gegen die Nazi-Ideologie, heute wegen der christlichen Morallehre in Sache Ehe, Sexualität, Homosexualität, Abtreibung und Euthanasie, die ein Dorn im Auge der linken und liberalen Ideologie sind. Diese hat schon weitgehend die politische und soziale Struktur in Europa unter ihrer, punktuell bereits diktatorischen Kontrolle. Auch jetzt ist die Kampagne plötzlich europaweit über uns gekommen. Fas täglich wurde monatelang mit immer neuen Beschuldigungen, Vermutungen und schneidenden Kommentaren beim Publikum die Assoziation eingeprägt, viele Priester seien Pädophile und die Kirche heuchlerisch. Weniger frech, sicher, aber doch: Echos von Goebbels' Schadenfreude über das „Haberfeldtreiben"[1] gegen die Priester und über „das Höllenkonzert", das er in den Medien orchestriert hatte,[1] klingen in verschiedenen rezenten Fernsehsendungen und Presseartikeln durch.[2] In Holland wurden eingereichte Klagen, insgesamt hunderte, aber in einem Zeitraum von mehreren Jahrzehnten, gleich als bewiesene ernsthafte „Pädophilie" veröffentlicht, ohne zu erwähnen, ob es überhaupt zur Anklageerhebung oder zu einer Verurteilung gekommen ist. Wie 1937 sind alle Verdächtigen in der öffentlichen Wahrnehmung von vornherein schon verurteilt. So wurde auch jetzt wieder der falsche Eindruck erweckt, als ob Missbrauch unter Priestern und in katholischen Einrichtungen besonders verbreitet sei, ohne zu erwähnen, dass er weit öfter in nicht-christlichen Internaten, Schulen und Jugendclubs, vor allem aber im privaten Bereich vorkommt. Auch wurden dort alle Klagen vieler zurückliegender Jahre auf einen Haufen geworfen, was den Eindruck erweckt hat und wohl auch erwecken sollte, als ob wir im Moment eine pädophile Welle unter Priestern erleben würden (1937 wurde ebenso recherchiert nach allen möglichen Fällen aus der Vergangenheit). Ähnlich wie in der Zeit der „Sittlichkeitsprozesse" ist die heutige Heuchelei: die Partei, die damals pädophile und homosexuelle Priester jagte, war selbst eine Brutstätte solcher Täter und

Skandale[3]; die Parteien und Medien die nun am lautesten anklagen, haben nachweislich am meisten die Emanzipation von Homosexualität und Pädophilie gefördert.

In einer Hinsicht war die Kampagne von 1937 unterschieden von der jetzigen. Damals wurden Priester generell als Homosexuelle abgestempelt bzw. verdächtigt, heute hingegen als Pädophile. Es ist aber kein wesentlicher Unterschied. Höchstwahrscheinlich waren die wenigen echten Täter damals mehrheitlich tatsächlich Homosexuelle; wir werden sehen, dass vieles darauf hinweist, dass dies auch heute der Fall ist.

Warum ist dann immer die Rede von „Pädophile"? Einerseits, weil alle sexuellen Verfehlungen gegen Kinder und Jugendliche in den Medien heute oft über einen Kamm geschoren werden, anderereits, weil ein schweres Tabu darauf lastet, öffentlich Kritisches über Homosexualität zu sagen. Vor dem Krieg war es propagandistisch geschickt, von „Homosexuellen" zu sprechen – so rief Hitler in einer Rede 1937, dass viele Priester „und fast alle Ordensleute Homosexuelle" seien. Jetzt erreicht man denselben Effekt, wenn man sie als „Pädophile" bezeichnet oder zumindest in deren Nähe rückt.

Meistens keine „pädophilen", sondern „homosexuelle" Priester

Echte Pädophile sind relativ wenige der straffällig gewordenen Priester. Sicherlich sind auch nicht alle, die sich an 12- und 13-jährigen Jungen vergriffen haben, „echte" Pädophile. Zur Zeit sind die Sittlichkeitsvergehen durch Priester und Ordensleute an Minderjährigen in den Vereinigten Staaten, wo das Thema zuerst voll ins Rampenlicht kam, am besten untersucht. Obwohl noch viele Fragen unbeantwortet bleiben[4], betreffen 80 Prozent aller Klagen gleichgeschlechtliche Vergehen. Ungefähr 20 Prozent der männlichen Opfer waren Kinder (bis 11 Jahre) und mehr als zwei Drittel Prä-Adoleszenten und Adoleszenten (bis 18 Jahre). Abhängig davon, bis an welches Alter des Opfers man homosexuelle Belästigung „Pädophilie" nennt und die Täter „Pädophile", haben 20 bis 30 Prozent der US-amerikanischen Meldungen Bezug auf Pädophilie (die Untersucher sprachen von 20 Prozent). Jedenfalls deutet das darauf hin, dass die Mehrheit der Klagen, ungefähr zwei Drittel und damit der Hauptanteil, nicht so sehr Pädophilie sondern „gewöhnliche" Homophilie betrifft. Denn „echte" Pädophile überschreiten in der Regel die Grenzlinie zwischen Kind und (Prä-) Adoleszent nicht. Wenn die ersten Merkmale der Pubertät erscheinen, ist ein Junge für einen Pädophilen nicht mehr interessant. Es sind gerade die körperlichen und psychischen Merkmale des Kindlich-Jungenhaften, die ihn anziehen. Dagegen überschreiten viele der sich als homosexuell identifizierenden Männer, entweder in ihrer Phantasie oder auch in der Praxis die Grenzen nach unten. Unter Umständen können sie mit vorpubertären Jungen anbandeln.

Aus Untersuchungen nach dem bevorzugten Partneralter homosexueller Männer ergibt sich, dass die Grenze für zwei Drittel zwischen 16 und 30 Jahren liegt, für über 40 Prozent zwischen 12 und 20 Jahren[5]. Sogar um 25 Prozent der homosexuell lebenden Männer gestehen zu, Verkehr mit Jungen unter 16 Jahren gehabt zu haben[6]; unter Umständen können es einige Jahre jüngere Jungen sein. Das sind dann vornehmlich Männer, die primär auf

Adoleszenten, also Jugendliche, ausgerichtet sind – sogenannte *Ephebophile*. Global genommen bedeutet männliche Homosexualität oft eine (neurotische) Fixierung an die Adoleszenz – eventuell etwas früher oder später – und sind homosexuelle Männer vor allem auf Jugendliche und/oder jung-erwachsene Partner gerichtet. Die oberen und unteren Altersgrenzen des gesuchten Partners sind aber fließend.

Das alles weiß man innerhalb der homosexuellen Bewegung eigentlich ganz gut. 1980 hat der offizielle niederländische Homosexuellenverband COC sich die Sache der Pädophilie voll zu Eigen gemacht. *"Durch die Anerkennung der Wesensverwandtschaft zwischen Homosexualität und Pädophilie hat es das COC für homosexuelle Erwachsene sehr wahrscheinlich einfacher gemacht, sensibler für das erotische Verlangen jüngerer Geschlechtsgenossen zu werden, und so die homosexuelle Identität zu erweitern."* „Homosexuelle Erwachsene", für die es „einfacher gemacht" wurde, „sensibler zu werden für das erotische Verlangen" Jugendlicher und Kinder? Hier wird die Wahrheit völlig verdreht. Vielmehr wollte das COC – und hier war man dann doch verblüffend ehrlich – dass die *„Befreiung der Pädophilie als schwules Anliegen betrachtet und das Mindestalter abgeschafft"* würde[7].

Falls die Sanktionen auf Kontakte mit Jüngeren, Vorpubertären und Kindern weniger strikt wären oder gar aufgehoben würden, ist von Seiten „normal" homosexueller Männer viel mehr „borderline (=Rand)Pädophilie" zu erwarten, in erster Linie unter den auf Adoleszenten ausgerichteten d.h. den Ephebophilen. Dies ist vergleichbar mit der Verschiebung heterosexueller Interessen nach unten bei manchen emotional unreifen Männern unter Einfluss von Pornographie, Alkohol, Promiskuität oder Drogen.

Prozentsätze homosexuell ausgerichteter und missbrauchsverdächtigter Priester

Nach den besten Studien auf diesem Gebiet empfinden höchstens zwei Prozent der erwachsenen Männer homosexuell oder bisexuell[8]. Da es keine guten statistischen Studien für Seminaristen, Priester und Ordensleute gibt, sind wir hier auf Einschätzungen angewiesen. Es gibt aber verschiedene Gründe für die Vermutung, dass die Prozentsätze homosexuell ausgerichteter Seminaristen und Priester zwischen 1960 und 1990 einen Höhepunkt erreichen, und seitdem durchschnittlich abgenommen haben. Der Zeitpunkt mit den höchsten Prozentsätzen liegt also beinahe 20 Jahre hinter uns. Parallel zu dieser Entwicklung müssen die Mehrzahl der homosexuellen und (zahlenmäßig geringeren) pädophilen Vergehen an Minderjährigen und Adoleszenten in dieselbe Periode 1960 bis 1990 datiert werden.

Im Westen, in Ländern wie Deutschland, Großbritannien, Holland und Belgien, hatten schätzungsweise 10 Prozent, vielleicht zu einiger Zeit sogar 15 Prozent der Seminaristen und jüngeren Priester homosexuelle Tendenzen. Eine Minderheit von ihnen waren homosexuelle Pädophile. Im Moment ist anzunehmen, dass solche Prozentsätze für jüngere Priester signifikant geringer sind, z.B. in den Vereinigten Staaten und Holland – in Deutschland vielleicht auch – d.h. eher rund 5 Prozent als 10 Prozent. Jedoch gab es in den Jahren 1960 bis 1990 mindestens fünf Mal mehr homosexuell ausgerichtete Menschen unter Seminaristen und Priestern als in der Durchschnittsbevölkerung, und wahrscheinlich auch jetzt noch mehr als zweimal so viel[9]. Das ist erschütternd. Mancher mag sogar meinen, das sei übertrieben, aber das ist leider nicht der Fall. Wahr ist, dass wir differenzieren müssen. Sehr wahrscheinlich gibt es Häufungen homosexueller Seminaristen/Priester: sie sind überrepräsentiert unter jüngeren Priestern; in bestimmten Bistümern, Priesterseminaren, Internaten und anderen Einrichtungen, in bestimmten kirchlichen Organisationen, Orden und Kongregationen. Dagegen scheinen sie in anderen Organisationen wenig, sogar selten, vorzukommen, vor allem in einigen von ausgesprochen orthodoxer Orientierung. Die Häufung kommt dadurch zustande, dass wenn einmal einige homosexuell empfindende Priester mit einer permissiven Haltung irgendwo eine wichtigere Stelle bekommen haben, an einem Institut, im Priesterseminar, in der Diözese oder in einem Orden, sie öfters andere Gleichempfindende anziehen und es so zu Seilschaften kommt, während zu gleicher Zeit heterosexuelle junge Männer sich in dieser Atmosphäre nicht heimisch fühlen und ausbleiben oder verschwinden.

Ebenso kann die Frage, welcher Prozentsatz der homosexuell/pädophil Empfindenden im Klerus sich an Jungen – Kinder oder Adoleszenten – vergriffen haben nur spekulativ beantwortet werden. Bei weitem nicht alle Priester mit diesen Gefühlen begehen jemals solche Taten, auch nicht, wenn sie vielleicht privat oder durch Kontakte mit älteren Partnern ihren Neigungen nachgegeben haben. Nach dem oben zitierten Bericht des John Jay College wurden zwischen 1950 und 2000 Missbrauchsklagen gegen ungefähr einen von dreißig Priestern erhoben (über 4 Prozent des diözesanen Klerus und 2,5 Prozent der Ordensleute). Wären 10 Prozent des Klerus homosexuell (ephebophil) und alle Klagen begründet – was unwahrscheinlich ist – dann bedeutete das, dass maximal ein Drittel dieser 10 Prozent je verdächtigt wurde. Dabei soll bemerkt werden, dass es sich bei manchen Klagen unzweifelhaft um sehr ernste, tief beschädigende Delikte handelte, bei anderen wiederum um relativ leichte, die kaum Spuren beim Opfer hinterlassen haben. Sexueller Missbrauch eines verwundbaren, abhängigen und zuneigungsbedürftigen Jungen während längerer Zeit durch einen Priester oder Bruder, der sich gegenüber dem Kind in einer Stellung der Macht befindet, ist natürlich viel schlimmer als ein unmittelbar abgewehrter Verführungsversuch bei einem schon psychisch selbständigen Adoleszenten von 16 oder 17 Jahren. In diesem Zusammenhang ist an eine englische Umfrage bei pubertierenden Jungen zu erinnern: 35 Prozent sagten aus, von einem Mann zu sexuellen Handlungen aufgefordert worden zu sein, aber nur 2 Prozent waren darauf eingegangen[10].

Wie dem auch sei: Einigermaßen exakte Daten über den Prozentsatz der Geistlichen und Religiösen, die sich gegen Jugendliche verfehlt haben, oder über den Anteil der homosexuell/pädophil eingestellten Priester, die sich im Laufe der Jahre tatsächlich sexuell gegen Jugendliche verfehlt haben, können auch aus den amerikanischen Zahlen nicht abgeleitet werden. Die Statistiken geben einen Eindruck der Klagen, nicht der ganzen Realität. In den vorhin genannten „Sittlichkeitsprozessen" vor dem Krieg wurden 170 deutsche Priester (von insgesamt 25.500) verurteilt, also 0,7 Prozent. Wobei diese Zahl überhöht sein dürfte, weil diese Prozesse Teil einer offen antikirchlichen Kampagne in einem extremen Unrechtsstaat waren. Bewiesene Fälle von Missbrauch an Minderjährigen durch Priester z. B. in den Niederlanden und Deutschland während der letzten 15 Jahre deuten vorläufig nicht auf signifikant höhere Prozentsätze. Das beweist nicht, dass es in den Gipfeljahren nicht viel schlimmer gewesen sein kann, vielleicht gerade in bestimmten Diözesen und Orden, aber es sollte vor vorschnellen Schwarzmalereien warnen.

Zölibat

Ein zölibatäres Leben an sich ruft keine homosexuellen Interessen für Kinder oder Jugendliche hervor. Würden keine Männer mit inhärenten homosexuellen Interessen in das Priesterseminar kommen, dann wäre das weitaus wichtigste Missbrauchsproblem, das homosexuelle, fast aus der Welt geschafft. Die Frage stellt sich, warum so relativ viele junge Männer mit homosexuellen Tendenzen Priester oder Ordensbruder sein möchten. Ein überaus wichtiges Thema, das eine gründliche Analyse verdient, in das wir uns hier aber nicht vertiefen können. Nur sei bemerkt, dass homosexuell Ausgerichtete nicht nur nach meiner Erfahrung unter protestantischen jungen Männern mit Interesse für geistliche Berufe ebenso überrepräsentiert sind, und dieser Zusammenhang könnte sogar für nicht-christliche Religionen gelten. – Jedenfalls stellen so veranlagte Priester, obgleich nur eine Minderheit von ihnen sich je an Kindern und adoleszenten Jungen vergreift, insgesamt eine Risikogruppe dar. Im Allgemeinen sind pädophile und zugleich homosexuelle Männer verantwortlich für ein Viertel bis ein Drittel der gerichtlichen Fälle von sexuellem Missbrauch an Jugendlichen[11]. Einmal angefangen mit Verführungsversuchen, hören homosexuelle Pädophile und Ephebophile oft nicht mehr auf, und die Liste der Opfer eines einzelnen Täters kann deshalb sehr lang sein; und einmal praktizierende Homosexuelle werden in vielen Fällen partnersüchtig. Homo-(pädo-)Neigungen sind gewöhnlich zwanghafter Natur und der Betroffene, der angefangen hat, ihnen nachzugeben, entweder ohne oder mit einem Partner, kann leicht eine Abhängigkeit entwickeln.

Das gilt ebenso für einen Priester mit homosexuellen Interessen. Sein Zölibats- und Keuschheitsgelübde hilft ihm zwar, sich zu beherrschen, aber oftmals gelingt ihm das nicht, besonders in Perioden der Einsamkeit, Enttäuschung, bei Fehlschlägen. Homosexuell tendierende Männer haben sowieso eine stärkere Neigung zu Depressionen, die Priester unter ihnen nicht ausgenommen. Die Behauptung, dass der Zölibat Missbrauch von Jugendlichen förderte, ist allerdings unbegründet. Das Gegenteil ist wahr. Es hat manchen, der es ernst genommen hat, vor Missbrauch geschützt, indem es die Motivation, gegen das unerwünschte Verlangen zu kämpfen, verstärkt. Der innere Kampf um Keuschheit und Enthaltsamkeit ist sowieso therapeutisch. In jeder erfolgreichen, auf Umänderung gerichteten Psychotherapie von Homosexualität spielt der Kampf um Keuschheit eine wichtige Rolle.

Klugheit und Laxheit kirchlicher Behörden

Die durch die Publizität ausgelöste Aufregung und Empörung rüttelt alte Missbrauchsgeschichten auf, die in manchen Fällen noch immer schmerzen, die aber in anderen Fällen schon lange bewältigt waren. Es werden zuverlässige Fakten gemeldet, aber es gibt auch sehr vage Geschichten und übertriebene Klagen. Auf jeden Fall unterliegt es keinem Zweifel, dass relativ viele echte Missbrauchsfälle nie zur Kenntnis der kirchlichen Behörden gekommen sind. Das Kind, der Jugendliche, hat in Einsamkeit gelitten, weil es sich nicht traute, sich zu äußern, sich schämte, oder meinte – oft zu Recht – dass niemand ihm glauben würde wegen des Prestiges des Knabenschänders, oder weil es Angst vor ihm hatte. Das kann an sich nicht den kirchlichen Behörden angelastet werden, es sei denn, dass diese bewusst weggeschaut haben. Denn es ist ein allgemeines Merkmal der Missbrauchssituation, dass die jungen Opfer oft keine Möglichkeit haben, sich zu äußern und Verständnis zu finden. Pädophile und andere Homosexuelle, die Jugendliche missbrauchen, sind nicht selten hoch angesehene, nette, sozial angepasste Menschen, von denen man nicht glauben kann, sie würden so etwas machen. Genau denselben Faktoren, welche manchen homo/ pädo Missbrauchsfall im Dunkeln hielten und noch immer halten, begegnen wir in Fällen von Inzest. Und das auch in einer ganz modernen Form, nämlich in den Fällen, dass Kinder den psychischen Verletzungen einer Erziehung durch aktiv-homosexuelle Eltern ausgesetzt sind[12]. Und gerade die Medien, die sich heute so entrüstet zeigen über „pädophile Priester", sind hier mitverantwortlich durch ihre Förderung dieser Entartung der normalen Erziehung, auch dadurch, dass sie keine Kritik daran dulden.

Wahrscheinlich wurden die meisten Fälle vor 1960 bis 1970 durch die kirchlichen Oberen nicht schlecht gehandhabt. Gewöhnlich wurde ein Kompromiss gesucht zwischen dem Bedürfnis, Jugendliche zu schützen, den Täter zu „resozialisieren", und den Schaden für den Namen der Pfarrei, Einrichtung, Orden oder Kloster zu beschränken. Das ging überall in der Gesellschaft so zu und es war im Prinzip vernünftig. Die Standard-Maßnahmen waren Versetzung und psychiatrische/psychologische Behandlung, bei schwereren Verfehlungen disziplinäre Strafen. Oft war das adäquat. Manchmal nicht, weil die Schwere des Falles unterschätzt wurde; weil man meinte, ein reumütiger Priester oder Ordensmann, der doch so angesehen oder leistungsstark war, der seine Sünde gebeichtet hatte, sollte eine zweite Chance bekommen. Es wurde öfters auch zu viel auf die Effektivität der Behandlung vertraut, welche sowohl von kirchlichen als auch von säkularen Autoritäten als einigermaßen sichere Garantie angesehen wurde, dass der Betroffene fortan auf dem guten Weg bleiben sollte. Das war, wie wir heute wissen, zu optimistisch. Der Dauereffekt von vorgeschriebener Psychotherapie oder Medikamenten bei Sexualverbrechern – und anderen Delinquenten – ist meistens gering, auch weil die Motivation des Betroffenen, den harten Kampf mit sich selbst zu führen künstlich ist, durch den Druck der Situation bestimmt.

Seit den sechziger Jahren aber wurde die Haltung der Behörden in manchen Sektoren der Kirche bzw. die Reaktionen auf Missbrauchsfälle zunehmend lax. Viele Moraltheologen und Bischöfe im Westen übernahmen mehr oder weniger die Permissivität der säkularen sexuellen Reformideologie, sowie auch manche ihrer wenig christlichen Ideen über die menschliche Sexualität, die Annehmbarkeit der kurz zuvor entwickelten hormonalen Verhütung und homosexuelle „Liebe". Die Enzyklika *Humanae Vitae* von 1968, die radikal dagegen Stellung nahm, löste daher einen Orkan von Protest und Dissens auch innerhalb der katholischen Kirche aus.

Die traditionelle Ehe- und Sexualmoral brach in den Folgejahren bekanntlich weitgehend zusammen, die Begriffe „Keuschheit" und „sexuelle Sünde" verschwanden aus dem Vokabular, das Priesterzölibat wurde als überholt kritisiert. Im resultierenden Klima der Schlaffheit im inneren, spirituellen Leben, der Vernachlässigung der Beichte und der persönlichen spirituellen Leitung, dem schlechten Vorbild von Priestern, die ein Doppelleben führten, und Kritik von prominenten Geistlichen und Theologen an der traditionellen katholischen „Unterdrückung" der Sexualität haben viele homosexuelle Seminaristen und Priester angefangen, ihren Neigungen nachzugeben. Das Phänomen „homosexuell praktizierender" Priester stammt hauptsächlich aus jener Zeit, und es entstanden homosexuelle Seilschaften und Netzwerke. Obwohl die Kontakte vornehmlich Altersgenossen und junge Erwachsene betrafen, wurden selbstverständlich automatisch auch die Hemmungen von Kontakten mit Jugendlichen geschwächt. Andererseits wurden deutliche oder vermutete homosexuelle Neigungen viel weniger als triftiger Grund gegen eine Zulassung zu Seminar und Priesteramt gesehen, besonders in Orden und Diözesen, wo homosexuelle Priester führende Stellungen innehatten. Begründeter Verdacht auf homosexuelle Praktiken war hie und da selbst kein Hindernis mehr für eine Ernennung zum Oberen oder Bischof. Infolgedessen wurde generell zu lax reagiert auf Vermutungen und Klagen über Missbrauch von Jugendlichen. Zu viel wurde verharmlost, zu oft weggeschaut, Obere und Bischöfe befolgten zu viel die Methode einer weichen „Barmherzigkeit" gegenüber dem Täter, gesunde väterliche Strenge, Strafe, Buße, Kontrolle des Täters nach einer Versetzung und auf die Effekte einer Behandlung gab es oft nicht mehr. Dieser Aspekt des normal-männlichen Vater-Seins: Führung geben, wenn nötig Gehorsam fordern und energisch vorgehen, kennzeichnete in einer Periode, in der die Vaterrolle überall attackiert wurde, leider auch viele Kirchenleiter nicht mehr.

Auswahl von Seminaristen und Priesterkandidaten,
Restauration der sexuellen Morallehre

Die Welle der homosexuellen Priesterskandale ist letztendlich zu einem großen Teil eine späte Konsequenz der Kapitulation vieler Theologen und Bischöfe vor dem „Zeitgeist" in Sachen Sexualität und der daraus folgenden Nachlässigkeit im Unterricht und in der Implementierung der christlichen Ehe- und Sexualmoral in seiner Ganzheit. Für die Vorbeugung kann eine wichtige Lehre daraus gezogen werden, dass in kirchlichen Organisationen oder Diözesen, wo man der anspruchsvollen, aber erstrebenswerten Ehe- und Sexualmoral der Jahrhunderte treu geblieben war, im Allgemeinen die wenigsten Skandale berichtet werden. Wenn öffentlich Mea Culpas ausgesprochen werden müssen, dann gehört sich auch ein Mea Culpa wegen der Vernachlässigung von *Humanae Vitae*. Wo in der katholischen Kirche die traditionelle eheliche und sexuelle Morallehre wieder konsequent gepredigt und gelebt wird, werden weniger skandalöse Vorgänge vorkommen. Wie peinlich die Skandale auch sind, ein positiver Effekt wird wahrscheinlich sein, dass sie bei vielen das Bewusstsein wachrufen, dass es notwendig ist, zu der christlichen Ehe- und Sexualmoral zurückzukehren.

Unterdessen ist es schon zu praktischen Maßnahmen gekommen. Die Instruktion der Vatikanischen Kongregation für das Bildungswesen von 2005 verbietet die Zulassung zum Priesteramt von Kandidaten mit tiefer gewurzelten homosexuellen (eventuell pädophilen) Neigungen. Tatsächlich muss die zu weit verbreitete Laxheit in Bezug auf diesen Punkt schon bei der ersten Auswahl von Priesteramtskandidaten beseitigt werden. Denn es ist, zusätzlich zu den rein theologischen Gründen[13], auch psychologisch unklug, homosexuell empfindende Männer zum Priesteramt zuzulassen. Denn diese Gefühlsausrichtung ist nicht eine oberflächliche Sache, sondern wurzelt oft in einer mehr allgemeinen emotionalen Unreife, wobei die psychische Entwicklung zum erwachsenen Mann-Sein gestört ist, was u. a. das priesterliche Funktionieren als „Vater" hindert und oft manch andere psychische Probleme mit sich bringt, sowohl für den Betroffenen selbst als auch für die anderen. Ein Kandidat für das Priesteramt muss aber ein normal heterosexueller[14], emotional erwachsener Mann sein.[15] Entspricht ein junger oder älterer Mann wegen homosexuellen, pädophilen oder ungeordneten heterosexuellen Neigungen diesem Kriterium nicht, dann ist es wirklich das Beste, auch für ihn selbst, dass er nicht zum Priesterseminar zugelassen wird.

---

[1] Goebbels' Tagebuch, 26.04 und 30.04.1937 zitiert nach G. May, *Kirchenkampf oder Katholikenverfolgung?* Stein am Rhein 1991, S. 351
[2] Lobenswerte Ausnahme: ein vernünftiges Editorial in der FAZ, Anfang April 2010
[3] Anders als viele meinen, auch nach Juni 1934 (S. Lively, K. Abrams, *The pink Swastika*. Keizer OR, 1995)
[4] Wir haben Statistiken über die gemeldeten Klagen, nicht über die Täter, ihr Profil, sexuelle Ausrichtung, u. dgl.
[5] Z. B. K. Freund, *Die Homosexualität beim Mann*. Leipzig, 1963; H. Giese, *Der homosexuelle Mann in der Welt*. Stuttgart, 1958
[6] Z. B. K. Jay & A. Young, *The gay report*. New York, 1979
[7] Th. Sandfort, Pedophilia and the gay movement. *The Journal of Homosexuality*, 1986-1987, 13, S. 89–107
[8] Z. B. *Statistics* Canada 2004. Höhere Prozentsätze sind statistisch unzuverlässig, oder propagandistisch: je mehr, desto „normaler"
[9] Meine Einschätzungen oben sind gegründet auf viele Erfahrungen und persönliche Mitteilungen im Laufe der Jahre, vornehmlich in Holland, Belgien und Deutschland. Eine Reihe von Stichproben unter Priestern in den Vereinigten Staaten, England, Deutschland und auch in Brasilien weisen öfters sogar deutlich höhere Prozentsätze auf (Z. B. R. Sipe, *A secret world: Sexuality and the search for Celibacy*. New York, 1990; und spätere Studien dieses Autors; für Deutschland: P. Mettler, *Die Berufung zum Amt im Konfliktfeld von Eignung und Neigung*. Frankfurt/Main, Berlin, Bern, usw., 2008, S. 96–100)
[10] M. Schofield, *The sexual behavior of young people*. Boston, 1965
[11] P. Cameron, *The gay nineties*. Franklin TN, 1993
[12] Man lese z. B. die Autobiographie von Dawn Stefanowicz, *Out from under: The impact of homosexual parenting*. Enumclaw WA, 2007
[13] Vgl. die Dissertation von P. Mettler, *Die Berufung* usw. Siehe Fußnote 9.
[14] Gemeint ist mit „normal heterosexuell", dass nicht innerhalb der heterosexuellen Orientierung Präferenzstörungen auftreten, insbesondere nicht pädophiler Art.
[15] ebd. oder auch: http://www.kath.net/detail.php?id=19863

1.4. Sexueller Missbrauch als Sexuelle Assistenz?

von Andreas Späth

Sexualassistenten erbringen, knapp gesagt, körperlich und/oder geistig behinderten Menschen sexuelle Dienstleistungen. Dies kann von der Besorgung von Sexualspielzeug, pornographischen Erzeugnissen oder verbalen Anleitungen, bis zum „Vormachen", „Hand anlegen" oder „Oral- und Geschlechtsverkehr" gehen. In der Debatte wird zwischen passiver und aktiver sexueller Assistenz unterschieden. „*Passive Assistenz bedeutet, konkrete Voraussetzungen für Sexualität zu schaffen oder auch bezüglich sexueller Praktiken aufzuklären und zu beraten. Aktive Assistenz meint in Relation dazu alle Formen von Unterstützung, bei denen man in eine sexuelle Situation handelnd mit einbezogen ist.*"[1]

Bei einwilligungsfähigen Menschen ist dies weitestgehend „nur" ein moralisches Problem, insbesondere, wenn es sich um kirchliche Einrichtungen handelt, in denen gegebenenfalls jemand vermittelnd tätig werden soll, indem er etwa Pornofilme besorgt, Prostituierte kontaktiert oder – selbst Hand anlegt. Die Frage, ob dies mit dem diakonischen Auftrag vereinbar ist, kann – biblisches Ethos vorausgesetzt – nur verneint werden.

Wer sich auf so etwas einlässt, kann in recht gespenstische Situationen geraten. So berichtet ein Betreuer: „*In Absprache mit meinem Team habe ich bei einem Bewohner Hand angelegt. Als mir dann ein Kollege plötzlich erzählte, der Mann sei schwul. Da war für mich Schluss. Das war ja dann ein homosexueller Kontakt. Das will und kann ich nicht. Seitdem mache ich das bei keinem mehr.*"[2]

Diese Äußerung wirft eine Reihe Fragen auf. Ist ein sexueller Kontakt von Pfleger zu Betreutem denn besser, wenn er zwar gleichgeschlechtlich stattfindet, aber die Teilnehmer heterosexuell sind? Was bedeutet in „Absprache mit dem Team"? In der Literatur wird immer auf Absprachen mit dem Team, mit dem Träger der Einrichtung, dem Chef usw. verwiesen. Ändern sich durch solche Absprachen sexuelle Vorlieben? Werden die moralischen und strafrechtlichen Implikationen dadurch weniger schwerwiegend? Mancher meint offenbar, dies sei so. „*Besondere Vorsicht ist aber geboten, wenn der/die Behinderte in einem Heim wohnt und vielleicht aufgrund einer geistigen Behinderung nicht immer klar sagen kann, was er/sie will. Da könnte es zum Beispiel vorkommen, dass ein Betreuer dem andern nicht grün ist und ihn eventuell anzeigt – wegen Missbrauchs oder Ausnutzung eines Abhängigkeitsverhältnisses. Wichtig ist also, dass solche Form von Sexualassistenz mit der Heimleitung abgesprochen ist.*"[3] Soll das bedeuten, Gesetze seien weniger apodiktisch, Missbrauch weniger Missbrauch, wenn man die geplante Tat vorher beim Chef ankündigt?

Die einschlägigen Gesetze sprechen eine andere Sprache:

„§ 174a Sexueller Missbrauch von Gefangenen, behördlich Verwahrten oder Kranken und Hilfsbedürftigen in Einrichtungen

(1) Wer sexuelle Handlungen an einer gefangenen oder auf behördliche Anordnung verwahrten Person, die ihm zur Erziehung, Ausbildung, Beaufsichtigung oder Betreuung anvertraut ist, unter Missbrauch seiner Stellung vornimmt oder an sich von der gefangenen oder verwahrten Person vornehmen lässt, wird mit Freiheitsstrafe von drei Monaten bis zu fünf Jahren bestraft.
(2) Ebenso wird bestraft, wer eine Person, die in einer Einrichtung für kranke oder hilfsbedürftige Menschen aufgenommen und ihm zur Beaufsichtigung oder Betreuung anvertraut ist, dadurch missbraucht, dass er unter Ausnutzung der Krankheit oder Hilfsbedürftigkeit dieser Person sexuelle Handlungen an ihr vornimmt oder an sich von ihr vornehmen lässt.
(3) Der Versuch ist strafbar."[4]

„§ 174c Sexueller Missbrauch unter Ausnutzung eines Beratungs-, Behandlungs- oder Betreuungsverhältnisses
(1) Wer sexuelle Handlungen an einer Person, die ihm wegen einer geistigen oder seelischen Krankheit oder Behinderung einschließlich einer Suchtkrankheit oder wegen einer körperlichen Krankheit oder Behinderung zur Beratung, Behandlung oder Betreuung anvertraut ist, unter Missbrauch des Beratungs-, Behandlungs- oder Betreuungsverhältnisses vornimmt oder an sich von ihr vornehmen lässt, wird mit Freiheitsstrafe von drei Monaten bis zu fünf Jahren bestraft.
(2) Ebenso wird bestraft, wer sexuelle Handlungen an einer Person, die ihm zur psychotherapeutischen Behandlung anvertraut ist, unter Missbrauch des Behandlungsverhältnisses vornimmt oder an sich von ihr vornehmen lässt.
(3) Der Versuch ist strafbar."[5]

Ein Sachstandsgutachten der Wissenschaftlichen Dienste des Deutschen Bundestages kommt zu recht eindeutigen Ergebnissen. Absprachen mit der Heimleitung kommen darin als Strafmilderungsgrund nicht vor. Zu § 174a kommentiert das Gutachten: Der Paragraph *„stellt ausdrücklich den sexuellen Missbrauch von* **Kranken und Hilfsbedürftigen in Einrichtungen** *[Hervorhebungen stets im Original] durch jene Person unter Strafe, denen die Kranken/Hilfsbedürftigen zur Beaufsichtigung oder Betreuung* **anvertraut** *sind. Voraussetzung der Strafbarkeit ist hierbei, dass die Aufsichtsperson sexuelle Handlungen am Kranken/Hilfsbedürftigen vornimmt oder an sich vornehmen lässt. Eine Strafbarkeit ist hierbei in der Regel sogar dann gegeben, wenn der Kranke/Hilfsbedürftige die sexuelle Handlung wünscht."*[6]

Unabhängig davon, dass Sexualassistenz durch Pflegekräfte also wahrscheinlich immer strafbar ist, ist damit die Frage nach der Straffreiheit außenstehender Sexualassistenten keineswegs schon positiv beantwortet. Auch hier drängt sich insbesondere bei nichteinwilligungsfähigen Personen ein Verdacht des sexuellen Missbrauchs und eines Verstoßes gegen § 179 StGB (Sexueller Missbrauch widerstandsunfähiger Personen) förmlich auf. Es müsste außerdem geprüft werden, ob sich Mitarbeiter, die Behinderte diesen „Sexualassistenten" zuführen, nicht der Beihilfe schuldig machen. Im obig zitierten Gutachten heißt es dazu:

"Einigkeit besteht zwar darin, dass es nicht Sinn des Gesetzes sein kann, dass die hier beschriebenen potentiellen Opfer unter ein absolutes sexuelles Tabu gestellt würden und ihnen keinerlei Freiraum mehr für sexuelle Handlungen bliebe. Während aber einerseits festgestellt wird, dass es an einem Missbrauch fehlen kann, ‚wenn die sexuelle Handlung aus einer von Zuneigung und Fürsorge gekennzeichneten Liebesbeziehung erwachsen ist', wird andererseits auch betont, dass das **Einverständnis** *des Opfers im Falle psychisch Widerstandsunfähiger* **in der Regel unbeachtlich** *sei und damit die Strafbarkeit nicht ausschließen wird."*[7]

Zudem wurden zahlreiche Mitarbeiter in entsprechenden Betreuungseinrichtungen – auch in kirchlichen – zu sogenannten Fortbildungen eingeladen, die evtl. einen Verstoß gegen § 120 Ordnungswidrigkeitengesetz (OWIG), (Verbotene Ausübung der Prostitution, Werbung für Prostitution), darstellen könnten.

Dort heißt es:
„(1) Ordnungswidrig handelt, wer
1. einem durch Rechtsverordnung erlassenen Verbot, der Prostitution an bestimmten Orten überhaupt oder zu bestimmten Tageszeiten nachzugehen, zuwiderhandelt oder
2. durch Verbreiten von Schriften, Ton- oder Bildträgern, Datenspeichern, Abbildungen oder Darstellungen Gelegenheit zu entgeltlichen sexuellen Handlungen anbietet, ankündigt, anpreist oder Erklärungen solchen Inhalts bekanntgibt; dem Verbreiten steht das öffentliche Ausstellen, Anschlagen, Vorführen oder das sonstige öffentliche Zugänglichmachen gleich."[8]

Zu einer Fortbildung der Lebenshilfe Berlin am 29. August 2006 wurde unter der Überschrift „Sexualbegleitung für Menschen mit schwer(st)er geistiger Behinderung" wie folgt eingeladen: *„Sexualbegleiter/innen sind Frauen und Männer, die aus einer gesunden und bewussten Motivation heraus Menschen mit Behinderung Hilfestellungen zum Erleben ihrer Sexualität anbieten und dies zu ihrem Beruf machen."*[9] Als Dozentin wird eine Niederländerin namens Nina de Vries angegeben. Frau de Vries arbeitet selbst als Sexualbegleiterin. Ein gewisser Werbeeffekt kann also kaum von der Hand gewiesen werden. Dass Menschen mit „schwer(st)er" geistiger Behinderung nichteinwilligungsfähig sind, liegt wohl auf der Hand.

Noch deutlicher jedoch war die Einladung zur Vorführung eines Dokumentarfilms über ein Behindertenbordell. Die Einladung für den 28. Mai 2008 wandte sich explizit an die „Mitarbeiter/innen der Behindertenhilfe" und wurde an Einrichtungen in Berlin verschickt.

Im Anschreiben heißt es:
„... hiermit laden wir Sie am 28. Mai 2008 ganz herzlich zur Filmaufführung des Dokumentarfilms ‚Die Heide ruft: Sexualbegleitung für Menschen mit Beeinträchtigungen' [...] ein. [...] Das Filmteam disgenderbility begleitet drei Maenner mit Lernschwierigkeiten, ‚geistigen Beeinträchtigungen' während eines Erotikworkshopwochenendes in Tre-

bel. *Im Fokus des Dokumentarfilmes steht die Auseinandersetzung mit den tabuisierten Themen Sexualbegleitung und Sexualität von Menschen mit Lernschwierigkeiten.*"[10]

In diesem Film, der den teilnehmenden Mitarbeitern in der Behindertenhilfe an der Humboldt-Universität vorgeführt wurde, wird Sexualbegleitung als eine Möglichkeit vorgestellt, „selbstbestimmt am gesellschaftlichen Leben teilzuhaben".[11] Kritiker bezeichneten den Film schlicht als Werbung für ein Behindertenbordell, auf das über diese Schiene aufmerksam gemacht werden sollte.

Der Film wurde gefördert von: „*Berliner Senatsverwaltung für Bildung, Wissenschaft und Forschung, Fürst Donnersmarck-Stiftung, Sebastian Cobler Stiftung, Hannes Löffler und Monika Eckholdt.*"[12]

Eine besondere Lanze für sexuelle Assistenz will offenbar die Zeitschrift „Orientierung" des Bundesverbandes evangelischer Behindertenhilfe brechen. Die folgenden Informationen wurden seit Jahren nahezu allen EKD-Bischöfen im Zuge besorgter Anfragen zur Kenntnis gebracht. Das Ergebnis war eine eher rechtfertigende Antwort des Präsidenten des Diakonischen Werkes in Deutschland und ein ausgesprochen scharfer Brief des Präsidenten des Kirchenamtes der EKD. Verständnis fanden die beschwerdeführenden Mitarbeiter nur bei der Kirchlichen Sammlung um Bibel und Bekenntnis in Bayern (KSBB) und dem Gemeindehilfsbund (GHB). Trotz der derzeitigen Diskussion über sexuellen Missbrauch wird dieses Thema von Kirchenleitern (noch) ignoriert. KSBB und GHB finanzierten Anfang 2010 eine ganzseitige Anzeige im auflagenstärksten evangelischen Wochenmagazin Deutschlands, idea-Spektrum, um auf diesen Skandal aufmerksam zu machen. Hier wird im folgenden der offene Brief an den damaligen Vorsitzenden des Rates der EKD dokumentiert:

OFFENER BRIEF 24. März 2010

Diakoniemitarbeiter aus Berlin
an
Präses Nikolaus Schneider, Vorsitzender des Rates der EKD

Sehr geehrter Herr Präses Nikolaus Schneider,

angesichts zunehmender Sexualisierung und Brutalisierung im Lande wundert sich niemand, wenn in Schmutzblättern Prostitution geradezu heilig gesprochen wird. Wir evangelische Christen sind jedoch sprachlos, dies in der diakonischen Zeitschrift „Orientierung" lesen zu müssen:

Prostitution – „heilige Handlung im Auftrag der Göttin"

Die „Orientierung" ist Verbandsorgan des Bundesverbandes ev. Behindertenhilfe BeB. Was jüngst (2/09) in dieser Zeitschrift erschien, die in tausenden Büros der Diakonie ausliegt, ist beispiellos! Unter der Überschrift „Sexualassistenz für Menschen mit einer Beeinträchtigung" heißt es unter Hinweis auf frühere „matriarchale Hochkulturen, in denen die Göttin verehrt wurde", die Prostitution sei eine „heilige Handlung, um Menschen mit dem Göttlichen in sich in Verbindung zu bringen". Sie wird sogar gerühmt: „Der Beruf der sexuellen Dienstleisterin hat eine lange und ehrenwerte Tradition" (S. 28).

Sexualassistenz: „Fortbildungen" in diakonischen Einrichtungen

Statt solche Aussagen als unvereinbar mit evangelischer Sexualethik zurückzuweisen, hat der Präsident des Diakonischen Werks, Pfr. Klaus-Dieter Kottnik, sie als „sehr differenziert" gelobt und erklärt, dass die evangelische Behindertenhilfe zahlreiche „Fortbildungen zum Themenfeld Sexualität und Sexualpädagogik" anbietet, wobei auch „Sexualassistenz thematisiert" wird. Sexualassistenz wird im Verbandsorgan des BeB definiert als „bezahlte sexuelle Dienstleistung", die von „erotischer Massage bis zu Oral- und Geschlechtsverkehr" reiche (S. 27). Die Kampagne des BeB hat mittlerweile eine so große Breitenwirkung bekommen, dass Mitarbeiter der Diakonie unter Druck gesetzt werden, ihren Betreuten den „Nutzen" von Prostitution zu erklären.

Prostitution wird „christlicher" Beruf

Recherchen zeigen, dass seit 2003 eine sich bis heute steigernde Kampagne in der „Orientierung" geführt wird, um sexuelle Dienstleistungen in der Betreuung Behinderter salonfähig zu machen. Prostituierte und Sexualpädagogen kommen zu Wort, die über derartige Praktiken empfehlend berichten. Betreuern wird implizit geraten, vor Behinderten sexuelle Handlungen an sich selbst vorzunehmen (Ziel: „Imitationslernen") oder „Hand anzulegen", also Behinderte zu masturbieren (Nr. 2/03). Es wird berichtet über sexuelle Handlungen an schwerstbehinderten Menschen, die wegen Hirnschädigung kein Sprachvermögen haben und diese weder fordern noch ablehnen können. Als Rechtfertigung dient die „Intuition" der Prostituierten: „Er guckt und hört und scheint manchmal zu reagieren, manchmal auch nicht. Er kann nicht reden. Als ich die Decke wegnehmen will, tritt er nach mir. Ich frage ihn immer wieder, ob es in Ordnung ist und muss mich auf meine Intuition verlassen, weil er ja nichts sagen kann ... Ich masturbiere ihn, bis er einen Samenerguss hat." (S. 29)

Die Strafbarkeit dieses Handelns (StGB §§ 174 und 179) wird von den Autoren abgetan: „Die Juristen bestätigen uns, dass man mit sexueller Assistenz allenfalls gegen den Buchstaben, nicht aber gegen den Geist des Gesetzes verstößt". (S. 27)

Wir bitten Sie, Präses Schneider, der Propagierung der Prostitution bei der Betreuung Behinderter Einhalt zu gebieten. In den Richtlinien des Diakonischen Werks heißt es: „Die dem Diakonischen Werk angeschlossenen Einrichtungen sind verpflichtet, das Evange-

lium Jesu Christi in Wort und Tat zu bezeugen. Der diakonische Dienst ist Wesens- und Lebensäußerung der ev. Kirche."

Die Vermarktung der Schöpfergabe der Sexualität durch die Prostitution, ihre Loslösung aus der Ehe und ihre Reduzierung auf das Lustempfinden entwürdigt den Menschen. Demgegenüber verleiht das Evangelium Jesu Christi jedem Menschen eine unverlierbare Würde, indem es ihm seine Berufung zum Ebenbild Gottes zuspricht. In der Kraft dieser Berufung kann der Mensch die Sexualität in der Ehe verantwortlich einsetzen und auch ohne Ehe und praktizierte Sexualität ein erfülltes Leben haben. Die evangelische Diakonie sollte ihm dabei helfen.

Die Veröffentlichung des Offenen Briefes wird unterstützt vom Gemeindehilfsbund und der Kirchlichen Sammlung um Bibel und Bekenntnis in Bayern (KSBB)."[13]

Bis Juni 2010 ging seitens des EKD-Ratsvorsitzenden keine Antwort ein. Um ihrem Auftrag gerecht zu werden, sollten die Kirchen derartige Missstände aufdecken und abstellen.

---

[1] Wimmi Commandeur/Kalle Krott, Hand anlegen?!, in: Joachim Walter, Sexualbegleitung und Sexualassistenz bei Menschen mit Behinderung, Heidelberg 2008, 2. Auflage, S. 187
[2] Theo Gilbers/Petra Winkler, „Muss ich das jetzt auch noch tun?", in: Joachim Walter, Sexualbegleitung und Sexualassistenz bei Menschen mit Behinderung, Heidelberg 2008, 2. Auflage, S. 173
[3] Ilse Achilles/Alexander Frey, Sexualassistenz: Hilfe zu Emanzipation? Oder Straftatbestand?, in: Joachim Walter, Sexualbegleitung und Sexualassistenz bei Menschen mit Behinderung, Heidelberg 2008, 2. Auflage, S. 198
[4] http://bundesrecht.juris.de/stgb/__174a.html [Stand: 19.04.2010]
[5] http://bundesrecht.juris.de/stgb/__174c.html [Stand: 19.04.2010]
[6] und [7] Anja Lohmann/Roman Trips-Hebert, Sexualassistenz für Menschen mit Behinderung im Rahmen des Strafrechts und der Sozialhilfe, in: Deutscher Bundestag, Wissenschaftliche Dienste, WD 6-3000-106/09, S. 4
[8] http://bundesrecht.juris.de/owig_1968/__120.html [Stand: 19.04.2010]
[9] Die Einladung liegt dem Herausgeber vor.
[10] Das per E-Mail versandte Schreiben liegt dem Herausgeber vor.
[11] und [12] http://www.archive.org/details/Die_Heide_ruft [Stand: 19.04.2010]
[13] Die Artikel aus der „Orientierung" aus denen im „Offenen Brief" zitiert wurde, finden sich unter: http://www.ksbb-bayern.de/archiv/dokumente/index.php#5502969d400e07f0d [Stand: 19.04.2010]. Die anderen zitierten Dokumente liegen dem Herausgeber vor.

1.5. Sexualisierung der Kinder und Jugendlichen durch den Staat

von Gabriele Kuby

Die Wurzeln der politisch inszenierten Sexualisierung mit dem Ziel, die Familie zu zerstören, reichen bis zur Französischen Revolution und den ersten Formulierungen der kommunistischen Ideologie zurück.[1] Weitgehend zum Ziel gekommen ist diese Strategie durch die so genannte sexuelle Revolution, die Ende der sechziger Jahre in der westlichen Welt ins Werk gesetzt wurde. Sie hat das moralische Fundament unserer Gesellschaft massiv geschädigt. Schritt für Schritt wurden die Gesetze abgeschafft oder verändert, welche bis dahin der Sexualität Grenzen gesetzt hatten, die notwendig sind, damit der „besondere Schutz der staatlichen Ordnung" für Ehe und Familie und das Erziehungsrecht der Eltern (GG, Art. 6, Abs. 2) tatsächlich wirksam wird. Die Eckpunkte waren: Freigabe der Pornographie (1973), Erleichterung der Scheidung (ab 1969), Straffreiheit der Abtreibung (1992–1995), vollständige Abschaffung der Strafbarkeit der Homosexualität (1994), Gender-Mainstreaming als Leitprinzip der Politik (1999), „Homo-Ehe" (2001), Abschaffung der Sittenwidrigkeit der Prostitution (2001). Nun steht die Aufnahme der „sexuellen Identität" ins Grundgesetz als Kriterium von Diskriminierung vor der Tür, gefordert von Grünen, Linken und der SPD. Damit könnte dann jede Unterscheidung sexueller Präferenzen nach ihrem Wert für den Menschen und die Gesellschaft kriminalisiert werden. Sogar Pädophile könnten sich prinzipiell auf eine solche Bestimmung berufen.

Sexualisierung der Kinder und Jugendlichen durch den Staat

Eine Kulturrevolution ist dann unumkehrbar, wenn die junge Generation in die ideologische Form des „neuen Menschen" gepresst wird. Dazu trägt wesentlich der seit den siebziger Jahren eingeführte Sexualkundeunterricht bei, der mittlerweile im Kindergarten angekommen ist und immer krassere Formen annimmt. Aus dem Sexualkundeunterricht ist allzu oft ein Sexunterricht geworden. Es geht dabei nicht – wie in früheren Diktaturen – um Gehirnwäsche, es geht um eine kaum mehr veränderliche Prägung der Triebstruktur des Kindes. Entweder der Mensch beherrscht den Sexualtrieb oder der Sexualtrieb beherrscht den Menschen und zieht ihn am Nasenring unerfüllter Sehnsucht über immer weitere Grenzen bis in den Abgrund sexueller Süchte und Perversionen.[2]

In der Folge von Sigmund Freuds Theorien über kindliche Sexualität und des Kinsey-Reports, haben Kinder angeblich ein „Recht auf Sexualität". Der Kinsey-Report „bewies", dass Kleinkinder ein Bedürfnis und die Fähigkeit zum Orgasmus haben. Inzwischen ist bekannt, dass Kinsey diese Daten im kriminellen Milieu sexuellen Missbrauchs erhob, dem Kinsey selbst angehörte.[3]

Bundeszentrale für gesundheitliche Aufklärung (BZgA)

Die Bundeszentrale für gesundheitliche Aufklärung, eine staatliche Institution, förderte mit den Broschüren *Körper, Liebe, Doktorspiele – Ratgeber für Eltern zur kindlichen Sexualerziehung vom 1. bis zum 3. und vom 4. bis zum 6. Lebensjahr* die Sexualisierung von Kleinkindern. Diese Broschüren wurden 650.000 Mal kostenlos im Land verbreitet, Downloads nicht gerechnet. Darin wurden die Eltern zu pädophilen Handlungen aufgefordert, etwa dazu, ihren Kindern die Erkundung der erwachsenen Geschlechtsorgane zu gestatten, und kleine Mädchen nicht deswegen von der Masturbation abzuhalten, weil sie Gegenstände zu Hilfe nehmen; Väter sollten die Mädchen an *allen* Körperstellen liebkosen. Durch meine wiederholten Veröffentlichungen dieses Skandals sah sich die verantwortliche Bundesfamilienministerin Ursula von der Leyen Ende Juli 2007 genötigt, diese Broschüre zurückzuziehen.

Pro Familia

Aber das ist kein Grund zur Beruhigung. Pro Familia, einer der wichtigsten Partner des Staates bei der Sexualisierung der Kinder und Jugendlichen, verbreitet seit 1994 das Lehrbuch *Lieben – kuscheln – schmusen – Hilfen für den Umgang mit kindlicher Sexualität*. Die Autoren haben sich lustige Spiele ausgedacht, wie Kindergartenkinder ihre Sexualität entfalten, indem sie angeleitet werden, nackt ihre Geschlechtsorgane zu betasten, den anderen am Geruch zu erkennen (O-Ton S. 84: *„Hmm, riechst du lecker! – Du stinkst"*), indem sie nicht am Ausprobieren des Geschlechtsverkehrs gehindert werden und ihnen *„möglichst große Fotos gezeigt"* werden, welche *„die menschliche Sexualität in ihrer Vielfalt abbilden"*. Zur *„bewährten Auswahl"* gehören:
* zwei Männer oder zwei Frauen schlafen zusammen
* ein Mensch befriedigt sich selbst.

Wenn Kinder sich solchen Attacken auf ihr Schamgefühl entziehen wollen, wissen die Erzieherinnen: *„Bei diesen Kindern stimmt was nicht."* [...] Kopfschüttelnd wird angemerkt: *„Es gibt auch heute noch Familien, in denen sich Vater und/oder Mutter zur morgendlichen Toilette einschließen, das Badezimmer mit dem Morgenmantel betreten und fertig angezogen wieder verlassen. Nacktsein, das Betrachten und auch Berühren anderer Körper, ist hier tabuisiert."*[5]

Das Love-Tour-Mobil von BZgA und DRK

Sexunterricht in der Schule beginnt mit Wort, Bild, Rollenspielen und praktischen Übungen immer früher, meist schon in der dritten oder vierten Klasse der Grundschule. Nicht selten üben die Kinder in der Klasse, wie man ein Kondom über einen Plastikpenis zieht. Die BZgA lässt in Zusammenarbeit mit dem Deutschen Roten Kreuz das „Love Tour-Mobil" (einen pink-orange leuchtenden Aufklärungsbus) durch deutsche Städte fahren, insbesondere um den „Nachholbedarf" in den neuen Bundesländern zu befriedigen. Durch „spielerische und sinnliche Angebote" soll „vorurteilsfreies Wissen und Orientierung in den verschiedenen sexuellen Lebensweisen, wie beispielsweise Homo- und Heterosexualität sowie Bisexualität" vermittelt werden.

Dem dient auch das von der BZgA vertriebene Büchlein samt Begleitheft *Wie geht's – wie steht's, Wissenswertes für Jungen und Männer,* Bestell-Nr. 13030000. Für die altersgemischte, männliche Zielgruppe scheint den Autoren dies wissenswert: *„Der After zählt* *zwar nicht offiziell zu den Geschlechtsorganen, aber eigentlich müsste er dazu gehören. Am After enden sehr viele Nerven, die leicht angenehm erregt werden können. Beim Analverkehr wird der Penis in den After ... eingeführt. Das kann für beide* [homo- oder heterosexuelle] *Partner sehr erregend sein"* (S. 40f.).

Homosexualisierung im Unterricht
Ab zehn Jahren setzen in den Schulen die Werbungs- und Schulungsmaßnahmen zur Homosexualität (in den Varianten lesbisch, schwul, bi und trans) ein[6], noch nicht überall so krass wie in Berlin, Hamburg und München, aber doch mit einheitlicher Ausrichtung. Eine „Handreichung für weiterführende Schulen" des Senats von Berlin zum Thema „Lesbische und schwule Lebensweisen"[7] ist eine ausgefeilte Anleitung zur Homosexualisierung der Schüler, auszuführen in „Biologie, Deutsch, Englisch, Ethik, Geschichte/Sozialkunde, Latein, Psychologie". Infomaterial, Vernetzung mit der örtlichen Homoszene, Einladung an Vertreter/innen von Lesben- und Schwulenprojekten in den Unterricht, Filmveranstaltungen und Studientage zum Thema sollen angeboten und durchgeführt werden.

Beispiele für LSBT-Pädagogik in dieser Handreichung – Rollenspiele zur Einübung kritischer Situationen beim Coming out:
„*Du bist Kemal, 25 Jahre. Du willst mit deinem Freund Peter eine eingetragene Lebenspartnerschaft eingehen. Heute wollt ihr es deiner Mutter erzählen.*
Du bist Evelyn Meier, 19 Jahre. Du willst mit deiner Freundin Katrin eine Eingetragene [sic.] *Lebenspartnerschaft schließen. Heute geht ihr zu der evangelischen Pfarrerin, Frau Schulz, weil ihr gerne auch kirchlich heiraten wollt".*[8]

Jugendliteratur im Deutschunterricht für Schüler ab 12 Jahre der Roman „Jenny und O":
Hauptfigur ist ein(e) Transgender. „*Jenny flieht nach Berlin ... Im bunten Durcheinander der pulsierenden Großstadt kann sie sich neu erfinden, kann endlich damit anfangen, der Mensch zu werden, der sie in der Provinz niemals hätte sein können".*[9] Jenny wird zu John, verliebt sich in Carolin und bekommt Schwierigkeiten mit ihren Mitbewohnern, als ihre weibliche Identität auffliegt. Der Stoff wird in Rollenspielen verarbeitet (S. 72f.).

Initiation in die Homoszene:
„*„Ein lesbisches oder schwules Wochenende'. ‚Die Methode ist geeignet, um den SuS [Schülerinnen und Schülern] einen Einblick in die Berliner lesbisch-schwule Szene zu geben [...]: ‚Stell dir vor, deine lesbische Cousine/dein schwuler Cousin kommen auf ein Wochenende zu Besuch nach Berlin. Du möchtest ihnen ein spannendes Wochenende bieten und überlegst dir daher, was Menschen von Freitagabend bis Sonntagabend in Berlin machen können, wenn sie lesbisch oder schwul sind. Stelle mit Hilfe 1 [Stadtmagazin Siegessäule] ein schlüssiges Wochenendprogramm zusammen. Überlege dir vorher, was für ein Mensch deine Cousine/dein Cousin ist und was für Interessen sie/er hat'."*[10]

Europäische Union – Nordrhein-Westfalen

Es gehört zum Standard des Sexunterrichtes an staatlichen Schulen, Homo-, Bi- und sonstige Formen „queerer" Sexualpraktiken den Schülern gleichsam zur freien Auswahl anzubieten und ihnen das „Coming out" zu erleichtern. Ganz besonders setzt sich die Regierung von Nordrhein-Westfalen dafür ein. Als Partner der EU-Organisation TRIANGLE (Transfer of Information Against Discrimination of Gays and Lesbians in Europe) hat das Ministerium für Gesundheit, Soziales, Frauen und Familie die aufwendig gestaltete Materialmappe *Mit Vielfalt umgehen. Sexuelle Orientierung und Diversity in Erziehung und Beratung* erstellt[11]. Schüler werden im Rahmen des Pflichtunterrichts zum Teil durch externe Homosexuelle beim „Coming out" zu einer der vielfältigen „Identitäten" beraten und mit der Schwulen- und Lesbenszene vernetzt mittels sechs Seiten mit Kontaktadressen in der genannten Publikation.

Dies sind nur einzelne Beispiele, die nahezu unbegrenzt vermehrt werden könnten. Die Sexualpädagogik, wie sie vom Staat, von Pro Familia, von Donum Vitae und weiteren Anbietern betrieben wird, ist im Ergebnis zu einer sexuellen Enthemmungspädagogik geworden, die das Schamgefühl zerstört und Kinder und Jugendliche in entmoralisierte Lustbefriedigung treibt. Es werden dadurch bestehende Familienstrukturen und die charakterlichen Voraussetzungen für Ehe- und Familienfähigkeit geschädigt und oftmals zerstört. Die Statistiken zeigen: Die Zunahme des Leistungsverfalls, der Gewaltbereitschaft, der Alkohol- und Drogensucht und der psychischen Instabilität haben hier eine wesentliche Wurzel. Erzeugt wird auf diese Weise eine atomisierte Gesellschaft bindungsschwacher Individuen, die viel leichter missbraucht werden können – sexuell, wirtschaftlich und politisch.

Aushöhlung des Erziehungsrechts der Eltern

Der Staat hat kein Recht, die moralischen Grundlagen der Gesellschaft durch Initiation der Jugendlichen in hedonistische Sexualität auf dem Wege des Schulzwangs zu zerstören und das Erziehungsrecht der Eltern in einem so wichtigen Bereich de facto abzuschaffen. Gegenwärtig haben Eltern in Deutschland keine rechtliche Möglichkeit, ihre Kinder vor der Sexualerziehung, die über mehrere Jahre und in zahlreichen Fächern durchgeführt wird, zu bewahren. Da es hier längst nicht mehr um die neutrale Vermittlung von Wissen geht, sondern die Persönlichkeit und das moralische Verhalten des Kindes möglicherweise irreversibel geprägt werden, werden dadurch Eltern diskriminiert, die ihre Kinder zu Selbstbeherrschung, Bindungsfähigkeit und Verantwortung erziehen möchten. Eltern, die ihre Kinder trotz Schulzwang aus Gewissensgründen hartnäckig vom Sexualunterricht fernhalten, kommen in unserem Land nach Geldstrafen häufig ins Gefängnis, die Kinder ins Heim[12].

Widerstand

Es ist unbegreiflich, dass dies alles ohne nennenswerten Widerstand der Kirchen in Deutschland geschehen konnte; was die katholische Kirche angeht, so muss man sagen: Trotz klarer Worte und Vorgaben aus Rom. Warum haben die Kirchen keine eigenen Sexualaufklärungsprogramme entwickelt, die der Würde des Menschen gerecht werden und ihn auf Ehe und Familie vorbereiten? Nun fällt die Untreue zur Lehre Christi, deren Gipfelpunkte die Missbrauchsfälle in den Kirchen selbst sind, schwer auf sie zurück und stürzt die Kirchen in eine Krise, deren Tiefpunkt niemand kennt.

Es ist ebenso unbegreiflich, dass dies alles ohne Widerstand der Eltern und Lehrerverbände durchgegangen ist. Nur weil es keinen Widerstand gab, konnte es so weit kommen. Aber Widerstand kann auch heute noch erfolgreich sein. Er beginnt in kleinen Zellen – in den Schulen, in den Gemeinden, in den Parteien und Jugendorganisationen. Beispielhaft ist die Schweizer Elterninitiative *Sorg-falt.ch* (www.sorg-falt.ch). Sie berichtet:

„Die an unseren Schulen verwendeten Broschüren lösten bei vielen Eltern Unbehagen aus. Eltern schlossen sich zur IG Sorgfalt zusammen. Die IG erkannte eine sehr aktive und europaweit vernetzte Lobby, die alles daran setzt, ihre Ideologie in Politik, Medien, Schulen und Familien hineinzuprojizieren. Inzwischen haben wir folgendes erreicht:

- *Innerhalb kürzester Zeit haben ca. 400 Personen mit ihrer Unterschrift eine Veränderung des Sexualunterrichts gefordert.*
- *Die Verantwortlichen des Erziehungsdepartementes des Kantons stoppten die Abgabe sämtlicher Broschüren und das Aufrollen von Kondomen im Sexualunterricht.*
- *Die Dienststelle für Unterrichtswesen beauftragte das Schulinspektorat, eine Qualitätsanalyse vorzunehmen.*
- *Die Sexualpädagoginnen selbst dürfen keine Elternabende mehr organisieren."*

Wir brauchen kein Gender-Mainstreaming zur Auflösung der Geschlechtsidentität von Mann und Frau, wir brauchen eine Pädagogik, die junge Menschen bindungs- und familienfähig macht. Wir brauchen mutige Männer und Frauen, die aus Verantwortung für die Zukunft gegen die weitere Zerstörung der menschlichen Voraussetzungen einer humanen Gesellschaft kämpfen. Wie immer sich die Gesellschaft als Ganzes entwickeln wird, der Einzelne kann jetzt und hier sein Leben in den Dienst einer Kultur des Lebens und der Liebe stellen.

---

[1] E. Michael Jones, *Libido Dominandi, Sexual Liberation and Political Control,* South Bend, Indiana 2000
[2] Judith Reisman, *Exposing the Kinsey-Institute.* www.drjudithreisman.com
[3] Lothar Kleinschmidt, Beate Martin, Andreas Seibel, HRSG. Pro Familia NRW, *Lieben – kuscheln – schmusen – Hilfen für den Umgang mit kindlicher Sexualität,* Ökotopia Verlag, Münster 1994
[4] ebd., 4. Auflage 1999, S. 49f.
[5] Am Schulreferat der Stadt München gibt es die „Koordinierungsstelle für gleichgeschlechtliche Lebensweisen".
[6] http://www.berlin.de/imperia/md/content/sen-familie/gleichgeschlechtliche_lebensweisen/
[7] bis [9] http://www.berlin.de/imperia/md/content/lb_ads/gglw/themen/lesbische_und_schwule_lebensweisen_2010_ohne_cartoons.pdf?start&ts=1277301707&file=lesbische_und_schwule_lebensweisen_2010_ohne_cartoons.pdf
[10] Online Version: www.diversity-in-europe.org
[11] www.medrum.de, *Inhaftierungswelle geht weiter,* 08.04.2010

1.6. „Triebkräfte für den politischen Kampf"

von Christa Meves

Bei den hochbrandenden Diskussionen über die Vielzahl sexuell missbrauchter Kinder und Jugendlicher heute – wie auch in den vergangenen 40 Jahren – wird sichtbar, dass die zentralen Ursachen und deren Folgen kaum im Bewusstsein der jetzigen Bevölkerung sind. Deshalb soll in diesem Beitrag mit Zitaten aus den frühen Schriften der Neuen Linken verdeutlicht werden, dass die sogenannte „Befreiung zur Sexualität" nicht etwa berechtigterweise einem Notstand abhalf oder gleichsam junge Frische bedeutet hat, eine Überwindung von veralteter Kultur, ein Abschied des „Muff von 1000 Jahren unter den Talaren", sondern dass diese „Befreiung" zum strategischen Plan der sogenannten Neuen Linken gehörte – zwecks *politischer Veränderung*, und das heißt zur Abschaffung der bürgerlichen Gesellschaft, um eine sozialistische, neomarxistische zu erwirken.

Dieses unzureichende Wissen heute ist umso erstaunlicher, als die Protagonisten der neuen Linken in den 60er Jahren des vorigen Jahrhunderts in ihren Programmschriften ihre Absichten unverblümt zum Ausdruck brachten und von nicht wenigen Fachleuten und wachen Beobachtern auch sofort als eine gefährliche Ideologisierung eingeschätzt wurden, die sich vor allem auf die Erziehung der Kinder und der dann später oft seelisch kranken Erwachsenen negativ auswirken würde.

Es ist ein zweifelhaftes Vergnügen, zu denjenigen zu gehören, die nachweislich schon vor fast 40 Jahren vor den nun eingetretenen Fehlentwicklungen – zunächst damals unter erheblicher Beachtung in der Öffentlichkeit – gewarnt haben, die aber nun erleben müssen, dass im Zeitgeist eine Wendung zum Besseren nicht eingetreten ist. Das eine oder andere Schriftstück aus den frühen Programmschriften der selbsternannten Aufklärer, das nun in dieser Schrift hier zu finden ist, war bereits in meinem 1971 bei Herder erschienenen Buch „Manipulierte Maßlosigkeit" als Zitat nachzulesen. Der Schwerpunkt meiner damaligen Kritik lag auf den Ursachen und Begründungen des Feldzuges, der damals eben erst begonnen hatte, sowie auf den zu vermutenden und teilweise konkret absehbaren schädlichen Folgen aus kinderpsychotherapeutischer Sicht. Zumindest ein Teil dessen, was inzwischen – teilweise mit noch größeren Folgeschäden in der zweiten Generation – eingetreten ist, war dort bereits dokumentiert. Mein Schwerpunkt lag auf der revolutionären Intension der sogenannten Befreier und Aufklärer, die sich anhand der Schriften der jungen Revolutionäre unschwer erkennen ließ: „Die Befreiung zur Sexualität" war lediglich als ein Instrument gedacht, um dieses Gesellschaftssystem aus den Angeln zu heben: Da die Sexualität in der damaligen Gesellschaft und deshalb besonders im Erziehungsbereich in – wie ihnen schien – unzulässiger und seelisch schädlicher Weise unterdrückt würde, bedürfe es ihrer radikalen Umorganisation in der Gesellschaft: *„Es kommt darauf an"*, postulierte der Sozialpädagoge Helmut Kentler in einer 1970 im Rowohltverlag erschienenen Schrift, *„Sexualerziehung bewusst als politische Erziehung zu etablieren, auf die experimentelle Situation des*

Sexuallebens so einzuwirken, dass das in ihr verborgene gesellschaftliche Veränderungspotential aktiviert wird."[1]

Die Eckpunkte dieses Programms hatte Kentler offen benannt. Vor allem muss nach diesem Konzept die Befreiung zur Sexualität bereits in der frühen Kindheit beginnen. Die Protagonisten Alex Comfort[2], Hans-Jochen Gamm[3], Günter Amendt[4], Niels Sewig[5], Volkmar Sigusch und Gunter Schmidt[6] entwickelten neue Vorschläge zur Veränderung der Sexualerziehung. Man empfiehlt bei Kleinkindern folgende Umgestaltung:
1. Onanieren durch die Kleinkindzeit hindurch.
2. die Veränderung des Inzesttabus zwischen Eltern und Kindern, indem sie nicht mehr unberechtigterweise ausgeschlossen werden, sondern Eltern und Kinder gegenseitig die Erfahrung machen können, dass Versuche, miteinander zu koitieren, an der Enttäuschung der Unangemessenheit scheitern.
3. das Zulassen und Unterstützen von sexuellen Spielereien im Schulalter, um die Koitusfähigkeit zu erleichtern und die Unterrichtung der Jugendlichen in perversen Sexualpraktiken, um ihr Geschlechtsleben zu differenzieren.
4. Geschlechtsverkehr von der Geschlechtsreife ab, sowohl im privaten wie im schulischen Bereich, wobei praktischer Sexualkundeunterricht erteilt werden sollte; infolgedessen
5. Die uneingeschränkte Freigabe der Ovulationshemmer für junge Mädchen.[7]

Wie Kentler sich die Übungen zur Sexualität vorstellt, gibt er in unmissverständlicher Weise an. Es soll nicht nur zu heterosexuellen Kohabitationsversuchen zwischen Kindern kommen, sondern auch zu Praktiken, die der – nach Kentler „polymorph perversen" Struktur der Sexualität von Heranwachsenden entsprächen. Er schreibt: *„Soll das Elend der Sexualität nicht ständig durch Erziehung reproduziert werden, dann müssen Vorstellungen emanzipierter Sexualität entwickelt werden, die den üblichen Erscheinungsformen gesellschaftlich angepasster und integrierter Sexualität entgegenstehen. Sie können beispielsweise orientiert sein am ‚polymorph-perversen Spielcharakter' (Gorsen 1969, S. 127) der Sexualität, …"*[8]

Dieses abstoßende Programm und diese Theorien unterzog ich, wie gesagt, bereits in der genannten Schrift 1971 einer umfassenden Analyse und widerlegte diese Forderungen mit wohlbegründeten entwicklungspsychologischen Praxiserfahrungen. Um den sexuellen Missbrauch wirklich erkennbar zu machen, zitierte ich damals schon die von Kentler aufgeführten Beispiele aus der Kommune 2, die zurecht auch in dieser Schrift thematisiert und jetzt als eine der Wurzeln der deutschen Pädophilenbewegung aufgezeigt werden. Das Gefährliche der Einführung solcher Schwerpunkte in die Sexualerziehung ließ sich schon damals, 1971, aufzeigen, indem ich auf entwicklungspsychologischer Basis argumentierte:
1. „Frühkindliche Sexualität hat mit der genitalen Sexualität des Erwachsenenalters wenig gemein. Onanieren im Kleinkindalter ist deshalb keine entwicklungsnotwendige, Seele und Geist fördernde Angelegenheit, sie ist hingegen

2. in ihrer exzessiven Form immer ein Symptom dafür, dass in dem Kind lebenswichtige Antriebsbereiche anderer Art, wie Z. B. Kontakt, leibliche Nähe und Zuwendungsbedürfnisse Not leiden, sodass per Übersprung die erogene Zone des genitales eine Ersatzfunktion bekommen hat.
3. Stimulation der kindlichen Onanie durch Erwachsene, bewirkt eine Sensibilisierung der erogenen Zone, die den Menschen an diese sexuelle Praktik fixieren, und den Übergang zur Erwachsenengenitalität erschweren, ja u.U. vollständig verstellen kann."[9]

Um aber wenigstens heute zu erkennen, in welchem Zusammenhang die damals verkündete „Befreiung zur Sexualität" steht, ist mehr nötig, als ihre Absurdität zu durchschauen. Das letzte Ziel der Protagonisten dieser Bewegung war es, mit dem Durchbrechen der alten, angeblich starren Gesellschaftsordnung auch das bisher rechtliche Verbot sexueller Betätigung von Erwachsenen mit Kindern zu durchbrechen. Deshalb sollte zuerst die alte „repressive Sexualerziehung" unbedingt verschwinden, und dazu wiederum musste als erstes die „repressive" Autorität, sowie die angeblich Ungerechtigkeit produzierende Familie gleich mit erledigt werden. Dann erst, so die Vorstellung der „Veränderer", könnte die frühe Sexualisierung der Kinder breitflächig als das eingesetzt werden, wofür sie von vornherein gedacht war: Als ein zugkräftiges Vehikel zur politischen Umgestaltung.

Kritik an der sogenannten sexuellen Befreiung gab es damals viel, man kann sagen: Der gesamten bürgerlich geprägten Mitte der Gesellschaft war sie – wenn nicht zuwider – dann zumindest suspekt. Doch mit der eben genannten Einschätzung, dass gerade die Sexualisierung der Kinder diesen gesellschaftspolitischen Zielen dienen sollte, stand ich damals weitgehend, allerdings nicht vollständig allein. Der Erziehungswissenschaftler an den Universitäten Innsbruck und Konstanz Wolfgang Brezinka hat hier ebenfalls genau nachgelesen und veröffentlichte schon 1972 mit der gleichen Besorgnis eine akribische wissenschaftliche Arbeit über die Ziele der Neuen Linken, Zitat: *„Der Einsatz der Neuen Linken für die ‚sexuelle Befreiung der Jugend' ist nur verständlich, wenn man ihn als Bestandteil der Strategie zur Erreichung ihrer politischen Ziele erkennt. Sie tritt deswegen dafür ein, weil sie die sexuellen Antriebe und Interessen der Heranwachsenden für den motivationsstärksten Ansatzpunkt zur politischen Aufwiegelung gegen die bestehende Ordnung hält."*[10]

Brezinka belegte das mit den Schriften von Hans-Jürgen Haug und Hubert Maessen 1969[11], anlässlich der Vorbereitung der antiautoritären Schülerunruhen seit 1967. Er zitierte dazu Katja Sadoun (et al.) mit folgendem Zitat aus einer Revolutionsschrift 1970: *„Die proletarische Erziehung beginnt mit der Brechung der sexuellen... Tabus."*[12]

Und Brezinka präzisierte seine Beweiskette mit einer Klarstellung von Niels J. Sewig und Christine Kulke (1971) folgendermaßen: *„Der Kampf ist dabei eindeutig gegen die Institutionen der Ehe und der Familie gerichtet, damit aber auch gegen romantische Liebesbeziehungen, gegen auf Dauer fest gerichtete Partnerbindungen."*[13] und fasste schließlich zusammen: *„Ehe und Familie sind für die Neue Linke jene Institutionen, die sie als Hort des Widerstandes gegen ihre revolutionären Pläne am meisten fürchten. Deswegen* *wenden sich ihre sexualpädagogischen radikalsten Anhänger gegen die Verknüpfung von Sexualität und Liebe, von Geschlechtsverkehr und Gefühlen."*[14]

An anderer Stelle resümiert Brizinka im Hinblick auf die Texte der Neuen Linken: *„Aus diesen Texten der Neuen Linken ist deutlich erkennbar, dass es der Neuen Linken bei ihrem Eintreten für die sexuelle Befreiung der Jugend gar nicht darum geht, den Einzelnen Jugendlichen bessere Hilfen auf der Suche nach persönlicher Liebeserfüllung zu geben. Vielmehr kommt es ihr darauf an, einerseits die sexuellen Bedürfnisse, Wünsche und Interessen als Triebkräfte für den politischen Kampf auszunutzen und andererseits aber auch zu verhüten, dass anspruchsvolle eheähnliche Liebesbeziehungen entstehen, die von politischen Aktivitäten ablenken. Dauerhafte Partnerbeziehungen und Frühehen werden vor allem deswegen bekämpft, weil in ihnen ‚Liebes- und Verwirklichungswünsche abgesättigt' und damit Energien von der Beteiligung an den ‚ökonomischen und politischen Auseinandersetzungen abgezogen' werden."*[15]

Der erfahrene Pädagoge zweifelte deshalb zurecht: *„Empirische Befunde dieser Art lassen es zumindest als sehr unwahrscheinlich erscheinen, dass durch die Förderung der ungehemmten sexuellen Triebbefriedigung der Erwerb solcher Persönlichkeitsmerkmale wie ‚Fähigkeit zum individuellen Glück', ‚Menschlichkeit' oder ‚Mündigkeit' ermöglicht werden kann."*[16]

Auch Wolfgang Brezinka hat diese bedauerliche Entwicklung weiter verfolgt. 1986 schrieb er resigniert: *„Zu den der sozialistischen Linken willkommenen Fernwirkungen der ‚Emanzipatorischen Pädagogik' gehört schließlich auch, dass es gelungen ist, die pädagogische Öffentlichkeit mehr als zehn Jahre lang mit Scheinproblemen wie ‚Emanzipation', ‚antiautoritäre Erziehung', ‚Demokratisierung des Erziehungswesens' usw. zu beschäftigen und dadurch von den wirklichen Problemen unserer Erziehungssituation abzulenken."*[17] *„Einen schnelleren und größeren Erfolg konnten sich die neomarxistischen Pädagogiker nicht träumen lassen, als sie die Parole ‚emanzipatorischer Erziehung' ausdrücklich als ein ‚subversives (das heißt umstürzlerisches) Bildungsprinzip' in Umlauf gebracht hatten."*[18]

Mit Erschrecken lässt sich feststellen, dass diese gänzlich unnatürlichen, den Entfaltungsbedingungen von Kindern und Jugendlichen keineswegs angemessenen Sexualpraktiken heute, 40 Jahre später, in der Tat voll zur etablierten Sexualerziehung junger Menschen gehören.

Was mich angeht, so habe ich bereits in dieser ersten meiner Protestschriften zum Thema Sexualerziehung dem dargestellten Programm der neomarxistischen Linken ein entwicklungspsychologisch vertretbares Konzept entgegengesetzt:

„Das Ziel der geschlechtlichen Erziehung kann also unmöglich darin bestehen, Kenntnisse und Praktiken über sexuelle Vorgänge zu erwerben. Eine solche, rein auf biologische und technische Information gerichtete Aufklärung kann – zum falschen Zeitpunkt und mit falschen Mitteln vorgenommen – durchaus tiefgreifend schaden, falsche Weichen stellen und die Persönlichkeitsentwicklung deformieren. Sie kann Sexualität blockieren, weil sie zur Unzeit stimuliert wurde. Das Ziel der geschlechtlichen Erziehung muss darin beste-

hen, dass der Mensch ein besseres Leibverständnis erwirbt und, ohne in eine gespannte Zwiespältigkeit zu seinem Leib zu verfallen, so aufwachsen kann, dass er am Ende der Jugendzeit seine Männlichkeit oder Weiblichkeit verantwortungsbewusst bejahen und tragen kann. Geschlechtserziehung ist ohne Vermittlung einer Sexualethik nicht nur fragwürdig, sondern des Menschen einfach unwürdig. Information um die Sexualität wäre unnötig, wenn sie lediglich zur Vermittlung sexueller Techniken führen sollte. Sexualität ist, wie bei den Tieren, ein Triebgeschehen, zu dessen Funktionieren es absolut keiner Aufklärung bedarf. Die Sonderrolle des Menschen besteht vielmehr darin, dass er nicht Triebwesen allein ist, sondern darüber hinaus auch Geistwesen und dass ihm die schwere Aufgabe zufällt, seine Leiblichkeit mit seiner Geistigkeit zu verbinden. Wir wissen heute, 80 Jahre nach den Entdeckungen Freuds,[19] *dass nicht nur die Verleugnung der Sexualität, sondern auch die Verleugnung dieser „Geistträgerschaft" des Menschen zugunsten der Sexualität, den Menschen seelisch krank machen kann. Geschlechtserziehung heißt, die Leiblichkeit und Geistigkeit des Menschen nicht wie zwei feindliche Brüder behandeln zu lernen, sondern die ursprüngliche Harmonie zwischen Natur und Geist herzustellen und ihnen zu einer gesunden Einheit im Menschen zu verhelfen. Dass es in den ersten Lebensjahren dabei zunächst dringend erforderlich ist, der natürlichen Neugier des Kindes zu einer Entspannung zu verhelfen, hat lediglich den Sinn, zu verhindern, dass der sexuelle Antrieb verfrüht durch die exzentrische Tabuierung dieses Bereiches in ein übersteigertes Suchverhalten gerät, da das eine harmonische Gesamtentwicklung stört und behindert. Wichtiger als alle Belehrungen ist das Verhalten der Erzieher. Kinder können um so gesünder in ihr Frau- oder Mannsein hineinwachsen, je mehr sie Vorbilder haben, die mit überlegener Gelassenheit* reife *Erwachsene sind. Jede übertriebene Betonung, Zur-Schau-Stellung und thematische Fixierung an Gesprächsinhalte mit sexuellen Nuancierungen kennzeichnen gerade nicht den reifen Erwachsenen, sondern deuten auf sexuellen Infantilismus hin. Kindern, die in einer solchen sexualisierten Elternhausatmosphäre aufwachsen müssen, gelingt eine Harmonisierung später schwerer! Manche werden mit negativen Valenzen gegen Sexuelles überflutet – andere zu suchtartigen Abweichungen stimuliert, die ein ganzes Leben färben und vergiften können.*

Es ist dringend an der Zeit, sich zur Wehr zu setzen gegen eine brutale Manipulation der Kinder durch Praktiken, die ihnen nicht angemessen sind, sich zu wehren dagegen, dass laienhaft emanzipierende Methoden Eingang finden in die Kindergarten- und Schulpädagogik.

Es liegt genug Erfahrungswissen vor, das es uns Erziehern möglich macht, Kinder behutsam so zu leiten, dass sie weder prüde leibfeindlich noch sexualsüchtig werden, sondern in der Beachtung dessen, was für sie in den einzelnen Reifestufen angemessen ist, ihnen den Weg in ein gesundes, reifes und glückliches Erwachsensein zu ermöglichen."[20]

Zusammenfassend lässt sich sagen: Vorstellungen der eben dargelegten Art über Geschlechtserziehung ließen sich als unrealistisch abtun (denn weder ist eine kindliche Genitalbetätigung natürlich, noch wird der Mensch durch Geschlechtsverkehr klug, kritisch oder gar friedlich), wenn man nicht ganz deutlich den Eindruck gewinnen würde, dass hier Demagogie betrieben wird. Hier soll politisch verhetzt und gleichzeitig Anarchie gefördert werden.

Die Anweisungen von Herrn Kentler sind „moderne Dienstanweisungen für Unterteufel". Sie würden sich gut einfügen in das schon 1944 erschienene Buch von C.S. Lewis mit dem gleichen Titel. In diesem Buch werden mit scherzhaftem Tiefsinn Strategien zur Verderbnis des Menschen entwickelt. Da heißt es: *„Die Methoden, den Geschlechtstrieb des Mannes zu neuem Verderben zu verwenden, sind nicht nur sehr erfolgreich (für den Teufel), sondern auch höchst amüsant, und das dadurch bewirkte Elend ist von sehr dauerhafter und auserlesener Art."*[21]

Die in diesem Sinn anberaumte „Befreiung zur Sexualität" als ein politisch gedachtes Instrument neomarxistischer Gesellschaftsveränderung wurde mit der Übernahme der Bundesregierung durch die SPD/FDP ab 1969 gesellschaftsfähig, ja sie wurde in Teilen Regierungspolitik. Damit wurde das Tor zu enthemmter Sexualität breitflächig aufgestoßen. Als sog. „Emanzipatorische Pädagogik" besetzte diese unrealistische, zum Niedergang führende Ideologie gewissermaßen im Handstreich die Medien und die Institutionen. Und das blieb bis heute so.

1986 wurde sogar in einem Film des ZDF angedeutet, wie ein junger Vater seine Säuglingstochter beim Baden sexuell stimulierte. Denn es gehörte schließlich zur Strategie dieser Ideologie, zu behaupten, Sexualität müsse von Anfang „trainiert" werden, sie müsse gelernt werden, wenn sie sich voll entfalten solle. Diese folgenschwere Desinformation steht zum Teil sogar noch heute in den Schulbüchern.

Die Überflutung mit der Sexideologie blieb bis hinein in die heutigen Empfehlungen der BRAVO zu Minikondomen für Jugendliche ganz einhellig. 1986 war es mir als letztes lediglich noch einmal möglich gewesen, mithilfe von Ministerpräsident Bernhard Vogel und der Intervention des damaligen ZDF-Intendanten Dieter Stolte, zu verhindern, dass die gesamte Serie „Sexualität heute" gesendet wurde. Doch eine Wende weg von pädophilen Grenzüberschreitungen blieb bis auf eine leichte Gesetzesänderung des § 184 StGB, unmittelbar vor dem Ende der Regierung Kohl im Jahre 1998 aus.

Es soll hier nicht im Einzelnen nachgezeichnet werden, wie die in mehreren Wellen voranschreitende Gesellschaftsveränderung durch die mehrfach veränderte Reform des Ehe- und Familienrechts, die Verstaatlichung der Kleinkinderziehung und die weitgehende Legalisierung von Abtreibung und Pornographie im Einzelnen abgelaufen ist und welche verheerenden Folgen diese Politik insgesamt hatte und bis heute hat. Zu den Folgen gehören neben einer Millionenzahl von Abtreibungen und zerbrochenen Ehen natürlich auch die Zunahme der – maßgeblich durch promiskuitives Sexualverhalten verursachten – Krankheiten HIV/Aids und des Gebärmutterhalskrebses (Zervixkarzinom). Es ist bezeichnend für den eingetretenen Mentalitätswandel, dass letzteres nicht etwa dazu geführt hat, dass man die Frühsexualisierung von Kindern und Jugendlichen überdenkt und in Frage stellt, sondern dass nun massenhaft 12-jährige (!) Mädchen geimpft werden sollen, um sie wenigstens vor dieser Folge der Promiskuität zu bewahren.

Klar ist jedenfalls: Das mit revolutionärem Gestus vorgetragene Programm der 68er wurde auf dem Marsch durch die Institution zwar im Ton moderater präsentiert, aber in der Sache kein bisschen abgeschwächt.

In einzelnen Punkten wurden gleichsam Frontbegradigungen und Umgruppierungen in einer weiterlaufenden Offensive vorgenommen: Das Programmziel der teilweisen oder gar völligen Entkriminalisierung pädosexueller Akte ist seit Ende der 90er Jahre zumindest vorerst gescheitert. Es wurde aufgegeben oder jedenfalls sehr weit zurückgestellt. Dagegen werden in einem anderen Bereich immer neue Maximalziele der sexuellen Befreier erreicht, übertroffen und umgehend durch noch ehrgeizigere Ziele ersetzt. Erinnern wir uns: Als sich im Jahre 1980 die „Grünen" als Partei formierten, hatten sie noch nicht einmal die „gleichgeschlechtliche Lebenspartnerschaft" im Programm. Dreißig Jahre später äußern selbst die Unionsparteien keine Kritik mehr daran. Gestritten wird um letzte Differenzierungen zum Ehe-, Steuer-, Unterhalts- und Adoptionsrecht.

Damit ist ein wichtiges Thema angerissen. War es in den siebziger und achtziger Jahren das Traum- und Maximalziel der sexuellen Befreier, die Pädosexualität zu etablieren, so wird heute ein anderes, aber eher noch überzogeneres und absurderes Maximalziel verfolgt. Die Rede ist von dem aberwitzigen Versuch, Millionen Menschen einzureden, es gäbe von Natur aus gar keine unterschiedlichen Geschlechter im soziologischen Sinne (= „gender"), sondern nur Geschlechter im biologischen Sinne (= „sex"). So wie die Epigonen der sexuellen Revolution die Geschlechtlichkeit im biologischen Sinne zum Fetisch erhoben und maximal freisetzen wollten, so wollen heute, 40 Jahre später, die Protagonisten des Gender Mainstreaming die Geschlechtsidentität im sozialen Sinne als gesellschaftlich bedingt erklären und diskreditieren. Die Bekämpfung dieser Unterschiede ist in vollem Gange, und wieder ist es gelungen, die entsprechende Programmatik – weitgehend an den Parlamenten vorbei – zur Regierungspolitik auf allen Ebenen, bis hinauf zu EU und UNO zu machen. Den Polizistinnen sind die Bischöfinnen und Soldatinnen gefolgt. Zum Programm einzelner Kindergärten gehört es bereits, die Mädchen zu befragen, ob sie nicht lieber Jungen wären – oder dieser oder jener Junge lieber ein Mädchen – und das in einer Situation, in der die Hormonforschung international zu dem Beweis vorgedrungen ist, dass die Geschlechtsunterschiede bereits im vorgeburtlichen Stadium hormonell festgelegt werden.

Es würde den Rahmen dieses Aufsatzes und dieser vorliegenden Schrift sprengen, im Einzelnen das Aufkommen dieser Bewegung – ihrer Ideen und der erschreckend effizienten und schnellen politischen Umsetzung – nachzuzeichnen und zu erklären. Nur noch auf eine Querverbindung sei hingewiesen: Die bereits erwähnten staatlichen Aufklärungsschriften haben neben der seit jeher vorhandenen Tendenz der Werbung für die Frühsexualität zuletzt in immer stärkerem Maße eine Schlagseite in Richtung einer durchschlagenden Werbung für bi- und homosexuelles Praktizieren bekommen.

Es darf nicht übersehen werden, dass an diesen „Aufklärungsaktionen" die Gesundheitsbehörden (!) maßgeblichen Anteil haben, und dass häufig – gewiss ohne Wissen über das Ausmaß der Desinformation – sich schulische und kirchliche Institutionen mit den Steuergeldern der Bevölkerung beteiligen. Die wesentlichen Aufklärungsschriften dieser Art sind heute teilweise zigtausendfach in Umlauf. Diese Aktivitäten enthielten und enthalten – zwar in typischer, oft verschleierter Einförmigkeit, aber doch eskalierend, sogar z. T. auch eine quasi staatlich geförderte Erosion der Sexualmoral.

Der Trend in diesen Aufklärungsaktionen für die Jugend erweist sich bei genauem Hinsehen als außerordentlich verantwortungslos. Sie sind Bemühungen um eine Haltung, die – bei Einsatz von Vernunft und Überlebenswillen – heute gewiss nicht einmal situationsentsprechend sind. Im Mittelpunkt steht der Versuch, die Jugend an einer Lebensform festzuhalten, die – besonders angesichts der tödlichen Seuche HIV/Aids – unvertretbar ist. Gegen alle Vernunft werden in aktuellen Broschüren dieser Art folgende Schwerpunkte (contraindiziert) betont:

1. Geschlechtsverkehr ab 14 sei nach wie vor das Natürlichste der Welt,
und
2. Homosexualität sei eine Variante von gleicher Gültigkeit wie Heterosexualität. Sie sei angeboren, sie sei natürlich, sie sei besonders interessant. Man könne sich dieser Spielart weiterhin gern bedienen – schon ganz und gar, falls man sich in einen gleichgeschlechtlichen Partner verliebe; denn da Homosexualität eine Veranlagung sei, gäbe es auf diesem Sektor keinerlei Verführung.
3. Überhaupt sei die Anziehung durch das Gegengeschlecht kein angeborener Trieb, man könne und dürfe sich völlig frei entscheiden: homo, trans-bi oder sonst wie sexuell. (Gender-Mainstreaming)

Eine solche, sogar von den Behörden betriebene „Aufklärung" verdient aber diesen Namen nicht. Sie hat heute einen anderen, neuen Schwerpunkt gegenüber der offiziösen „Aufklärung" vor 30 oder 40 Jahren, aber besser ist sie nicht. Die starke Akzentsetzung des Schwerpunkts auf Anfreundung mit der Homosexualität allgemein, die in den Aufklärungsschriften der Gesundheitsbehörden gang und gäbe ist, gefährdet viele Jugendliche, sich für homosexuell zu halten, ohne es wirklich zu sein, und damit schlicht und einfach die Chance aufs Spiel zu setzen, als Mütter oder Väter in einer funktionierenden Ehe glücklich zu werden – um von den Ansteckungsrisiken durch das HI-Virus einmal abzusehen.

Dazu ein neuerdings nicht mehr seltener Fall aus der Praxis: Ein Elternpaar stellt mir seinen 17jährigen Sohn vor. Er habe ihnen vor kurzem erklärt, dass er schwul sei. Befragt, wie er diesen Eindruck gewonnen habe, erklärt er, dass ihn Mädchen bisher wenig interessiert hätten. Er wäre mit vier älteren Schwestern an Weiblichkeit bisher ohnehin reichlich eingedeckt gewesen. Nicht, dass er sich stattdessen in einen Jungen verliebt habe – aber er sei in seiner Freizeit lieber mit Jungen zusammen.

Durch die „Aufklärung" von zwei sehr seriös erscheinenden schwulen jungen Männern, die in der Schule im Sexualkundeunterricht vermittelt worden sei, sei er auf die Idee gekommen, dann vielleicht doch „andersrum" zu sein. So habe er bei einer Schwulen-Selbsthilfegruppe angerufen, die in der Zeitung annonciert habe. Man habe ihn eingeladen, und dort habe man ihm seinen Verdacht bestätigt, und er habe dort auch gleich intimen Kontakt mit einem Schwulen gehabt. Diese Gruppe habe ihm gesagt, nun müsse er sich auch „outen". So habe er es zunächst einmal seinen Eltern erzählt. Die seien aus allen Wolken gefallen und hätten ihm nicht geglaubt.

Die endokrinologischen (d. h. hormonellen) wie die psychologischen Untersuchungen ergaben: Es handelte sich um einen völlig normalen, heterosexuell veranlagten Jugendlichen, der lediglich durch allzu viel ihn gängelnde Weiblichkeit noch ein wenig zurückhaltend war mit Annäherungen an das weibliche Geschlecht. Aus solchen, eigentlich gar nicht homosexuellen jungen Männern entsteht heute später häufig die Gruppe der sog. Bi-Sexuellen, die sich abwechselnd homo- und heterosexuellen Kontakten zuwenden, eine Gruppe, die auf diese Weise besonders geeignet ist, die HIV-Infektion in die allgemeine Bevölkerung hineinzutragen. Die Ansteckungsrate mit dem HI-Virus steigt in Deutschland trotz aller Kondomwerbung weiter kontinuierlich an.

Diese Situation zeigt, wie ganze Institutionen einmal mehr mehr oder weniger verdeckt und unter der Vorspiegelung falscher Tatsachen geradezu Verführung betreiben. Durch ein Nachplappern von verführerischen Vorstellungen – wozu nun wie gesagt auch noch die Gender Mainstreaming[23] Ideologie hinzugekommen ist – werden Wahrheiten über die Natur des Menschen weiterhin in erheblichem Umfang unterdrückt. Denn die Akteure des Gender Mainstreaming melden sich nun ja bereits in Schulen an und bekommen dort auch Zugang zum Unterricht. Menschen mit einem gesunden Menschenverstand schütteln zwar darüber zwar angesichts des so offenkundigen Tatbestands erfahrbarer Geschlechtsunterschiede den Kopf. Aber muss nun wirklich erst ein Heer von jungen Menschen seine Gesundheit und sein Lebensglück auf Spiel setzen?

Fazit: Warnungen, die die kleine Gruppe standhafter Fachleute zu Beginn der Erosion der Sexualmoral vorbrachte, haben sich als berechtigt erwiesen, alle Prognosen der sogenannten fortschrittlichen Sexisten haben sich als falsch herausgestellt. Das zumindest sollte in später Stunde zu der Einsicht führen, dass die absolut gesetzte Freiheit dem Menschen im Hinblick auf eine gesunde arbeitsfähige Gesellschaft der Zukunft nicht bekommt, wobei die Gefährdung der Kinder und Jugendlichen am größten ist, wie nicht nur das Phänomen des sexuellen Kindsmissbrauchs zeigt. Es ist hoch an der Zeit, diese Zusammenhänge zu erkennen und daraus Konsequenzen zu ziehen.

[1] Kentler, Helmut: Sexualerziehung, Reinbek 1970, S. 40
[2] Comfort, Alex: Der aufgeklärte Eros, München 1964
[3] Gamm, Hans-Jochen: Kritische Schule, München 1970
[4] Amendt, Günter: Sexfront, Frankfurt 1970
[5] Sewig, Niels J. & Kulke, Christine: Sexualerziehung ohne Sexualität? In: Beck und Schmidt 1970, S. 159–162
[6] Sigusch, Volkmar und Schmidt, Gunter: Jugendsexualität, in: Sigusch, V. (Hrsg.) Ergebnisse zur Sexualmedizin, Köln 1972, S. 113–133
[7] zitiert nach: Meves, Christa: Manipulierte Maßlosigkeit, Freiburg 1971, S. 84f.
[8] Kentler, Helmut: Sexualerziehung, Reinbek 1970, S. 102
[9] Meves, Christa: Manipulierte Maßlosigkeit, Freiburg 1971, S. 921f.
[10] Brezinka, Wolfgang: Erziehung und Kulturrevolution. Die Pädagogik der Neuen Linken, München 1971, zitiert nach der 5. Aufl. München – Basel 1980, S. 176
[11] Haug, Hans Jürgen und Maessen, Hubert: Was wollen die Schüler? Politik im Klassenzimmer, Frankfurt 1969, S. 78ff.
[12] Sadoun, Katja, Schmidt, Valeria, Schultz, Eberhard (Hrg.): Berliner Kinderläden, antiautoritäre Erziehung und sozialistischer Kampf, Köln 1970, S. 221
[13] Sewig, Niels J. & Kulke, Christine: Sexualerziehung ohne Sexualität? In: Beck und Schmidt 1970, S. 9
[14] Brezinka, Wolfgang: Erziehung und Kulturrevolution. Die Pädagogik der Neuen Linken, 1. Aufl. 1971, zitiert nach der 5. Aufl. München – Basel 1980, S. 177
[15] ebd. S. 178
[16] ebd. S. 176
[17] ebd. S. 48
[18] ebd. S. 47
[19] Zeitangabe „80 Jahre nach Freud" entstammt dem Zitat von 1971.
[20] Meves, Christa: Manipulierte Maßlosigkeit, Freiburg 1971, S. 112ff. und Meves, Christa: Manipulierte Maßlosigkeit, 42. veränderte Aufl. Stein 2000, S. 106ff.
[21] Lewis, C. S.: Dienstanweisungen für einen Unterteufel, Freiburg 1966, S. 89
[22] Brizendine, Louann: Das weibliche Gehirn, Hamburg, 2007, Das männliche Gehirn, Hamburg, 2010
[23] Kuby, Gabriele: Verstaatlichung der Erziehung: Auf dem Weg zum neuen Gender-Menschen, Kißlegg 2007

1.7. Wie können Kinder gegen Missbrauch geschützt werden?

von Dr. Albert Wunsch

Die Diskussion von Missbrauchsfällen dreht sich gegenwärtig mehr um Papst, Kirche und Runde Tische als um die Frage, was gegen den Missbrauch von Kindern vor allem in der Familie getan werden kann.

Runde Tische können sinnvoll sein, wenn sie konkrete und umsetzbare Ergebnisse zustande bringen. Kritisch ist jedoch anzumerken, dass die Politik jetzt auf Missbrauchsfälle in Schulen bzw. Internaten reagiert, teilweise Jahrzehnte zurückliegend, welche nun von den Medien überproportional hochgekocht werden. Doch bevor heute Politiker lautstark den betroffenen Einrichtungen Vertuschung unterstellen oder Rundumschläge in Richtung Kirche von sich geben, die sie schon lange schwächen wollten, sollten sie sich selbstkritisch zu dem durch die Politik zu verantwortenden pädophilieförderlichen Klima in den 70er und 80er Jahren äußern.

Denn wenn eine SPD/FDP-Regierung in einem Aufwasch mit der großen Sexualstrafrechtsreform 1980 auch den § 176 StGB – hier wird der sexuelle Missbrauch von Kindern unter Strafe gestellt – streichen wollte[1], der Sexualforscher Prof. Kentler – ein, laut Alice Schwarzer, bekennender Pädosexueller[2] – unwidersprochen öffentlich die „freie Liebe" mit Kindern fordern, sich als Gutachter an deutschen Gerichten betätigen sowie in „wissenschaftlichen" Studien empfehlen konnte, und sich ‚Obergrüne' wie Daniel Cohn-Bendit als Protagonisten eines erotisch-lustvollen Umgangs mit Kindern als Folge der sexuellen Befreiung der 68er Umbrüche betätigten, hat die Politik reichlich Anlass, zur eigenen Problem-Aufarbeitung, ob an einem runden oder eckigen Tisch.

Täter und Opfer

Nach Schätzung von Prof. Pfeiffer vom Kriminologischen Institut Hannover werden Jahr für Jahr [weltweit] etwa eine Million Kinder missbraucht, in neun von zehn Fällen sind es Mädchen. Dreiviertel der Täter sind keine Lehrer, Sportwarte, Geistliche oder gar Fremde, sondern die eigenen Väter, männliche Verwandte oder nahe Nachbarn.

Harald Schmidt, Geschäftsführer der Polizeilichen Kriminalprävention der Länder und des Bundes in Stuttgart, verdeutlicht: ‚Missbrauch macht vor keiner sozialen Schicht, keiner Berufsgruppe und keiner Religion halt.' „Etwa ein Drittel aller sexuellen Gewalttaten werden von Jugendlichen unter 18 Jahren verübt", weiß Ursula Enders, Leiterin des Vereins „Zartbitter". Und über 95 Prozent der Täter seien männliche Jugendliche bzw. Männer.

Es gibt Gruppen von Kindern, die von Tätern bevorzugt gesucht werden. Hier muss zwischen gewaltsamen Missbrauchsfällen ohne („Beziehungs")-Vorgeschichte und Missbrauchsfällen innerhalb längerfristiger Beziehungs-Systeme wie Familie, Sportvereine oder Schulen unterschieden werden. Im ersten Fall werden besonders jene Kinder ins Visier von Tätern geraten, welche durch ihr hübsches, kesses oder auch erotisch-deutbares Erscheinungsbild besonders attraktiv sind. Im zweiten Fall sind es eher die latent nach Nähe und Beziehung Suchenden, die Stillen, die Naiven, sich unbekümmert Öffnenden.

Es ist ein immer wieder zu beobachtendes Phänomen, dass die bei den Tätern nicht vorhandene Schamgrenze bei den Opfern eher ‚über-intakt' ist. Anfang April, als Schüler der Helene-Lange-Schule in der Tagesschau zu solchen Vorkommnissen befragt wurden, sagte ein etwa 12jähriger sinngemäß: „Eigentlich müsste den Tätern aus Scham der Kopf explodieren". Fakt ist allzu häufig, dass stattdessen bei den missbrauchten Kindern quasi ein Implodier-Vorgang einsetzt. Sie zermartern sich selbst, weil sie sich als Bestandteil dieser Schande sehen. Erst viele Jahre später, wenn ihnen klar wird, dass sie nicht Mitbeteiligte, sondern Opfer sind, und auch stellvertretende Scham die Tat nicht ungeschehen macht, können sie sich äußern.

Indikatoren

Eine wichtige Frage ist, ob es sichere Indikatoren gibt, an denen Missbrauch erkannt werden kann. Wenn es um einen gewaltsamen Missbrauch durch Koitus-Kontakte oder anders zustande gekommene genitale Verletzungen geht, gibt es in der Regel auch sichere Indikatoren. Aber schon bei blauen Flecken am Körper geht die Eindeutigkeit verloren. Und die leider nicht genau zu ortenden seelischen Verletzungen werden meist auf vielfältige Weise auch offensichtlich, aber ihre Auslöser lassen sich meist nur erahnen und selten eindeutig auf ein Ereignis zurückführen.

Fakt ist, dass praktisch alle betroffenen Kinder Hinweise geben, aber in der Regel indirekt oder verschleiert. Manchmal wird ‚das Ereignis' in eine andere Situation und Person verlagert, weil dies dem Kind die Möglichkeit gibt, selbst ‚in Deckung bleibend' austesten zu können, wie das Umfeld reagiert. Und selbst wenn die Reaktionen sehr behutsam, mitfühlend, und hilfreich sein sollten, kann das Kind bei der berichtenden Version bleiben, weil diese Variante ihm eine Abspaltung dieser ungeheuerlichen Erfahrung von sich selbst ermöglicht. Hinweise wie: „Wenn du nicht die Wahrheit sagst" ..., „wenn du mir nicht genau berichtest, welcher deiner Freundinnen dies passiert ist ...," dokumentieren fehlendes Verstehen, sind verletzend und kontraproduktiv zugleich.

Eltern und das nahe Umfeld des Kindes müssen lernen, das Seelenleben von Kindern viel stärker im Blick zu halten. Dazu sind jedoch keine insistierenden Fragen und Aufforderungen wie: „Sag mir doch was du hast" oder „Wenn dich was bedrückt, dann melde dich" geeignet. Stattdessen ist viel Nähe und Spürsinn erforderlich. Dann wäre in den Blick zu nehmen: In welchen Situationen reagiert mein Kind abweisend, schroff, zieht sich in sich zurück? Welche Personen suchen eine unangemessene Nähe zum Kind? Wer aus dem direkten Umfeld könnte am ehesten zur Grenzüberschreitungen tendieren? Denn wenn ein Kind spürt, dass die Eltern oder nahe Verwandte einen guten Schutzraum bieten, wird es sich recht schnell mit unguten Gefühlen oder belastenden Erfahrungen an diese wenden.

Wenn Eltern oder Verwandte feststellen, ihr Kind oder ein Kind in ihrer Verwandtschaft ist missbraucht worden, sind Schnellreaktionen auf keinen Fall anzuraten. Wie herausgestellt wurde, sind die Fakten in den seltensten Fällen eindeutig. Aber jegliches Ernstnehmen der Äußerungen, jede spürbare Zuwendung wird den Schmerz lindern. Das weitere Vorgehen sollte behutsam, unter Einbeziehung des Kindes, mit Fachkräften erörtert und umgesetzt werden.

Opferschutz

Generell ist zu fordern, dass Eltern im Umgang mit Kindern viel mehr Achtsamkeit walten lassen, mit ihnen als Aussage einer konkreten Wertschätzung mehr Zeit zu verbringen, damit sie sich in Zuwendung und Liebe als Kind realer Eltern geborgen fühlen können.

Eltern können viel dazu beitragen, dass sich Kinder früher äußern, indem sie die Selbstbestimmung über den eigenen Körper ernst nehmen. Das erfordert einen achtsamen Umgang im Miteinander. Niemand hat das Recht, sich bei einem Kind mit ‚Zuwendung zu bedienen'. Falls Verwandte oder Freunde diese Selbstbestimmung missachten sollten, haben sich Eltern schützend vor ihr Kind zu stellen. Sätze wie: „Jetzt gib doch ein Küsschen oder lass dich doch mal drücken und zick' nicht so rum", erhalten dann einen Platzverweis. Denn Kinder haben das Recht, sich nicht von Erbtanten abknutschen zu lassen, und wenn Mädchen dem Opa keinen Kuss geben möchten, dann ist das eben so. Kinder haben oft ein sehr gut funktionierendes Feingefühl, was passt und was – vielleicht deshalb – nicht.

Es ist sicher möglich, potentielle Opfer besser vor Missbrauchs-Tätern zu schützen. Aber nicht durch große Programme, sondern durch einzubringende Nähe von Vertrauenspersonen im Detail. Dies stünde zwar in eklatantem Gegensatz zum Zeitgeist, welcher Kinder am liebsten zwischen Ganztags-Betreuungseinrichtung, Früh- bzw. Ergänzungsförderung, Sprach- oder Bewegungs-Therapie und Selbstüberlassung belassen möchte. Und auch die offizielle Politik müsste sich vom Kurs abwenden, welche den elterlichen Gelderwerb im Beruf zur Hauptaufgabe erklärt, und Kinder sich „so nebenbei" entwickeln sollen.

Auch die Schule kann grundsätzlich helfen, Missbrauch zu verhindern. Ihren Beitrag betrachte ich jedoch als eher gering, solange damit einzelne Unterrichtsfächer gemeint sind. Groß kann er sein, wenn eine Schule eine Kultur des achtsamen Umgangs miteinander lebt. Werden Projekte – wie das Theaterstück „Mein Körper gehört mir" – gut in die Lebensvollzüge der Kinder implementiert, können hier wichtige Denkanstöße vermittelt werden. Dazu sind aber einige Voraussetzungen notwendig, welche im schulischen Alltag oft Mangelware sind.

Als Hilfsmittel kommen an sich auch Aufklärungs-Broschüren der Bundeszentrale für gesundheitliche Aufklärung in Frage. Manche Aussagen mögen vom Denkansatz als hilfreich betrachtet werden können. Aber etliche Texte wären vor der Auslieferung besser erst einmal verantwortlich handelnden Eltern vorgelegt worden. Und wenn solche Drucksachen nach kräftigen und nachvollziehbaren Protesten aus dem Verkehr gezogen wurden, schien das verantwortliche Bundesfamilienministerium auch nicht so recht zu wissen, was dort alles produziert und verschickt wird.

Die „Ich-Stärke"

Dreh- und Angelpunkt dafür, dass Kinder möglichst keine Ansatzpunkte für Missbrauchs-Attacken bieten, ist eine altersgemäß entwickelte „Ich-Stärke". Sie ist das Ergebnis einer „ungeschuldeten Liebe", wie der Gesprächstherapeut Carl Rogers es einmal sehr treffend formulierte. Eine solche Zuwendung ist nicht an Vor-Bedingungen geknüpft und basiert auf einem ehrlichen Interesse am Kind. So wächst Vertrauen zu sich selbst und zu der Bezugspersonen. Dies ist die Basis einer starken Autonomie. Solche Kinder tragen quasi ein Schild auf der Stirn mit der Botschaft: „Ich bin ich, ohne meine Zustimmung passiert hier nichts!" Dagegen scheinen andere die Inschrift zu offerieren: „Mit mir kannst du's machen!"

Im ersten Fall konnten Kinder reichlich „satte" Beziehungserfahrung machen, im zweiten Fall entwickelte sich stattdessen Unsicherheit oder gar Angst. So wird sich ein selbstbewusstes Kind in schwierigen Situationen den Eltern anvertrauen, während mangelnde Vertrautheit und Sicherheit Schweigen verursacht. Dass viele Kinder, welche durch emotionale Vernachlässigung, Trennung, Scheidung oder Tod von Vater oder Mutter bzw. einer sonst sehr wichtigen Bezugsperson hier besonders anfällig für eine falsche Suche nach Nähe und Zuwendung sind oder sich ins eigene Selbst zurückziehen, wird offensichtlich. Kommen solche Kinder (meist Mädchen) in die Pubertät, führen diese unterentwickelten oder unerfüllten positiven Bindungs-Erfahrungen häufig dazu, dass sie nun als frühreife Jugendliche im Streben nach sexualisierter Nähe diesen Ur-Mangel ausgleichen wollen. Solche „Lolitas" stellen dann ihre erotischen Reize zur Schau und suchen recht aktiv entsprechende Männerkontakte. Dies darf jedoch für keinen Erwachsenen als „Freibrief" gelten. Stattdessen wäre hier aktive Beziehungspflege und ein „Nachholen" von wichtigen guten Nähe- und Geborgenheits-Erfahrungen im Elterhaus notwendig. Bleibt eine angemessene Reaktion aus, können sich Nähe-Suche und Bindungs-Hunger schnell als sexuelle Interaktions-Sucht manifestieren.

Die fehlende Neigung eines Kindes, seinen Bezugspersonen bedrückende Geheimnisse anzuvertrauen, ist meist Ausdruck eines Mangels an individualisiertem Selbstausdruck und Selbsterhaltungsinstinkt. Wenn sexuelle Interaktionen grundsätzlich stark tabuisiert sind, wie es in manchen religiösen Kreisen der Fall ist, kann dies die sexuellen Obsessionen und Zwänge noch weiter verstärken. Kinder haben den besten Schutzschild gegenüber Missbrauchsattacken, wenn sie:
- viel Selbstbewusstsein und ein großes Vertrauen in die wichtigsten Bezugspersonen entwickeln konnten;
- sich möglichst zeitnah über beunruhigende Kontakte oder Ereignisse mit Erwachsenen äußern können, um sich so vor (weiteren) Verletzungen zu schützen;
- ihre Wut und Enttäuschung über Zudringlichkeiten und Einschüchterungen zeigen dürfen;
- gelernt haben, sich an schlechte und bedrückende Geheimnis-Zusagen nicht gebunden fühlen zu müssen;
- in all diesen Fällen ihre Eltern oder andere nahe Personen als Beschützer und Unterstützer ihrer Sorgen und Nöte erfahren, selbst wenn diese nicht – bzw. noch nicht – belegbar oder überzogen sein sollen.

Diese Voraussetzungen können weder per Lehreinheit oder durch Moralpredigten vermittelt werden, noch können wir unsere Kinder wirkungsvoll über die Gefahren des Miss-

Die „Ich-Stärke"

brauchs aufklären. Kinder haben aber gute Wachstumsbedingungen, wenn sie von Geburt an spüren, angenommen und geliebt zu sein. So sind diese „Eigenschaften" die Frucht erfüllender und nährender Bindungen und können nur zu Hause wachsen. Wenn Kinder in Umständen leben, wo die Verletzlichkeit unerträglich ist, gehen diese Fähigkeiten verloren. „Dann werden Kinder", so das Neufeld-Institut in Vancouver, „eine ‚leichte Beute' für Missbrauchs-Täter".

---

[1] http://www.aliceschwarzer.de/publikationen/texte-von-alice/wie-es-geschehen-kann-22010/ [Stand: 22. 06. 2010]
[2] ebd.

1.8. Vertuschen, verschweigen, verzerren – Die Missbrauchsdebatte und das Erbe der Achtundsechziger

von Jürgen Liminski

Die Sündenbock-Methode hat funktioniert. Man tötet den Bock (in diesem Fall mit Vorliebe Vertreter der katholischen Kirche) und weiter geht's als wär' nichts gewesen. Mit anderen Worten: In der Missbrauchsdebatte wird immer noch vertuscht. Die Vertuschung hat sogar eine lange Tradition – nicht nur in der Kirche, sondern vor allem in Politik, Wissenschaft und Gesellschaft. Angefangen hat es mit Sigmund Freud. Der Vater der Psychologie hatte in der Tat entdeckt, dass nicht wenige kleine Kinder (häufig Mädchen) von ihren Vätern sexuell missbraucht wurden und dadurch seelische und/oder körperliche Krankheitssymptome entwickelten. Als er seine Entdeckung vor nunmehr über hundert Jahren in Wien publik machte, wurde er so heftig angefeindet, dass er diese – von ihm Verführungstheorie genannte – Entdeckung fallen ließ und stattdessen den Ödipuskomplex einführte. Er hat zwar unter dieser Lebenslüge gelitten, sie aber nie revidiert. Über die Entdeckung selbst weiß man heute aufgrund einiger Aufsätze, die man im Nachlass des Forschers des Unbewussten fand, zum Beispiel aus dem Aufsatz „Zur Ätiologie der Hysterie". Aber Freuds Feigheit führte dazu, dass über Missbrauch nicht gesprochen wurde.

Feigheit oder die Angst vor Ansehensverlust (nicht nur in der Wissenschaft) sind zwei Motive für Vertuschung. Ein weiteres ist die Ideologie. Die verzerrte Debatte in Deutschland offenbart dies auf zweierlei Weise. Zum einen gehen nur wenige Medien der doch recht deutlichen Spur nach, dass die Grünen und Teile der Liberalen in den siebziger Jahren für eine weitgehende Liberalisierung, ja Legalisierung der Pädophilie eintraten. Das wird in der Debatte ziemlich konsequent ausgeblendet. Zum zweiten tun die Grünen und andere Epigonen der 68er heute so, als hätten sie mit dem Missbrauch nie etwas zu tun gehabt. Hier geht die Missbrauchsdebatte über die traumatischen persönlichen Erfahrungen der Opfer hinaus. Sie wird zu einem Problem der Gesellschaftspolitik. Und hier wird auch ein wesentlicher Unterschied zur Kirche deutlich. Während die katholische Kirche Pädophilie stets als sexuelle Erkrankung oder Verbrechen und immer als Sünde einstufte – das Neue Testament spricht sogar von einer der schlimmsten Sünden überhaupt – hat der Vorstand der Humanistischen Union (HU), deren Beirat u. a. Bundesjustizministerin Leutheusser-Schnarrenberger (FDP) sowie die Grünen-Politiker Claudia Roth und Volker Beck angehören, vor wenigen Jahren noch vor einer Kriminalisierung und „Dämonisierung" von Pädophilen gewarnt. Der inzwischen verstorbene Sozialpädagoge Helmut Kentler (ebenfalls Mitglied der HU) hob sogar die seiner Ansicht nach positiven Auswirkungen päderastischer Verhältnisse auf die Persönlichkeitsentwicklung von Jungen hervor. Darüber wurde fast nur in der Frankfurter Allgemeinen Zeitung ausführlich berichtet. Einige Kapitel dieses Buches befassen sich ebenfalls ausführlich damit.

Diese spärliche Berichterstattung ist schon Teil der Misere. Es ist eine Misere des medial-politischen Establishments. Man könnte sie unter dem Etikett Zeitgeist verbuchen. Aber angesichts der Proportionen des Missbrauchsproblems in unserer Gesellschaft mit mehr als 16.000 Fällen jährlich (etwa 90 Prozent davon finden im privaten und familiären Umfeld statt) stellt sich zum einen die Frage, ob die ins Zwielicht geratenen katholischen Priester nicht auch von einem Zeitgeist infiziert waren, der eher in der HU als in den christlichen Kirchen beheimatet war und ist. Mehr noch aber stellt sich die Frage, ob der Herd der „pädophilen Erkrankung" unserer Gesellschaft nicht an ganz anderer Stelle zu suchen ist als dort, wo die meisten Medien und Politiker ihn gegenwärtig ausmachen. Als Beleg mag die Missbrauchsstatistik des Bundeskriminalamts dienen. Sie weist eine quantitativ vergleichsweise geringe „Pädophilie-Prävalenz" in der Kirche aus. Den einigen hundert bisher bekannten Übergriffen in katholischen Einrichtungen seit den fünfziger Jahren, also in den letzten zwei Generationen, stehen ca. 16.000 Übergriffe jährlich in der gesamten Gesellschaft gegenüber. Ein Faktum, das der Kriminologe Pfeiffer, Direktor des Kriminologischen Instituts Hannover, bestätigt. Damit soll kein einziger Fall verharmlost oder relativiert werden. Aber die Proportionen der Berichterstattung stimmen nicht. Hier wird verzerrt aus ideologischen und politischen Gründen.

Natürlich sind die der HU nahestehenden Wortführer der Debatte nicht unbedingt an einer Klärung gesellschaftlicher Zusammenhänge und ideologischer Einflüsse interessiert, die in ihre Umgebung führen könnte. Immerhin legte der Vorstand der Humanistischen Union im Jahr 2000 eine Erklärung zum Strafrecht für Pädophile vor, welche diese Variante der Sexualität damals nicht eindeutig missbilligte. Vielmehr wandte sich der Bundesvorstand darin sogar gegen eine seiner Ansicht nach seit Mitte der 1990er Jahre zu beobachtende *„Verpolizeilichung der Gesellschaft im Bereich der Sexualstraftaten"* sowie eine mediale und öffentliche *„Erzeugung moralischer Panik"*. Der gesellschaftliche und staatliche Umgang mit der Gruppe der Pädophilen wurde darin als *„Lehrstück aus dem ebenso alten wie offenbar aufklärungsresistenten Kapitel der Erzeugung von gesellschaftlichen Sündenböcken und der moralischen Verschiebung und Entäußerung sozialer Probleme"* charakterisiert. Angesichts der *„absolut und relativ außerordentlich raren Fälle sexueller Gewalthandlungen"* wurde auch gegen eine *„kreuzzugartige Kampagne gegen Pädophile Position bezogen"*. Die Erklärung des Bundesvorstandes wurde zwar ein halbes Jahr später vom Verband abgelehnt – aber nicht etwa aufgrund der Verbrechensqualität pädophiler Übergriffe, sondern wegen unzureichender Information über die Sicht der Betroffenen.

Mitglied im Beirat der „Humanistischen Union" war bis zu seinem Tod vor zwei Jahren auch der Sexualpädagoge Helmut Kentler. 1994 hatte er erklärt, schon das Wort „Missbrauch" sei meist irreführend: *„Ich habe im Gegenteil in der überwiegenden Mehrzahl der Fälle die Erfahrung gemacht, dass sich päderastische Verhältnisse sehr positiv auf die Persönlichkeitsentwicklung eines Jungen auswirken können, vor allem dann, wenn der Päderast ein regelrechter Mentor des Jungen ist."* Solche Sätze und Ansichten waren in der linken Szene durchaus gängig. Aus ihnen resultiert zum Beispiel die Forderung, die „sexuelle Identität" als Grundrecht zu verankern, eine Forderung, die auch in der CDU erhoben wird. Die Hamburger CDU will sie sogar im Grundgesetz verankern.

Ein Sprachrohr dieser Ansichten war die linke Zeitung taz. Sie betreibt heute eine Art Reinigung. Niemand wird dabei erwarten, dass sich die taz deshalb zu einer grundlegend anderen, kritischeren Sicht auf die sexuelle Emanzipation durchringt. Trotz dieser Vergangenheitsbewältigung bleiben romantisierende Aussagen über die „Sexualpädagogik" der Kinderläden beklemmend: Es war Konsens in der Kinderladenbewegung, dass Kinder *„ein Recht auf Sexualität haben und sie auch ausleben sollten"*, sagt Gitti Hentschel, die einen der ersten Berliner Kinderläden mitgründete. In Kinderläden und Kommunen wurde Kindern erstmals ein Recht auf freie körperliche Entfaltung zugestanden. Nacktsein gehörte ebenso dazu wie das unverkrampfte Erforschen des Körpers – an sich und anderen. Dass sich im Windschatten dieser Freiheit immer wieder Pädophile tummelten, wurde größtenteils ignoriert.

Mit dem „Recht auf Sexualität der Kinder" wurde hier die systematische Verletzung der Schamgefühle von Kindern und mit dem „unverkrampften Erforschen des Körpers" Grenzverletzungen zwischen Erwachsenen und Kindern verbrämt ... Die entsprechenden Praktiken wurden 1967 schon im sogenannten „Kursbuch 17" beschrieben. Darüber dass hier die Grenze zum Missbrauch überschritten wurde, beschwerten sich bereits 1969 Zuschauer der WDR-Sendung von Gerhard Bott „Erziehung zum Ungehorsam". In „Manipulierte Maßlosigkeit" kritisierte Christa Meves nüchtern-rational diese Art der „Aufklärung" im Blick auf ihre Konsequenzen für die Beziehungsfähigkeit junger Menschen. Auf einer stärker theoretischen Ebene setzte sich Wolfgang Brezinka in seiner Kritik an der Pädagogik der Neuen Linken mit dergleichen auseinander. Die Genannten galten – wie alle Kritiker „progressiver" Pädagogik – als Reaktionäre. Viele – nicht nur bei der taz – haben vermutlich ein Interesse daran, dass sich an solchen Verdikten nichts ändert, damit sie weiterhin ungestört die „Deutungshoheit" beanspruchen können.

Immerhin gesteht die taz heute in einem Artikel mit dem Titel „Kuscheln mit den Indianern" ein: „Die sexuelle Neigung Erwachsener zu Kindern" galt zumindest in den Anfangsjahren der Zeitung als „Verbrechen ohne Opfer". Auf den Leserbriefseiten der taz von 1980 bedichtet ein „Henner R." seine Lust auf das, was einer 9-Jährigen „unterm Hemdchen sprießt"; eine „Föderation weibliche Pädophilie" fordert gleiche Rechte für weibliche Pädophile. Auch andere Alternativmedien, vom Berliner Stadtmagazin *zitty* bis zur *konkret*, diskutierten die befreite Sexualität und boten auch bekennenden Pädophilen eine Plattform. Bei einem Blick in die Archive wird klar: Teile des linksalternativen Milieus sympathisierten mit Pädophilen – zumindest boten sie ihnen einen ideologischen Rahmen. „Aus heutiger Sicht ist das erschreckend", meint der taz-Autor und versucht eine Erklärung, die dann doch ein wenig nach Rechtfertigung klingt. Man solle doch mal, *„einen genaueren Blick auf das gesellschaftliche Klima der ausgehenden 70er-Jahre werfen: Es ist die Zeit, in der in konservativen Elternhäusern und Schulen noch autoritärer Drill und die Prügelstrafe prak-*

tiziert werden. Eine Zeit, in der Sex zwischen einem 21-jährigen und einem 18-jährigen Mann den Älteren ins Gefängnis führt. Eine Zeit, in der aus außerparlamentarischer Opposition und Friedensbewegung die Partei der Grünen entsteht, Teile der Linken in den militanten Untergrund abwandern. Und in der alle über die – dringend notwendige – Befreiung von Körper, Geist und Seele diskutieren".

„Die sexuelle Befreiung war bestimmend für die Aufbruchstimmung der APO", erinnert sich auch der Grünen-Politiker Christian Ströbele, der 1979 die taz und später die Grünen mitgründete. Damals habe man schlichtweg alle Tabus infrage gestellt – dabei sei gelegentlich „das Pendel zu weit an den Rand ausgeschlagen". Ströbele beschreibt in diesem Zusammenhang eine Besetzung der taz-Redaktionsräume im Wedding durch die sogenannte Indianerkommune aus Nürnberg. „Das waren Leute, die Sex zwischen Erwachsenen und Kindern forderten." Die erst in Heidelberg und später in Nürnberg aktive Indianerkommune war ein Wohnprojekt für Erwachsene und Kinder, das sich einer selbst gezimmerten Ideologie von Konsumverzicht und freier Liebe verschrieben hatte. Die Indianer, die sich nach den bedrohten Urvölkern benannten, begriffen sich als von der Mehrheitsgesellschaft bedrohter „Stamm". Bunt bemalt und lautstark vertraten sie in der Öffentlichkeit Forderungen wie freie Sexualität von Kindern mit Erwachsenen, Abschaffung der Schulpflicht, das Recht von Kindern, von zu Hause abzuhauen (siehe Kapitel 2.8.4. der nachfolgenden Dokumentation).

Im Trikont Verlag erschien 1979 das Buch „Besuche in Sackgassen – Aufzeichnungen eines homosexuellen Anarchisten". Die Autobiografie des bekennenden Päderasten Peter Schult war heftig umstritten. Seine unverblümten Schilderungen von Sex mit minderjährigen Strichern und Ausreißern regten auf. In der taz, in der Schult gelegentlich als Autor schrieb, war er Subjekt wohlwollender Berichterstattung. Eine politische Auseinandersetzung mit Pädophilen fand erst in den 80er-Jahren bei den Grünen statt. Zum Knall kam es 1985, als die Grünen in Nordrhein-Westfalen ein Papier verabschiedeten, das völlige Straffreiheit von gewaltfreier Sexualität zwischen Erwachsenen und Kindern verlangte. Es hagelte Proteste aus Basis und Bevölkerung, die Grünen verloren die Wahl. Doch es dauerte noch einige Jahre, bis sich die grünen Landesverbände zum Ausschluss der Pädophilengruppen durchringen konnten. Ganz gelungen ist es nicht, wie die Fortsetzung in der Humanistischen Union und bei einzelnen Politikern zeigen.

Nach Ansicht der 68er und ihrer heutigen Anhänger, die nicht selten in verantwortlicher Position Politik gestalten, muß das Kind zur sexuellen Freiheit gezwungen werden, aber was diese Freiheit sei, das definieren die Erwachsenen. Im „Handbuch in positiver Kinderindoktrination" von 1971 ist zu lesen: „Kinder können Erotik und Beischlaf schätzen lernen, lange bevor sie imstande sind zu begreifen und lange bevor sie daran interessiert sind, wie ein Kind entsteht. Für Kinder ist es wertvoll, wenn sie gemeinsam mit Erwachsenen schmusen. Nicht weniger wertvoll ist es, wenn während des Schmusens Geschlechtsverkehr stattfindet." Wie das in der Praxis umgesetzt wurde, kann man in zahlreichen Protokollen der

Kinderladenbewegung nachlesen. All das wurde damals nicht unter dem Stichwort „Kindesmissbrauch" abgehandelt, sondern eben unter dem Stichwort „Sexualerziehung" und „Befreiung". Dass diese Vorfälle objektiv pädophil und sogar strafbar waren, kam einigen Tätern womöglich kaum in den Sinn. Sie verdrängten und lebten in einem völlig anderen Paradigma, in einer ideologisch deformierten Wahnwelt. Und das gilt für manche auch noch heute.

Mit ihrem Roman „Das bleiche Herz der Revolution" (erschienen in der Deutschen Verlagsanstalt) hat Sophie Dannenberg 2004 das Establishment in den Feuilletonredaktionen an seiner empfindlichsten Stelle getroffen: den Lebenslügen von 1968. Dannenberg aber differenziert: *„Ich sträube mich dagegen, die Täter zu Opfern des Zeitgeistes zu machen. Sie müssen für ihre Vergehen zur Rechenschaft gezogen werden. Zwar gibt es einen entscheidenden Unterschied zwischen dem Kindesmissbrauch, der in den antiautoritären Kinderläden oder auch an der Odenwaldschule unter den Vorzeichen der sexuellen Befreiung begangen wurde, und dem in katholischen Internaten der fünfziger und sechziger Jahre. Letzteren sah man immer als Sünde an, ersterer wurde bewusst gefördert. Für die Opfer macht das aber keinen Unterschied. Sexueller Missbrauch ist so oder so ein schwerer Angriff auf die Ehre und Identität eines Menschen."*

Sie hält es für *„ein Gerücht, dass erst die 68er sich für einen liberaleren Umgang mit der Sexualität einsetzten. Es gibt schon seit der vorletzten Jahrhundertwende eine breite kulturgeschichtliche Strömung zur Veränderung, zur Liberalisierung von kulturellen Wahrnehmungsstrukturen. In der Wissenschaft wird dieser Wandel von der Psychoanalyse begleitet, in der Politik vom Sozialismus, in der Ästhetik vom Jugendstil. Alle drei tendieren dazu, eine befreite, ja zum Teil sogar eine entfesselte Sexualität zu fordern als Instrument zur Zerstörung der bürgerlichen Ordnung, als Rückkehr zum Natürlichen, Authentischen. Insofern sind die 68er historisch nachvollziehende Erben dieser Tendenz. Allerdings kippt es bei den 68ern um in Sexualzwang und Kindesmissbrauch. Der Grund liegt wohl darin, dass im Zuge der 68er Bewegung die Idee von der sexuellen Befreiung konkret und verhängnisvoll und auch missverstanden wurde als Sozialisationstheorie, nach dem Motto: Wir müssen rechtzeitig in die frühkindliche Entwicklung eingreifen – auch in die sexuelle Entwicklung – um sie vor der vermeintlichen bürgerlichen Repression zu bewahren."*

Dannenberg, die taz und andere Dokumente belegen, dass der Missbrauch in bestimmten Kreisen lange verharmlost wurde. Das ist auch heute der Fall, jedenfalls im medialen Diskurs über das Thema. Das könnte daran liegen, dass in den Redaktionen überdurchschnittlich viele Alt-68er arbeiten. Diese Zusammenhänge zu verkennen oder kleinzureden ist Teil der allgemeinen Vertuschung. Auf jeden Fall sollte man, nicht nur in Kirchenkreisen, darüber Bescheid wissen und gelegentlich darauf hinweisen – ohne damit Täter in den eigenen Reihen in Schutz zu nehmen oder deren Verbrechen zu relativieren. Vertuschung in diesem Bereich ist komplizenhaft, Transparenz muss für alle gelten.

Leider ist das nicht der Fall. Etliche Medienleute verhindern diese Transparenz. Ein klares Beispiel dafür ist der Fall Buttiglione. Eine Analyse der Wortprotokolle der Anhörungen („Hearings") im Europäischen Parlament zur Kandidatur von Rocco Buttiglione als EU-Justizkommissar im Jahre 2004 bringt da Erhellendes zum Vorschein. Eine Schlüsselfigur bei der Ablehnung von Buttiglione war der Grünen-Politiker Daniel Cohn-Bendit. Diskriminierung von Homosexuellen wurde ihm von grüner Seite unterstellt, ehe Buttiglione überhaupt einen Satz formulierte. Die holländische Linksliberale Sophia Helena in t'Veldt brachte als erste ehrlich hervor, was die Intriganten wirklich erwarteten: *„Wir wollen wissen, ob Sie in den nächsten Jahren der Champion der Frauen- und Schwulenrechte sein wollen oder ob wir nur fünf (leere) Jahre zählen sollen."* Buttiglione: *„Ich verteidige das Recht, nicht diskriminiert zu werden. Jeder europäische Bürger hat gleiche Rechte. Das ist alles."* Gelächter auf der Linken. Man will dort nicht zuerst Gleichstellung, sondern Bevorzugung aller, „die bisher diskriminiert" worden seien. Wenig bemerkt wurde, dass der europäische LGBT-Gruppen parallel zu den Hearings des Europäischen Parlaments ein eigenes öffentliches Hearing veranstaltete. LGBT steht für Lesben, Homosexuelle (Gay), Bisexuelle und Transsexuelle. Fünfzehn Abgeordnete aus fünf Fraktionen nahmen teil. Einige erklärten die Isolierung von Buttiglione sei „ein Sieg in unserem Kampf" und gebe der LGBT-Bewegung „neuen Auftrieb." Buttiglione berichtet hierüber in einem Interview. Nicht alle Medien hätten verzerrt berichtet, aber viele. Der Grund? *„Journalisten sind Menschen. Unter ihnen gibt es Anständige ebenso wie Böswillige. Und vor allem gibt es viele Ahnungslose, denen etwas eingeredet wird. Es hat eine regelrechte Lobby gegen mich gearbeitet, die mit falschen Dokumenten operiert hat."*

Buttiglione umschreibt diese Lobby-Gruppen: *„Interessenvereinigungen mit Akkreditierung bei der Uno. Einigen dieser Gruppen wurde übrigens später ihr Status aberkannt, weil sich herausstellte, dass sie Kontakte zu Pädophilenkreisen haben. Da war es aber für mich schon zu spät. Diese Lobby hat viel Geld und ist gut organisiert, es war für mich unmöglich, persönlich alle die Journalisten aufzuklären, die von ihr zuvor massenhaft irregeleitet worden waren. So sind eben die Machtverhältnisse."*

Aber ganz machtlos sind die Verteidiger einer normalen Entwicklung nicht. Das zeigt das Beispiel einer Broschüre der Bundeszentrale für gesundheitliche Aufklärung (BZgA). Die Zentrale musste die Broschüre „Körper, Liebe, Doktorspiele" – ein Ratgeber für Eltern zur frühkindlichen Sexualentwicklung" nach heftigen Protesten aus der Bevölkerung aus ihrem Repertoire nehmen. Die damalige zuständige Bundesfamilienministerin von der Leyen ließ die Verteilung der Broschüre stoppen, weil sie einige Formulierungen „missverständlich und zweideutig" fand. Anlass hierfür war der Bericht „Onanie und Fummelei – sollen wir so unsere Kinder erziehen?" im Kölner „Express". In dem Bericht wurde kritisiert, dass einige „Ratschläge" dieser Broschüre als Hinführung zum Kindesmissbrauch aufgefasst werden könnten. Das war nicht übertrieben. Zwar konterten die Hilfstruppen der Linken sofort. Die „Fachwelt" sei über das Stoppen der Broschüre „entsetzt", meldete etwa „SpiegelOnline". Die Bundeszentrale für gesundheitliche Aufklärung und Ina-Maria Philipps als Autorin der Broschüre würden verleumdet und es würde ein „Zerrbild" gezeichnet. Nach Darstellung von Frau Philipps seien ihre Kritiker „Gegner einer sexualfreundlichen Pädagogik", denen es um „politische Interessen" ginge. Ihre Absicht sei es dagegen, den Eltern zu vermitteln, was „normale sexuelle Entwicklung bei Kleinkindern" ist, „was Grenzverletzungen sind" und was man „im eigenen Verhalten überprüfen sollte". Zur „normalen sexuellen Entwicklung von Kleinkindern" gehört es nach diesem Ratgeber, „wenn das Kind die Möglichkeit, sich selbst Lust und Befriedigung zu verschaffen, ausgiebig nutzt". Wenn Mädchen dabei „eher Gegenstände zur Hilfe nehmen", dann solle man das nicht als Vorwand benutzen, um die Masturbation zu verhindern". Frau Philipps zufolge mögen Kinder „überall Liebkosungen". Deshalb solle „das Kind beim Saubermachen gekitzelt, gestreichelt, liebkost" und „an den verschiedensten Stellen geküsst" werden. Dies sei vor allem für Mädchen wichtig, die „allein wegen der Anatomie" weniger Aufmerksamkeit als Jungen bekämen. Darüber hinaus geht der Ratgeber auch auf „kindliche Erkundungen" der Intimsphäre Erwachsener ein. Solche „Erkundungen" sollen also offenbar keine „Grenzverletzung" darstellen. „Kinder, die die Genitalien ihrer Eltern erkunden sollen – das geht nicht", meinte hierzu der Chef des Instituts für Kinderpsychologie Hannover, Wolfgang Bergmann im Kölner „Express". Irene Johns vom Vorstand des Deutschen Kinderschutzbundes befürchtete, dass Pädophile „solche amtlichen Anleitungen als Rechtfertigung benützen" könnten. Dass ihre Ratschläge „wirklich als Einladung für Pädophile angesehen" werden könnten, bestätigt auch Frau Philipps. Pädophile Täter würden aber „alles Mögliche als Argument für ihre Rechtfertigung benützen". Sie bedauert die Diskussion um ihren Ratgeber und erklärte, sie „fände es schade, wenn das, was wir in den vergangenen 30 Jahren auf dem Gebiet der frühkindlichen Sexualpädagogik erreicht haben, zerstört würde". Dass eine „sexualfreundliche Pädagogik" in der frühen Kindheit beginnen müsse, hatten Kritiker der herkömmlichen Kindererziehung in der Tat schon vor über 30 Jahren gefordert. Der Psychologe Helmut Kentler hat sich da besonders hervorgetan.

Man weiß manchmal nicht, ob Ideologen vom Schlag eines Kentler oder der Bundeszentrale besonders naiv oder schlicht pervers sind. Ihre Schutzbehauptungen, das alles sei wissenschaftlich, sind jedenfalls nicht haltbar und das Beispiel der Broschüre zeigt, dass Widerstand sich lohnt. Denn eines werden diese Ideologen und sich gottähnlich dünkenden nie begreifen: Von unserer Natur können wir uns nicht emanzipieren (Robert Spaemann). Und im Sein selbst „steckt ein ethischer und rechtlicher Anspruch. Es ist nicht blinde Materialität, die man nach purer Zweckmäßigkeit formen kann", schreibt Benedikt XVI. Die Natur trage „Geist in sich, trägt Ethos und Würde in sich und ist so der Rechtsanspruch auf unsere Befreiung und ihr Maß zugleich". Die Kirche unter Benedikt XVI. widerspricht deutlich den Ideologen und Epigonen der 68ern, den Jüngern von Jean Paul Sartre, indem sie eben das Verbrechen an den Kindern offen brandmarkt und sich um Reinigung ihrer selbst bemüht. Anders als Sartre sagt Ratzinger, die Befreiung von der Wahrheit erzeuge eben nicht Freiheit, sondern „hebt Freiheit auf. Die anarchische Freiheit, radikal genommen, erlöst nicht, sondern macht den Menschen zum missratenen Geschöpf, zum Sein ohne Sinn". Das ist noch das Wenigste, was man über die Wirkung der Ideologen sagen kann, die zum Teil auch noch heute in der Politik tätig sind. Widerstand ist angesagt. Es ist auf jeden Fall sinnvoll, wenn der „Sündenbock" sich wehrt und wenn die bürgerliche Gesellschaft sich von dem politisch-medialen Establishment nicht alles auftischen lässt.

II. DOKUMENTATION

2.1. Der Umbau der Gesellschaft

Die Moral hat sich geändert, die Erkenntnis und Bewertung in Fragen der uns beschäftigenden Sachverhalte sich radikal verschoben. Es ist der sogenannten sexuellen Revolution gelungen, das Wertefundament eines ganzen Kulturraumes in Trümmer zu legen. Das war leider nur allzu leicht. Auch dank Alfred C. Kinseys Lügen über das Sexualverhalten von Männern und Frauen fühlte sich mancher befreit, Dinge zu tun, wovon er zuvor nur verschämt träumte, im Irrglauben, Millionen andere täten es ja auch. Von diesen angeblichen Erkenntnissen ausgehend, war es nur noch ein kleiner, fast zeitgleicher Schritt, auch Jugendlichen einzureden, es gäbe keine Gründe, nicht zu tun, was sie wollen. So wurde im Gefolge von 68, durch eine Flut sexualpädagogischer Schriften und Beiträge in Zeitschriften, etwa der „Bravo", ein beachtlicher Teil der Jugend umerzogen, sich einfach im Trieb treiben zu lassen, Widerständiges wie Gewissen, Moral, biblische Lehre einfach abgleiten zu lassen. In diese sexuell „befreite" und aufgeladene Zeit hinein wurde die Grenzerweiterung vorangetrieben. Praktisch jede Perversion sollte normal werden, alles durchsexualisiert werden, und dazu musste der Mensch als sexuelles Wesen definiert werden. Das, was viele Homosexuelle heute tun, sich überwiegend über ihr Sexualleben zu definieren, sollte anthropologisches Gemeingut werden. Durch die babylonische, freudianische Sprachverwirrung, galt sowieso jede Handlung als irgendwie sexuell besetzt. Damit ließ sich doch arbeiten, um auch die letzten Tabus zu fällen. Vor allem eine kleine Gruppe von Homosexuellen wollte an immer jüngere Menschen heran. Wenn man bedenkt, dass es kaum echte Pädophile gibt, aber grob 25 Prozent aller Missbrauchshandlungen an Jungen geschehen[1], fast alle Täter Männer sind, Homosexuelle aber nach seriösen Untersuchungen nur ca. 1–2 Prozent der Bevölkerung[2] ausmachen, dann sieht man, wie extrem überrepräsentiert diese Gruppe im Täterbereich ist. Bedenkt man, wie viele der Apologeten der Straflosstellung sexueller Handlungen mit Kindern Homosexuelle waren (siehe Kapitel 2.2. bis 2.8.), dann liegt der Verdacht nahe, dass so manches Gutachten und so manche „wissenschaftliche" Untersuchung nicht frei von Interessenleitung der „Forscher" war.

Die letzte Stufe war der Schritt zu den Kindern. Wie aber das tiefverwurzelte Tabu des Kindesmissbrauchs brechen, die Kinder dem Markt der sexuellen (Un)möglichkeiten zuführen? Die Strategie ist durchsichtig, aber nicht ungeschickt. Zunächst musste alles, was in diesem Bereich nach Traumatisierung aussah, eliminiert werden. „Gewaltfrei" sollte diese Form der Sexualität sein und „einvernehmlich", so als könne ein Kind die Tragweite erfassen. Dass die tiefgreifendsten Traumata allerdings psychischer Natur sind und zum Teil erst Jahre und Jahrzehnte später ans Licht kommen, wurde bewusst (?) ausgeblendet. Auf der schiefen Ebene vom Verbrechen am Kind zum angeblichen Recht des Kindes auf Sexualität, zu dem ihm die lieben Pädosexuellen so vorgeblich uneigennützig verhelfen wollten, gab es einige Zwischenstationen. Dem Volk musste per Aufklärungsliteratur beigebracht werden, dass es keine Privatintimität zu geben habe, Kinder schamlos seien und sexuell interessiert. Dies sollte zur selbsterfüllenden Prophezeiung werden, indem man die Kinder möglichst früh sexuell reizte und Interesse am Körper mit erwachsenen Phantasien unterlegte. Ein für diese Zwecke brillantes und allein in Deutschland ab 1974 90.000 mal verkauftes Instrument war das Buch „Zeig mal!" des in Deutschland lebenden, US-amerikanischen Photographen Will McBride (*1931), die Texte schrieb die deutsche Ärztin Helga Fleischhauer-Hardt. Heute kommt man in manchen amerikanischen Bundesstaaten für den Besitz dieses, laut damaligem Leiter des Frankfurter Jugendamtes, „hart pornographisch[en]"[3] und in Teilen sogar kinderpornographischen Druckwerkes ins Gefängnis. In Deutschland entging McBrides Werk 1996 nur knapp der Indizierung, weil er einer Neuauflage nicht zustimmte.

Nicht weniger abstoßend als die Bilder sind die Texte, insbesondere das Vorwort von Prof. Helmut Kentler. In diesem heißt es unter anderem:

„Kinder müssen, soweit das entsprechend ihrem Alter nur immer möglich ist, von den Erwachsenen als gleichberechtigte Partner ernstgenommen werden, und sie brauchen einen Raum zunehmender Unabhängigkeit und Selbständigkeit, in dem sie in gegenseitiger Rücksicht und Achtung ihre sexuellen Bedürfnisse selbst regeln können. Die auch heute noch herrschende Sexualfeindschaft und eine mit Kinderschutzforderungen sich tarnende Kinderfeindlichkeit mögen noch eine Zeitlang als Denkhemmung, erst recht als Widerstand gegen die Realisierung solcher Überlegungen wirken. Es genügt aber, die Reformen des Sexualstrafrechts bei uns und in anderen europäischen Ländern zu beobachten, und man wird erkennen: Entscheidende Weichenstellungen, die zu einer sexualfreundlichen Kultur und freundlicheren Einstellung gegenüber der ‚Kindersexualität' führen könnten, sind bereits vollzogen."[4]

Damit sprach Kentler offen aus, was Pädophile und deren Unterstützer immer gerne ins Feld führten: Sex mit Kindern ist kein Missbrauch, sondern ein Kinderrecht. Perfide ist die Behauptung, Kinderschutz sei in Wirklichkeit Kinderfeindlichkeit. Es ist einfach ekelhaft, wie durch Wortverdrehungen aus Wahrheit Lüge und die Lüge zur Wahrheit erhoben wird. Schon Goethe wusste zu kommentieren: „Vernunft wird Wahnsinn, Wohltat Plage". Das verwundert nicht, sind doch die Gewährsmänner Kentlers selbst in der Pädosexszene unterwegs gewesen, bzw. waren als bekennende Pädosexuelle in Holland sogar politisch aktiv. So beruft sich Kentler auch auf den niederländischen Senator Edward Brongersma (1911–1998), wenn er schreibt: „Werden solche [pädophile] Beziehungen von der Umwelt nicht diskriminiert, dann sind um so eher positive Folgen für die Persönlichkeitsentwicklung zu erwarten, je mehr sich der Ältere für den Jüngeren verantwortlich fühlt."[5]

Da aber Kinder dieses „Recht" so gut wie nie kennen oder gar einfordern, mussten die Kinder erst einmal auf den Geschmack ihrer angeblichen Bedürfnisse[6] und vermeintlichen Rechte gebracht werden. Um die Frühsexualisierung der Kinder zu erreichen, wurden

Bücher und „Aufklärungsschriften" mit entsprechend anregendem Inhalt gedruckt. In anderen Schriften empfahl Kentler dringend den angeblich „präzisierenden" Gebrauch von Gossensprache für alles, was mit Sexualität zu tun hat.[7] Gleichzeitig plädierte er für eine schamfreie Erziehung, weil sie angeblich Vertrauen wecke.[8] Da aber doch die meisten Eltern ihre Kinder beim Koitus nicht dabei haben wollen, weist Kentler sicherheitshalber werbend auf das oben genannte Buch („Zeig mal") *„mit guten Abbildungen"* hin. Dass Kinder, die ab einem bestimmten Alter nun einmal schamhaft sind, durch derartige Darstellungen etwa auch in nicht altersgemäßem Sexualkundeunterricht verstört werden und sich schämen, sich mit solchen Dingen, die in die Intimsphäre gehören, quasi vor Publikum auseinandersetzen zu müssen, ist ein starkes Stück. Bedenkt man nun noch, dass immer wieder Christen, die nicht bereit sind, zu lügen und ihre Kinder nicht mit vorgeschobenen Erkrankungen entschuldigen, sondern ihre Kinder mit der Begründung, dass sie den Sexualkundeunterricht unangemessen finden, in diesen Stunden zuhause behalten und dafür mit Geld- oder Gefängnisstrafen belegt werden, aber ein Mann wie Kentler, der geradezu zum sexuellen Missbrauch anregte sein Leben in Freiheit verbringen durfte, könnte man an unserem Rechtsstaat verzweifeln.

Doch mit der Aberziehung der Scham und der Einführung der Gossensprache nicht genug. Nein, pädagogisch verbrämt sollte der Missbrauch als Erziehung getarnt werden, so wie das auch eine Broschüre der Bundeszentrale für gesundheitliche Aufklärung in praktischen Anleitungen machte: *„Mütter geben dem Penis oft verschiedene und manchmal auch liebevolle Namen und drücken damit unbewusst ihre Anerkennung aus. Demgegenüber erfahren Scheide und vor allem Klitoris kaum Beachtung durch Benennung und zärtliche Berührung (weder seitens des Vaters noch der Mutter) und erschweren es damit für das Mädchen, Stolz auf seine Geschlechtsteile zu entwickeln."*[9] Millionen Deutsche mussten als Steuerzahler die Verbreitung dieses – pardon – Drecks auch noch finanzieren.

Noch heftiger ist die Vorbereitung zum Missbrauch im von Pro Familia NRW herausgegebenen Werk „lieben, kuscheln, schmusen" zu erkennen. Dort werden Kindergartenerzieherinnen aufgefordert, im Rahmen der Sexualerziehung befremdliche Spielchen zu spielen und die Kinder dabei nackt zu fotografieren.

„Der Po gehört zu…"
So beschreibt Baldur Gscheidle eines dieser „Spiele", wie es noch in der Ausgabe von 1996 enthalten war: *„Erzieher in Kindergärten werden in dem Buch aufgefordert, alle Kinder nackt auszuziehen, in einer Reihe gebückt aufzustellen und die Oberkörper und Köpfe der Kleinen abzudecken. Nun wird das Spiel ‚der Po gehört zu' gespielt. Das Kind darf nun die Po-Ausstellung abschreiten und raten zu wem der Po gehört. Das Spiel kann variiert werden, welcher Pimmel gehört zu wem? Beim Spiel ‚Hmm, riechst du lecker! Du stinkst' werden den Kindern verschiedene Körperstellen genannt (z. B. Finger, Handinnenfläche, Armbeuge, Haare, Zehen, Scheide, Penis etc.). Die Kinder sollen versuchen, jeweils dort ihren eigenen Körpergeruch wahrzunehmen."*[10] Es gibt noch eine Reihe ähnlicher Spiele in diesem Buch. Ebenso wird bei einen Körperpuzzle angeregt, Nacktbilder der

Kinder zu verwenden.[11] Bei einem anderen „Spiel" bemalen die Kinder einander mit Sahne oder Fingerfarben. *„Wird Fingerfarbe benutzt, sollten sich die Kinder (vielleicht mit Hilfe eines Erwachsenen oder gegenseitig) einölen ..."*[12] Mit der *„Sofortbildkamera werden Fotos von den Kindern gemacht. Anschließend kann gemeinsam geduscht werden, oder die Kinder können sich gegenseitig mit einem Schlauch abspritzen."*[13] Damit Kinder schon im Kindergarten spielerisch lernen, was Sex ist und wie man Schwangerschaften vermeidet, ist auch ein „Spiel" mit Kondomen dabei.[14]

Man kann Eltern vor diesem Hintergrund nur raten, äußerst wachsam zu sein, was im Kindergarten und in der Schule so läuft und wenn nötig deutlich ihre Meinung zu sagen.

Kindliches Sexualleben kultivieren?

Diese Spiele liegen natürlich voll auf der Linie des Sozialpädagogen Kentler, der denn auch in der Liste der empfohlenen Literatur[15] und im Quellenverzeichnis[16] wieder auftaucht. Kentler war nämlich durchaus auch für die Praxis. *„Schreiben lernt man durch schreiben. Skatspielen lernt man, indem man Skat spielt."*[17] Diese Aufzählung überträgt Kentler wie nebenbei auf die Sexualität: *„‚Lernen durch tun!' So lautet die Grundregel der sexualfreundlichen Erziehung, denn die Sexualität kann nur erzogen werden, wenn etwas Sexuelles passiert. Wenn das sexuelle Verlangen und die Empfindungsfähigkeit für sexuelle Reize erzieherisch beeinflusst werden sollen, dann müssen die Kinder und Jugendlichen sexuelles Verlangen äußern und sexuelle Reize empfinden dürfen. [...] Sie müssen sexuelle Lust erleben dürfen, damit sie unterscheiden lernen, welche Handlungen das Lusterleben vertiefen, erweitern, bereichern. Nur indem sie ein Sexualleben führen, können sie wählerisch und anspruchsvoll werden, können sie angeregt werden, ihr Sexualleben zu kultivieren."*[18]

Wie dieses „Sexualleben" von Kindern aussehen soll, und wer bei diesen Lernschritten Pate stehen könnte, zeigen weitere Äußerungen Kentlers – und seine eigene Biographie.

„Fickstunde" im Kinderladen

Neben den aus vorgeblicher Kinderliebe handelnden Personen gab es im Umfeld von „'68" auch eine Reihe politisch motivierter Gesinnungstäter. Diese gingen methodisch übrigens ähnlich vor. Aus dem Schülerladen „Rote Freiheit" sind erschütternde Einblicke erhalten: *„Beinahe täglich gab es Pfänderspiele, in denen die Schüler sich auszogen, dazu gemeinsame Lektüre von Pornoheften und pantomimische Darstellung des Geschlechtsverkehrs. Von einer ‚Sexübung' war am 11. Dezember die Rede, von einer ‚Fickstunde' am 14. Januar."*[19]

Wie sich herausstellte, war die „Rote Freiheit" eine Einrichtung hinter der das psychologische Institut der Freien Universität Berlin steckte. Es stellte auch die „Erzieher".[20]

Ein Mitglied des Berliner Abgeordnetenhauses führte eine Ortsbegehung durch. Im Keller stieß die Abgeordnete auf *„zwei Räume, die durch eine große, nur von einer Seite durchsichtigen Glasscheibe getrennt waren. In einem Raum lag eine Matratze, an der Wand hing ein Waschbecken, daneben eine Reihe bunter Waschläppchen. Auf Nachfrage erklärte ihr ein Institutsmitarbeiter, der Keller habe als ‚Beobachtungsstation' gedient um* *das kindliche Sexualverhalten zu erforschen."*[21] Da Triebkontrolle als Unterdrückungsmechanismus gewertet wurde, musste jede Form von Kontrolle ausgeschaltet werden, um den neuen, sozialistischen Menschen zu formen. Sexuelle Stimulation von Kindern durch Erwachsene galt als pädagogisches Instrument dazu. Im „Handbuch in positiver Kinderindoktrination" hieß es in furchtbarer Offenheit: *„Kinder können Erotik und Beischlaf schätzen lernen, lange bevor sie imstande sind zu begreifen, wie ein Kind entsteht. Für Kinder ist es wertvoll, wenn sie gemeinsam mit Erwachsenen schmusen. Nicht weniger wertvoll ist es, wenn während des Schmusens Geschlechtsverkehr stattfindet. [...] Vor allem geht es nicht darum, dass die Kleinen zuschauen. Sie sollen mitmachen. Wenn man die Umgebung vergessen will, soll man die Kleinen nicht daneben sitzen lassen. Das Kind soll die Gelegenheit erhalten, statt nur mit Mama und Papa auch mit anderen Menschen zu schmusen. Wir müssen es wagen, dem Kind zu zeigen, dass nicht nur ein junger, strahlender Mann mit einem taufrischen Mädchen intime Kontakte austauscht. Kleine Kinder können es auch sehr schätzen, dabei zu sein, wenn z. B. zwei Männer miteinander schmusen und sich liebhaben und das Kind mit einbeziehen. Erotik ist keine geschlechtsgebundene und schon gar keine altersgebundene Erscheinung"*[22].

Wie bei Kentler wird auch hier sprachlich der Einstieg in ein nachgerade kriminelles Missbrauchssystem vorbereitet: *„Der Theorie nach ging es darum, die Kinder zum Ausleben ihrer Bedürfnisse zu befähigen. Weil Kinder aber von sich aus wenig Anstalten machen, vor Erwachsenen sexuell aktiv zu werden, mussten sie entsprechend angeregt werden. Auch deshalb wurden laufend Sexwitze erzählt, war ständig von ‚Pimmel', ‚Popo' und ‚Vagina' die Rede."* [23] In einem anderen Berliner Kinderladen wollte man besonders fortschrittlich sein, auch wenn dies nicht bei allen Eltern gut ankam. *„Doch schon bald bildeten sich unter den Erwachsenen zwei Lager: Die einen waren entschlossen, die Kinder dazu zu animieren, ihre Geschlechtsteile zu zeigen und anzufassen, den anderen war diese Idee unheimlich."*[24] Ein Vater berichtete dem Spiegel: *„Es wurde nie so direkt ausgesprochen. Aber es war klar, dass es am Ende auch um Sex mit den beiden Erzieherinnen ging."*[25]

Natürlich sind nicht alle von Kentler beeinflussten Erzieher für Sex mit Kindern, aber bedenkt man die Quellen, aus denen sie getrunken haben, ist Vorsicht angebracht. Eltern müssen lernen, genau hinzusehen und mit gesundem Menschenverstand zu werten, gerade in Kindergarten und Schule. Es zeigt sich diese Notwendigkeit – eingedenk des nach wie vor starken Einflusses Kentlers auf Sexualschriftsteller und -erzieher mancherlei Coleur – an einer weiteren Äußerung.

In Kentlers Taschenlexikon Sexualität heißt es unter dem Stichwort „Päderastie", also dem Phänomen, von Männern, die sich zu *„Jungen in der Pubertät und danach bis zum Beginn des Erwachsenenalters"* hingezogen fühlen etwa: *„Päderasten gibt es in allen Gesellschaftsschichten. Unter ihnen sind zahlreiche pädagogische ‚Naturtalente'. Allerdings sind pädagogisch wertvolle päderastische Beziehungen wegen der Strafandrohung des § 175 StGB nur im Verborgenen möglich, denn die Kriminalisierung der P. bedeutet für* *den Päderasten eine ständige Bedrohung. [...] Schädlich wirken sich freiwillig eingegangene päderastische Beziehungen, auch langdauernde, auf Jungen nicht aus."*[26] Verantwortungsbewusste Eltern dürften derartige Sirenengesänge kein bisschen beruhigen. Und auch nach der Aufhebung des § 175 sollten Päderasten sich im Klaren sein, dass die Verknüpfung von pädagogischem Geschick und sexuelle Annäherung letztere noch keineswegs straffrei werden lässt.

Nicht weniger beunruhigend sind Kentlers Vorstellungen über Pädophilie: *„Immer noch glauben viele Erwachsene an die ‚sexuelle Unschuld' der Kinder, obwohl allenthalben bekannt sein sollte, dass Kinder sexuelle Bedürfnisse haben und sie auch zu befriedigen verstehen. Über sexuelle Beziehungen zu Erwachsenen und Kindern und deren Folgen bestehen meist völlig falsche Vorstellungen. [...] Sexualforscher und erfahrene Gerichtsgutachter geben übereinstimmend an, dass durch pädophile Beziehungen bei den betroffenen Kindern keine Schäden entstehen. Negativ wirken sich jedoch Vorwürfe der Eltern und Verhöre bei der Polizei und bei den Gerichtsterminen aus."*[27]

Böse sind für Kentler und Gesinnungsgenossen also nicht die Täter, sondern die verständnislose Umwelt. Das Bedürfnis nach Geborgenheit und Zärtlichkeit von Kindern wird umgedeutet zu angeblicher Kindersexualität, zu angeblichen sexuellen Bedürfnissen, die dann den Vorstellungen gewisser Erwachsener doch offenbar recht nahe kommen. Viel direkter kann man dem sexuellen Kindesmissbrauch kaum das Wort reden. Aus dem zutiefst sündhaften Wunsch nach Sex mit Kindern wird bei Kentler – und vielen Gleichgesinnten – die Befriedigung kindlicher Bedürfnisse, die Gewährung kindlicher Rechte, eine besonders gelungene Art der emanzipatorischen Erziehung. Immer wird ein angebliches und vermeintliches Kindeswohl zur Befriedigung sexueller Gelüste auf Kinder vorgeschoben. Wohl niemand, der nicht selbst entsprechend interessengeleitet ist, kann so blind sein, das nicht zu erkennen. Kentler war mit dieser Sicht nicht allein. Vielmehr verbreitete eine finanziell gut ausgestattete und bestens vernetzte Lobby diese Gedanken. Die folgenden Kapitel sind bewusst als eine Art Zitatencollage angelegt. Der Leser soll mit Aussagen der Verantwortlichen konfrontiert werden, die für sich sprechen.

---

[1] Im Bericht des Bundeskriminalamtes werden unter der Rubrik „sexueller Missbrauch von Kindern" für 2008 insgesamt 3723 Fälle des Missbrauchs an Jungen und 11375 an Mädchen ausgewiesen. Von 8927 Tätern waren nur 350 weiblichen Geschlechts. Daraus ergibt sich eine im Vergleich zum Bevölkerungsanteil erschreckend hohe Täteranzahl im Bereich homosexueller Pädophiler bzw. Homosexueller an sich. Vgl. Tabelle 20 und Tabelle 91 im BKA-Bericht 2008. http://www.bka.de/pks/pks2008/download/pks-jb_2008_bka.pdf [Stand: 26.06.2010]
[2] Eurogay-Studie zitiert nach: http://www.spiegel.de/spiegel/print/d-18818115.html [Stand: 28.06.2010]
[3] http://www.zeit.de/1996/42/Der_Schatten_von_1968 [Stand: 28.06.2010]
[4] Vorwort von Helmut Kentler in: Will McBride, Zeig mal!, Wuppertal 1974, S. 10f.
[5] ebd. S. 10
[6] Helmut Kentler, Taschenlexikon Sexualität, Düsseldorf 1982, S. 199, linke Spalte
[7] Helmut Kentler, Eltern lernen Sexualerziehung, Reinbek 1981, S. 90ff.
[8] ebd. S. 78ff.
[9] Bundeszentrale für gesundheitliche Aufklärung (Hrsg.), Körper, Liebe, Doktorspiele – 1. bis 3. Lebensjahr, Köln (o. J.), S. 26f.

[10] http://www.medrum.de/?q=content/heilige-handlung [Stand: 08.05.2010]
[11] Lothar Kleinschmidt, Beate Martin, Andreas Seibel, Lieben, Kuscheln, Schmusen – Hilfen für den Umgang mit kindlicher Sexualität im Vorschulalter, Münster 1999, S. 80
[12] und [13] ebd. S. 82
[14] ebd. S. 97
[15] ebd. S. 109
[16] ebd. S. 116
[17] und [18] Helmut Kentler, Eltern lernen Sexualerziehung, Reinbek 1981, S. 31
[19] Fleischhauer, Jan/Hollersen, Wiebke: „Kuck mal, meine Vagina", in: Der Spiegel, Nr. 25 vom 21.06.2010, S. 40
[20] und [21] ebd., S. 41
[22] Vestin, Frances: Alle Macht den Kindern – Handbuch in positiver Kinderindoktrination, Berlin 1971, S. 34f.
[23] bis [25] Fleischhauer, Jan/Hollersen, Wiebke: „Kuck mal, meine Vagina", in: Der Spiegel, Nr. 25 vom 21.06.2010, S. 40
[26] Helmut Kentler, Taschenlexikon Sexualität, Düsseldorf 1982, S. 198, rechte Spalte f.
[27] ebd. S. 199, linke Spalte f.

2.2. Grüne Vorstellungen zum Sex mit Kindern

Parteitage

Die Partei der Grünen verfügt über langjährige Erfahrung im Umgang mit Befürwortern der so genannten Pädosexualität. Bereits auf dem Gründungsparteitag am 13. Januar 1980 gab man einer Gruppe namens „Stadtindianer"[1] Raum zur Darlegung ihrer Forderungen. Im damals mitgedrehten Film brandet bei einigen Forderungen dieser Gruppe Gelächter auf. Freilich nicht bei den abseitigen Forderungen, Sex mit Kindern zu legalisieren, sondern beim gewiss weit weniger anstößigen Ruf nach Abschaffung der Schulpflicht.[2]

Der Gesetzentwurf zur Änderung des Sexualstrafrechts vom 4. Februar 1985

Insbesondere im Jahre 1985 setzten sich die Bundestagsfraktion der Grünen für die Abschaffung der Gesetze zum Schutz Minderjähriger (§§ 175 und 182 Strafgesetzbuch) ein. In einem Gesetzentwurf behaupteten die Grünen, diese Paragraphen „*bedrohen einvernehmliche sexuelle Kontakte mit Strafe und dienen damit nicht dem Schutz der sexuellen Selbstbestimmung. Sie behindern die freie Entfaltung der Persönlichkeit ..."*
Hierzu gehörte insbesondere die Abschaffung des Schutzes minderjähriger Jungen vor homosexuellen Handlungen: „*Die Strafdrohung belastet das konfliktfreie sexuelle Erleben derjenigen Jugendlichen, die sich ihrer homosexuellen Orientierung bereits gewiss sind. Die Strafandrohung, der sich ein zufällig über 18 Jahre alter Partner ausgesetzt sieht, vermittelt eine negative Bewertung der gesamten Beziehung ..."* Hierzu gehört auch die Abschaffung des Schutzes minderjähriger Mädchen vor sexuellem Missbrauch – weil – so der Grüne Gesetzentwurf: „*Schutzgüter wie Virginität, Geschlechtsehre und ähnliches sind nur scheinbar individuelle und gehen auf ältere Vorstellungen von ‚Marktwert' und ‚Heiratschancen' des Mädchens zurück (...) Mädchen wird die Fähigkeit zur Entscheidung über ihre sexuellen Interaktionen abgesprochen, das Vorhandensein einer eigenständigen und selbstbestimmten Sexualität von Mädchen wird geleugnet."*[3] Zur Begründung wird übrigens immer wieder auch auf die Professoren Kentler und Lautmann verwiesen, denen in diesem Buch eigene Kapitel gewidmet sind.[4]

Das Engagement für Peter Schult

1983 forderte unter Federführung des Homosexuellenaktivisten und späteren Grünen-Abgeordneten Herbert Rusche die Fraktion der Grünen im Bundestag in einer Entschließung die Freilassung des mehrfach wegen einschlägiger Delikte vorbestraften Sexualstraftäters Peter Schult[5]. Schult war im Juni 1981 „wegen ‚dreier sachlich zusammenhängender' Vergehen gegen Jugendliche festgenommen"[6] worden. Da Schult glaubhaft machen konnte, dass die von ihm missbrauchten Knaben von ihm für „älter als 14 Jahre gehalten"[7] wurden, verurteilte ihn das Gericht ‚nur' zu zwei Jahren und zehn Monaten Haft. Der anarchisch eingestellte Schriftsteller und bekennende Päderast Schult hatte die Kinder im Flipperraum einer Gaststätte in München-Haidhausen „*kennen gelernt und mit nach Hause genommen. Danach kamen sie noch mehrmals aus freien Stücken zu ihm und brachten sogar*

Freunde mit, vor allem um Geld (50 DM) zu verdienen"[8]. Sein Unterstützerkreis im linken Spektrum wurde kleiner, als er sich zu seiner Pädophilie bekannte[9]. Als Schult in der Haft schwer erkrankte bildete sich „unter Federführung von Schlöndorff, von Trotta, Arnold und Wolf"[10] ein Unterstützerkomitee. *„Geschickt präsentierten insbesondere Schlöndorff und Arnold Peter Schult als verurteilten Schriftsteller, dessen Bücher in Deutschland verfemt seien und der unschuldig im Gefängnis ‚verrotten' müsse. Nun fiel es der politischen Linken leichter, sich durch eine Unterschrift oder gar entsprechende Artikel für Schult einzusetzen. So forderten u. a. Peter O. Chotjewicz, Klaus Croissant, Hans-Christian Ströbele, Helmut Gollwitzer, Dorothee Sölle, Alexander Ziegler oder Peter Paul Zahl eine sofortige Freilassung Schults".*[11]

Alternative Liste Berlin

Die Alternative Liste Berlin[12] verstieg sich zu folgendem Satz: *„Es ist unmenschlich, Sexualität nur einer bestimmten Altersstufe und unter bestimmten Bedingungen zuzubilligen. Wenn Jugendliche den Wunsch haben, mit gleichaltrigen oder älteren außerhalb der Familie zusammenzuleben, sei es, weil ihre Homosexualität von ihren Eltern nicht akzeptiert wird, sei es, weil sie pädosexuelle Neigungen haben, sei es aus anderen Gründen, muss ihnen die Möglichkeit dazu eingeräumt werden."*[13]

Im Wahlprogramm für die Abgeordnetenhauswahl im Mai 1981 wird dann die Normalität auf den Kopf gestellt in der Forderung des Programmteils „Schwule und Lesben" auf „Erforschung … der Heterosexualität". Begründung: „Die Ursachen dieses Phänomens liegen weitgehend im dunkeln."[14]

Landesparteitag der Grünen in NRW vom 9. März 1985

Noch deutlicher wurden die Grünen in Nordrhein-Westfalen. Sie forderten auf ihrem Programmparteitag in Lüdenscheid, dass „gewaltfreie Sexualität" zwischen Kindern und Erwachsenen generell nicht länger Gegenstand strafrechtlicher Verfolgung sein dürfe: Sie sei „im Gegenteil von allen Restriktionen zu befreien, die ihr in dieser Gesellschaft auferlegt sind". Das mit 76 zu 53 Stimmen verabschiedete Papier war von einer Arbeitsgruppe zum Thema „Sexualität und Herrschaft" vorgelegt worden, die in Anspielung auf die in ihr mitarbeitenden Schwulen und Päderasten sinnig unter dem Kürzel „SchwuP" firmierte.[15]

Die Landesarbeitsgemeinschaft „Schwule und Päderasten" hatte im Landtagswahlkampf NRW ein Diskussionspapier vorgelegt, welches explizit die Abschaffung des § 176 StGB forderte. Dieses Diskussionspapier wurde am 9. März 1985 von der Landesdelegiertenkonferenz mehrheitlich angenommen und (mit dem Status Diskussionspapier als Anhang) ins Wahlprogramm der NRW-Grünen aufgenommen. Allerdings wurde – wohl auch aufgrund der öffentlichen Diskussion – wenig später eine revidierte Fassung des Programms beschlossen, in der diese Forderung nicht mehr auftaucht.

Der „Spiegel" bewertete die Haltung der Grünen so: *„Wie immer, wenn es gegen ‚gesellschaftliche Unterdrückung' geht, waren die Grünen auch hier ganz vorne mit dabei, in* *diesem Fall zur Befreiung derjenigen, ‚die gewaltfreie Sexualität mit Kindern wollen, dazu fähig sind und deren gesamte Existenz von einem Tag auf den anderen vernichtet wird, wenn bekannt wird, dass sie Beziehungen eingegangen sind, die wir alle als für beide Teile angenehm, produktiv, entwicklungsfördernd, kurz: positiv ansehen müssen'".*[16]

Verräterisch ist übrigens die Formulierung „die wir alle als ... ansehen müssen". In einem freien Land muss niemand irgend etwas so oder so sehen. Jenseits des im Wortsinne perversen Inhalts atmet diese Formulierung einen totalitären Geist. Ganz ähnlich hatte einst Goebbels formuliert, wenn er für menschenverachtende Ziele Mehrheiten suchte.

Baden-Württemberg

Besonders pervers war die Argumentation der Grünen in Baden-Württemberg, die Sexualität als Kinderrecht insinuierten. Die Vorarbeit hatten einmal mehr Kentler, Lautmann und Gesinnungsgenossen aus dem Dunstkreis der Humanistischen Union und der Arbeitsgemeinschaft Humane Sexualität geleistet; bei den Grünen fiel die Phrase vom „Recht des Kindes auf Sexualität" in verschiedensten Nuancen auf fruchtbaren Boden und sickerte so in die Gesellschaft ein. „*,Einvernehmliche sexuelle Beziehungen zwischen Erwachsenen und Kindern müssen straffrei sein', heißt es im Entschluss eines Arbeitskreises ‚Kinder und Jugendliche' der Grünen in Baden-Württemberg vom April 1985: ‚Da Kinder Menschen sind, hat niemand das Recht, sich unter welchem Vorwand auch immer über ihre Rechte auf Selbstbestimmung und persönliches Glück hinwegzusetzen.'*"[17]

Die Grünen suchten jahrelang nach neuen Wegen, um Kindern und Jugendlichen ihre „freie Sexualität" zu ermöglichen bei gleichzeitiger Straffreiheit der Erwachsenen, die ihnen dabei im wahrsten Sinne des Wortes zur Hand gehen. Hier drängt sich die Frage auf, woran das Interesse wohl größer war: An freier sexueller Entfaltung für Kinder und Jugendliche, was immer das sein mag, oder eher an der Straffreiheit für Pädosexuelle.

Grüne Rösser und rosa Reiter

Doch auch prominente Politiker der Grünen hatten ein ungeklärtes Verhältnis zur Pädosexualität. Wer im Einzelnen zu SchwuP gehörte, entzieht sich leider unserer Kenntnis. Dafür haben aber zwei Spitzenpolitiker der Grünen unzweideutig Aussagen gemacht, an die sie heute nicht mehr erinnert werden wollen.

Daniel Cohn-Bendit

Berüchtigt sind die Aussagen des ehemaligen Odenwaldschülers Daniel Cohn-Bendit. Der frühere Studentenführer und heutige Europaparlamentarierer schrieb schon 1975, also mit 30 Jahren, einen Memoirenband: „Der große Basar". In diesem Buch schildert er ausgiebig Erlebnisse mit Kindergartenkindern, die wohl nur als Missbrauch bezeichnet werden können und jedem normal denkenden Bürger den Atem stocken lassen. 2001 – sowieso reichlich spät – von der Journalistin Bettina Röhl des Kindesmissbrauchs bezichtigt und vom damaligen Bundesaußenminister Klaus Kinkel in einem offenen Brief zu Rede gestellt, verteidigte sich Daniel Cohn-Bendit. Er behauptete, dass der Text schlampig formuliert gewesen sei und bat darum, ihn im Kontext der sexuellen Revolution der 70er Jahre zu verstehen. Immer wieder beteuerte er in den folgenden Jahren, der Text sei schlechte Literatur, nur Provokation, ohne dass das Beschriebene passiert sei.

Nachstehend Auszüge aus dem Kapitel „Little Big Men" aus Cohn-Bendits Buch „Der große Basar". Der geneigte Leser möge selbst entscheiden, wo im folgenden Text schlampig formuliert wurde und ob hier noch Raum für Missverständnisse bleibt.

„Ich hatte schon lange Lust gehabt, in einem Kindergarten zu arbeiten. Die deutsche Studentenbewegung hat ihre eigenen antiautoritären Kindergärten hervorgebracht, die von den Stadtverwaltungen mehr oder weniger unterstützt wurden. Ich habe mich dann 1972 beim Kindergarten der Frankfurter Universität beworben, der in Selbstverwaltung der Eltern ist und vom Studentenwerk und der Stadt unterstützt wird. (...)

Die Eltern haben mich als Bezugsperson akzeptiert. Ich habe in diesem Kindergarten zwei Jahre lang gearbeitet. Dort waren Kinder zwischen zwei und fünf Jahren – eine fantastische Erfahrung. Wenn wir ein bisschen offen sind, können uns die Kinder sehr helfen, unsere eigenen Reaktionen zu verstehen. Sie haben eine große Fähigkeit zu erfassen, was bei den Großen vor sich geht. (...)

Mein ständiger Flirt mit allen Kindern nahm bald erotische Züge an. Ich konnte richtig fühlen, wie die kleinen Mädchen von fünf Jahren schon gelernt hatten, mich anzumachen. Es ist kaum zu glauben. Meist war ich ziemlich entwaffnet. (...)
    Es ist mir mehrmals passiert, dass einige Kinder meinen Hosenlatz geöffnet und angefangen haben, mich zu streicheln. Ich habe je nach den Umständen unterschiedlich reagiert, aber ihr Wunsch stellte mich vor Probleme. Ich habe sie gefragt: ‚Warum spielt ihr nicht untereinander, warum habt ihr mich ausgewählt und nicht andere Kinder?' Aber wenn sie darauf bestanden, habe ich sie dennoch gestreichelt."[18]

Mit zu den ersten, die auf diese Vergangenheit des Europa-Parlamentariers Cohn-Bendit aufmerksam geworden sind, gehörte der frühere Bundesjustiz- und spätere Bundesaußenminister Klaus Kinkel. Er kämpfte schon damals seit Jahren gegen den sexuellen Missbrauch von Kindern. In einem am 31. Januar 2001 in der Berliner Tageszeitung (BZ) publizierten offenen Brief an Cohn-Bendit verlangte er *„eine deutliche Klarstellung, dass es im Kontakt mit den Kindern nie zu unsittlichen Berührungen bei Ihnen oder durch Sie [Cohn-Bendit] gekommen ist"*.

In seinem ebenfalls in der Berliner Zeitung veröffentlichten Antwortbrief erklärte Cohn-Bendit, dass ihm damals „das Problem nicht bewusst" gewesen sei. Man habe versucht, „in einem kollektiven Diskurs eine neue Sexualmoral zu definieren". Dass man sich dies so einfach nicht machen kann und dies natürlich keineswegs alles entschuldigt, belegen der Briefwechsel und der abschließende Kommentar von Klaus Kinkel:

*„**Offener Brief*** *31. Januar 2001*

Sehr geehrter Herr Cohn-Bendit!

Der Presse habe ich entnommen, – was Sie in dem Buch ‚Der große Basar' über Ihre Arbeit und Ihre Erfahrungen in einem antiautoritären Kinderladen über Kindererziehung und Sex geschrieben haben – und wie Sie sich heute dazu einlassen. Da ich seit meiner Zeit im Bundesministerium der Justiz gegen den sexuellen Missbrauch von Kindern, der übrigens zu dem Scheußlichsten und Niederträchtigsten das es gibt, gehört, kämpfe und zur Zeit vier Enkelkinder in drei Kindergärten habe, würde ich Sie doch gern als Mitglied des Europäischen Parlamentes und persönlich um eine deutliche Klarstellung bitten, dass es bei Ihrer Arbeit in dem Kinderladen im Kontakt mit den Kindern nie zu unsittlichen Berührungen bei Ihnen oder durch Sie gekommen ist. Wenn dem so ist, müssen Sie sich hinsichtlich Ihrer jetzigen Einlassung fragen lassen, wie Sie sich mit einem so sensiblen Thema, bei dem es um eine zentrale Frage der Moral geht (Kinder sind immer die schwächsten Glieder in jeder Gesellschaft), so locker in einer Mischung aus Autobiographie und Fiktion (wie Sie es heute beschreiben) in einem Buch auseinandersetzen können. Das lässt sich nun wirklich weder mit der damaligen Situation der antiautoritären Kindererziehung noch mit Naivität erklären. Wer Kronzeuge für die 68er Generation sein will, muss schon ernst zu nehmende Maßstäbe an sich selbst anlegen und anlegen lassen. Es ist nicht alles beliebig und mit koketten Antworten aus der Welt zu schaffen. Ich bin gespannt auf Ihre Antwort – gerade weil ich Sie bisher eigentlich auch aufgrund von zwei zwar nur kurzen Begegnungen für jemanden gehalten habe, der mit einem solchen Thema sorgfältig umgeht.

*Mit freundlichen Grüßen
Klaus Kinkel*

P.S.: Wegen der Bedeutung dieser Angelegenheit und da ich davon ausgehe, dass Sie nichts zu verbergen haben, erlaube ich mir, dieses Schreiben als offenen Brief an Sie zu richten. Klaus Kinkel"[19]

Wie in den selbstgerechten Kreisen alternder Linker und Altlinker üblich, war mit einer Art Entschuldigung freilich nicht zu rechnen. Reichlich schwammig, verschwurbelt bis aggressiv kam die Replik – mit dem Unterton des Beleidigten, dessen heroischer Kampf gegen den bösen präachtundsechziger Staat nicht so recht gewürdigt würde – und der nun von den Nachgeborenen unfairerweise mit seiner Vergangenheit konfrontiert wird. Gerade so, als ob das nicht eine Zentralforderung der 68er gegen die Generation der eigenen Väter gewesen wäre.

„*1. Februar 2001*

Sehr geehrter Herr Dr. Kinkel!

Ich muss ehrlich sagen, dass mich Ihr Brief tief getroffen hat. Sie gehen von der Annahme aus, dass ich in irgendeiner Weise sexuellen Missbrauch an Kindern begangen habe und Sie formulieren diesen ungeheuerlichen Vorwurf öffentlich ohne Fragezeichen. Das empört mich zutiefst, da ein solcher sexueller Missbrauch niemals stattgefunden hat. In der Tat ist es Ihnen in Ihrer Zeit als Justizminister hoch anzurechnen, dass Sie das gesellschaftliche Bewusstsein für die unglaublichen Vorgänge des sexuellen Kindesmissbrauchs geschärft haben. Damals handelte es sich allerdings um reale Taten, über denen ein Mantel des Schweigens lag. Vor 25 Jahren, als wir über Kindersexualität diskutierten, war uns und der Gesellschaft das Problem nicht bewusst. Wir stellten uns die Frage, wie kann ein Erzieher, wie können Eltern der kindlichen Sexualität und der kindlichen Neugier nicht-repressiv begegnen, ihre Autonomiewünsche ernst nehmen. Die Gesellschaft der 60er und 70er Jahre, in der wir lebten, wurde unserer Meinung nach diesen Bedürfnissen nicht gerecht. Bei Diskussionen in Wohngemeinschaften, in den Kinderläden und in der Öffentlichkeit versuchten wir, in einem kollektiven Diskurs eine neue Sexualmoral zu definieren. In diesem Zusammenhang muss man meine ich-bezogene Selbstreflexion im ‚Großen Basar' verstehen. Ich fasse unzählige Debatten zusammen, will zuspitzen und provozieren. Ich vermische Gespräche und offene Fragen zu einer persönlichen Position. Dabei will ich – und das kann man mir sicher vorwerfen – mich als Tabubrecher profilieren. Einige Zeilen dieser Reflexion sind, heute gelesen, unerträglich und falsch. Hätten wir damals mehr über sexuellen Missbrauch gewusst, hätte ich sie nicht geschrieben. Sehr geehrter Herr Kinkel, ich hoffe, dass Sie mir glauben. Meine Antwort und Betroffenheit heute sind nicht kokett, sondern ich versuche ehrlich, mich einer legitimen Kritik zu stellen. Der Ton Ihres Briefes hat mich befremdet, so dass ich ihn an einige Eltern der Kinder aus dem besagten Kinderladen weitergegeben habe. Sie wollen ihrerseits Ihnen als Antwort auch einen offenen Brief schreiben. Er wird Ihnen in den nächsten Tagen zugehen.

Mit freundlichen Grüßen, Daniel Cohn-Bendit"[20]

Klaus Kinkel sagte daraufhin der BZ: „*Cohn-Bendit hat wenige Minuten nachdem ich ihm den Brief gefaxt habe zurückgerufen. Er zeigte sich betroffen. Das reicht aber nicht. Seine Reaktion klingt nach Rechtfertigung. Wer nur einen kleinen Funken Verantwortung spürt, darf in so einer ungeheuerlichen Sache nicht nach Rechtfertigung suchen. Cohn-Bendit hat sich selbst zum großen Moralisierer der 68er erklärt, und seine Reaktion jetzt entlarvt ihn. Das Muster ist bei allen dasselbe. Der eine wirft Steine, der andere schreibt solches Zeug. Dann sagen sie: Es war nicht so gemeint. Und es wird verziehen.*"[21]

Klaus Kinkel hat es klar erkannt und man muss es auf den Punkt bringen: Mit seiner Antwort hat Daniel Cohn-Bendit die von ihm verlangte Klarstellung, dass es nicht zu sexuellen

Kontakten mit Kindern gekommen ist, nicht abgegeben. Dass es sich bei den Schilderungen seiner Sex-Erlebnisse mit fünfjährigen Kindern um Fiktion, um Phantasie oder um bloße Provokation handelte, steht doch in krassem Widerspruch zum Klappentext des Buches: Darin wird erklärt, dass Cohn-Bendits *"Erzählungen und Reflexionen aus dem ‚Basar' gleichzeitig Bestandsaufnahmen und Schlussfolgerungen aus der Geschichte der letzten zehn Jahre"* sind, *"lebendig geschriebene und spannende Berichte und Selbstdarstellungen von denen, die der Gesellschaft Widerstand entgegengesetzt haben"*.[22] Außerdem bekam Cohn-Bendit schon damals viel Ärger mit den betroffenen Eltern und es kam zu einer Anfrage in der Stadtverordnetenversammlung (siehe unten), was definitiv nicht zu Cohn-Bendits Behauptung von Phantasien bzw. „Selbstreflexionen" passt.

Gewiss zu Recht hielt Klaus Kinkel in seiner Replik auf Cohn-Bendits Reaktion fest, dass, wer nur einen kleinen Funken Verantwortung habe, in einer so ungeheuerlichen Sache nicht nach Rechtfertigung suchen dürfe. Doch trotz allem gilt Cohn-Bendit vielen bis heute als eine moralische Instanz der 68er Bewegung.

Dabei sind die schrecklichen, durch nichts zu rechtfertigenden sexuellen Missbräuche von anvertrauten fünfjährigen Kindern eines. Das andere ist das große Schweigen, das sich bis heute über diese Ereignisse ausbreitet. Bei der Beurteilung der Vergangenheit von linken Politikern werden allzu oft beide Augen zugedrückt. Und diejenigen Tatsachen, deren Durchsickern an die Öffentlichkeit nicht verhindert werden kann, werden verniedlicht und mit den damaligen Zeitumständen erklärt. Zu Recht hatten die 68er solche „Argumente" für die Untaten der Nationalsozialisten nicht gelten lassen.

Während Daniel Cohn-Bendit diese Zitate heute nur noch als Provokation[23] verstanden wissen will, bestätigte er auch am 23. April 1982 in einer Talkshow des französischen Senders Antenne 2 ganz offen, wie viel sexuelle Faszination kleine Mädchen immer noch auf ihn ausübten: *"Wissen Sie, wenn ein kleines fünf-, fünfeinhalbjähriges Mädchen beginnt sie auszuziehen, ist das fantastisch. Es ist fantastisch, weil es ein Spiel ist, ein wahnsinnig erotisches Spiel."*[24] Übrigens erklärte er in der selben Sendung, dass er gerade einen Haschischkeks gegessen habe und nun wirklich gut drauf sei.[25]

Viel wichtiger ist in diesem Zusammenhang allerdings ein Teilzitat, das praktisch in allen uns bekannten Publikationen unter den Tisch fällt: *"[...] Es ist mir mehrmals passiert, dass einige Kinder meinen Hosenlatz geöffnet und angefangen haben, mich zu streicheln. Ich habe je nach den Umständen unterschiedlich reagiert, aber ihr Wunsch stellte mich vor Probleme. Ich habe sie gefragt: ‚Warum spielt ihr nicht untereinander, warum habt ihr mich ausgewählt und nicht andere Kinder?' Aber wenn sie darauf bestanden, habe ich sie dennoch gestreichelt. Da hat man mich der ‚Perversion' beschuldigt. Unter Bezug auf den Erlass gegen ‚Extremisten im Staatsdienst' gab es eine Anfrage an die Stadtverordnetenversammlung, ob ich von der Stadtverwaltung bezahlt würde. Ich hatte glücklicherweise einen direkten Vertrag mit der Elternvereinigung, sonst wäre ich entlassen worden."*[26]

„Die antiautoritäre Bewegung hat in Deutschland am stärksten in der Kindererziehung eingeschlagen. Die Kommunenbewegung war mit der Entstehung der antiautoritären Kinderläden verbunden. Reich und Marx waren die theoretischen Grundpfeiler der Bewegung in Deutschland. Weniger Freud, denn Freud hat die Sexualität objektiv untersucht, während Reich den Kampf für die Sexualität verkörpert, vor allem für die Sexualität der Jugendlichen. Eines der Probleme im Kindergarten war, dass die Liberalen die Existenz der Sexualität allenfalls anerkannten, während wir versucht haben, sie zu entwickeln und uns so zu verhalten, dass es den Kindern möglich war, ihre Sexualität zu verwirklichen."[27]

Nochmals: Cohn-Bendit ist bis heute als Mitglied des Europäischen Parlaments, ein durchaus angesehener Mann und nicht etwa vorbestraft.

Volker Beck
Ganz anders sehen die Entschuldigungsversuche von Volker Beck aus. Der menschrechtspolitische Sprecher der Grünen und Mitglied des Deutschen Bundestages (MdB) bezichtigte die Bundesvorsitzende der Vertriebenenverbände Erika Steinbach, MdB in einer Bundestagsdebatte „mangelnder Kollegialität unter Demokraten", weil sie es wagte, ihn am 25. März 2010 mit Zitaten aus einem Aufsatz zu konfrontieren.[28]

Beck behauptet, sein Aufsatz „Das Strafrecht ändern?" im Sammelband „Der pädosexuelle Komplex" von Angelo Leopardi sei „nicht autorisiert" und „verfälscht". Aber was heißt hier „verfälscht"? Bedeutet das, dass hier ein paar Kommas falsch abgetippt wurden, oder die anstößigen Passagen – die wir im Folgenden zitieren werden – nicht aus Becks Feder stammten? Wenn dem so wäre: Warum sagt Beck dann auf der Seite Abgeordnetenwatch. de, er *„habe [...] mit Liberalisierungsüberlegungen zum Sexualstrafrecht, die über die 1994 in Deutschland erfolgte Gleichstellung von Hetero- und Homosexualität (Streichung des § 175 StGB) hinausgehen, völlig gebrochen"*. Womit hätte er denn brechen sollen, wenn er gar nichts anstößiges gesagt hatte?

Eine andere Frage stellte Frau Steinbach gleich noch in der Debatte. Sie lobte Beck zunächst als guten Juristen, um dann anzuschließen: „Wie ich Sie kenne, hätten Sie – wenn Sie die Möglichkeit gehabt hätten – dieses Buch längst verboten. Wenn es so gewesen wäre, wie Sie hier behaupten." Doch um welchen Text geht es überhaupt? Wir zitieren im Folgenden ausführlich aus dem angesprochenen Artikel Becks:

„Der nachfolgende Beitrag stammt von Volker Beck, der für das ‚Schwulenreferat' der Grünen im Bundestag tätig ist.

[...]

Der Sonderausschuss des Deutschen Bundestags hatte 1973 bei der Vorbereitung des 4. Strafrechtserneuerungsgesetzes versucht, seiner Arbeit eine rationale Erläuterungen der Problematik zugrunde zu legen. Angesichts der Bedenken der geladenen Experten hinsichtlich der Behauptung, gewaltlose pädosexuelle Erlebnisse störten die sexuelle Entwicklung eines Kindes, verpflichtete sich der Sonderausschuss mit seiner Definition des zu schützenden Rechtsgutes als der ‚ungestörten sexuellen Entwicklung des Kindes' immer-

hin einer sachlichen Argumentation. Allerdings hat der Sonderausschuss sich selbst bei seinen Vorschlägen nicht daran gehalten und sich wieder besseres Sachverständigenwissen für generelle Strafbarkeit der Sexualität mit Kindern entschieden.

Obwohl dieser Ansatz einer rationalen Auseinandersetzung mit dem Problem des § 176 nicht gleich zum Erfolg führte, scheint er mir der einzige Ausgangspunkt für eine tatsächliche Verbesserung der rechtlichen Situation der Pädophilen.

[...]

Jäger hat recht, wenn er meint, dass es am aussichtsreichsten ist, die politische Diskussion zu führen, indem man die Reform an dem misst, was die Reformer sich vorgenommen hatten. Hierzu formulierte er sieben programmatische Thesen, von denen ich vor allem die ersten sechs – hier im Wesentlichen wiedergegeben – maßgeblich für eine reformistische Sexualstrafrechtspolitik halte:

1. Das Strafrecht dient allein dem Rechtsgüterschutz. Der Gesetzgeber ist daher nur legitimiert, sozial gefährliche Verhaltensweisen unter Strafe zu stellen.
2. Die Schädlichkeit oder Gefährlichkeit des zu beurteilenden Verhaltens bedarf des empirischen Nachweises.
3. Selbst wenn der Nachweis der Gefährlichkeit gelingt, darf eine Strafvorschrift nur geschaffen werden, wenn Unrechtsgehalt und Schädlichkeit so gravierend sind, dass die Strafbarkeit nicht unverhältnismäßig, also als Überreaktion erscheint.
4. Nur tatbestandstypische Gefahren sind zu berücksichtigen. Strafvorschriften, die gefährliche und ungefährliche Verhaltensweisen gleichermaßen umfassen, sind nicht zu rechtfertigen.
5. Zu den gesicherten Auffassungen heutiger Kriminalpolitik gehört auch, dass das Strafrecht nur die ultima ratio im Instrumentarium des Gesetzgebers ist, die Strafbarkeit also nur das äußerste Mittel der Sozialpolitik sein darf. Bevor sich der Gesetzgeber zur Anwendung dieses letzten und äußersten Mittels entschließt, hat er zu prüfen, ob nicht andere, außerstrafrechtliche Mittel zum Schutz der betroffenen Rechtsgüter ausreichen.
(Herbert Jäger, Möglichkeiten einer weiteren Reform des Sexualstrafrechts, in: Dannecker/Sigusch: Sexualtheorie und Sexualpolitik. Stuttgart 1984, S. 68f.)

[...]

Man wird nicht umhin können, sich bei dieser Diskussion mit den Argumenten der Frauenbewegung auseinanderzusetzen und die Perspektive der Feministinnen, die oft auch durch frühsexuelle Kontakte mit Vätern und Onkeln traumatisch geführt worden ist, ernstzunehmen.

Als Etappenziel kann hier nur eine Versachlichung der Diskussion um das Problem der Pädosexualität vorgeschlagen werden. [Hervorhebungen vom Verf.] Als strafrechtliche Perspektive wäre hier z. B. eine Novellierung ins Auge zu fassen, die einerseits das jetzige ‚Schutzalter' von 14 Jahren zur Disposition stellt (in den Niederlanden gab es solche Initiativen mit erheblichem Erfolg!) oder auch eine Strafabsehensklausel. Eine Diskussion um eine solche Reform des § 176 würde sicherlich einem entkrampfteren und weniger angstbesetzten Klima den Weg bahnen. Eine Strafabsehensklausel, würde sie durchgesetzt, würde eine tatsächliche Auseinandersetzung vor Gericht, und, wenn die Bewegung stark genug ist, in der Öffentlichkeit um die Frage einer eventuellen Schädigung eines Kindes durch sexuelle Kontakte mit einem Erwachsenen ermöglichen. Wer jetzt einwendet, dass man die Gerichte kenne und dort der Fortschritt nicht gerade Urständ feiert, hat sicher recht, aber die Alternative sieht nicht besser aus: Ein Vertrauen darauf, durch noch so starken öffentlichen Druck eine Mehrheit für die Streichung des Sexualstrafrechts im Parlament zu erhalten, scheint reichlich naiv.

Immerhin – und das macht langfristig Hoffnung auf ein ‚Reförmchen' auch gerade beim § 176 StGB – hat der Sonderausschuss des Bundestages damals gerade für diesen Paragraphen eine erneute parlamentarische Diskussion für den Fall in Aussicht gestellt, dass sich die jetzige Definition des zu schützenden Rechtsgutes sexualwissenschaftlich nicht mehr halten lasse. Wer für die Lebens- und Rechtssituation der pädophilen Menschen etwas erreichen will, muss diese Diskussion mit Aufklärung und Entmythologisierung vorbereiten, eine bloße Ideologisierung der Gegenposition zum Sexualstrafrecht kann hierin ihres realpolitischen Misserfolgs sicher sein.

[...]

Eine Entkriminalisierung der Pädosexualität ist angesichts des jetzigen Zustandes ihrer globalen Kriminalisierung dringend erforderlich, nicht zuletzt weil sie im Widerspruch zu rechtsstaatlichen Grundsätzen aufrechterhalten wird.

[...]

Auch wenn das Strafrecht als ultimo ratio hier nicht das geeignet Mittel ist, muss zumindest eine Antwort auf den von den Feministinnen artikulierten Schutzbedarf des Kindes, insbesondere des Mädchens, gefunden werden. Bevor dies nicht der Fall ist, wird ein unaufrichtiges Kinderbild, das die uneingeschränkte Fähigkeit zu einvernehmlicher Sexualität (auch für Kleinkind?) einschließend, einem mythischen Kinderbild gegenüberstehen, das von einer generellen Unfähigkeit zu sexueller Selbstbestimmung und einer generellen Traumatisierung durch sexuelle Erlebnisse beim vorpubertären Menschen ausgeht. Auf beiden Seiten Irrationalität, auf beiden Seiten Schielen auf Populismus statt sachgerechter Auseinandersetzung.

[...]

Das Lüdenscheider Debakel und der anschließende Nichteinzug des strukturschwachen GRÜNEN Landesverbandes in den Landtag von Nordrhein-Westfalen (1985) haben eine nüchterne Betrachtung der Pädosexualität auf Jahre hin unmöglich gemacht.

[...]

Allein eine Mobilisierung der Schwulenbewegung für die rechtlich gesehen im Gegensatz zur Pädosexualität völlig unproblematische Gleichstellung von Homo- und Heterosexualität [...] wird das Zementieren eines sexualrepressiven Klimas verhindern können – eine Voraussetzung, um eines Tages den Kampf für die zumindest teilweise Entkriminalisierung der Pädosexualität aufnehmen zu können."[29]

Nach all diesen Ausführungen sind Zweifel am völligen Bruch Becks mit seinen früheren Ansichten wohl angebracht. Zu deutlich hat er die taktischen Mechanismen beschrieben, warum die Ziele der Homosexuellenbewegung und Pädophilenlobby vorerst nicht gleichzeitig vertreten werden sollten. Die Zukunft wird zeigen, ob hier die Gegenwart von der Vergangenheit eingeholt wird, wobei das Statement eines hohen Funktionärs des Lesben- und Schwulenverbandes (LSVD) wenig Gutes verheißt: *„Heute grenzen sich fast alle Schwulengruppen von den Pädos ab, weil sie die Erfahrung gemacht haben, dass sie sonst ‚geächtet' werden und politisch nichts mehr ausrichten können. Die ‚Pädofrage' wird von den Gruppen nicht mehr diskutiert."*[30]

Antje Vollmer

Auch andere Grüne werden dieser Tage von ihrer Vergangenheit eingeholt. So war die frühere Fraktionsvorsitzende der Grünen und spätere Bundestagsvizepräsidentin, Dr. Antje Vollmer, offenbar schon seit 2002 (!) von den Missbrauchsvorwürfen gegen Gerold Becker, von 1972 bis 1985 Leiter der Odenwaldschule, aus erster Hand informiert. Dr. Salman Ansari schrieb ihr wörtlich: *„Der ehemalige Schulleiter dieser Schule hat während seiner Amtszeit Kinder sexuell missbraucht."*[31] Frau Vollmer blieb untätig, obwohl sie erst Monate zuvor an einer Radiosendung mit Becker beteiligt war. Viele Hoffnungen ruhten damals auf ihr – und da ruhten sie tatsächlich. Allerdings nur bis ein Journalist den Lebensgefährten von Becker, Hartmut von Hentig interviewte, der angeblich von gar nichts gewusst habe und zudem sich bestenfalls vorstellen konnte, Becker sei von seinen Schülern verführt worden.[32] Dieser bezeichnende Beitrag wurde nun von Vollmer in der schlimmsten Weise gegeißelt. So schwadronierte sie vom Missbrauch der Missbrauchsdebatten (ein abgewandeltes Zitat Kentlers), drosch auf die katholische Kirche und deren Sexualmoral ein und verstieg sich zur Rede vom „journalistischen Missbrauch", von Verweigerung von Grundrechten – immerhin bekäme jeder Angeklagte einen Anwalt und könne bei Angehörigen die Aussage verweigern[33]. Herr von Hentig hätte ja schweigen können, statt mit derartigem Unsinn – gewiss unfreiwillig – Becker zu belasten. Frau Vollmer als Leiterin des Runden Tisches für misshandelte Heimkinder ist jedenfalls mangels Objektivität kaum mehr für diesen Posten geeignet. Übrigens: Der anfangs genannte Gesetzentwurf vom 4. Februar 1985, demzufolge, wäre er durchgegangen, viele dieser Missbrauchsfälle juristisch gar keine Fälle wären, war von ihr mitunterzeichnet[34].

Die Forderungen der Grünen Jugend von 2007

Auch die „Grüne Jugend" lässt in dieser Frage jede Bereitschaft zur unbequemen Aufklärung alter Versäumnisse vermissen, im Gegenteil. Sie ist diejenige Kraft, die den Verirrungen der 68er Bewegung heute am nächsten steht. Hier ein Zitat aus dem Leitantrag zum Thema Gesellschaft und Familie, den die GRÜNE JUGEND auf ihrem 29. Bundeskongress in Würzburg 19. November 2007 verabschiedet hat:

„Der Grundpfeiler einer freien und toleranten Gesellschaft ist eine freie und tolerante Familie. Familie ist die kleinste Einheit in einer Vielzahl an Individuen und Gemeinschaftsformen. Der Begriff ‚Familie' wird bei uns in erneuerter Definition verwendet: Wir verstehen darunter sowohl das klassische Vater-Mutter-Kind-Bild, als auch gleichgeschlechtliche Partnerschaften mit oder ohne Kind, polygame Lebensgemeinschaften, Patchworkfami-

lien, Alleinerziehende aber auch Wohngemeinschaften wie Studierenden-, Mehrgenerationen-, und Senioren-Gemeinschaften oder ganz einfach der engste Freundeskreis. Im Mittelpunkt der Definition steht die Solidarität untereinander, das Füreinanderdasein. Dies wollen wir rechtlich mit einem Familienvertrag absichern und damit die Ehe ersetzen."[35] Auch mit dem Inzest hat die Parteijugend der Grünen kein Problem: „Auch Geschwister, die sich lieben, sollen Familienverträge abschließen und Kinder bekommen können. Sie sollten in diesem Fall an einer Familienberatung teilnehmen. Die GRÜNE JUGEND will hier keine Straftatbestände."[36] Eine Distanzierung der Mutterpartei von diesen Aussagen ist uns ebenso wenig bekannt wie juristische Folgen für die Initiatoren.

---

[1] Wolfram Göll: „Pädophile Irrungen und Wirrungen der Grünen", in: Bayernkurier vom 20.03.2010, S. 5
[2] http://www.youtube.com/watch?v=X11ak5qHOVs [Stand: 01.04.2010]
[3] Bundestagsdrucksache 10/2832, Gesetzentwurf der Fraktion Die Grünen vom 04.02.1985
[4] a.a.O., S. 4 und 6
[5] Mildenberger, Florian, Beispiel: Peter Schult – Pädophilie im öffentlichen Diskurs, in: Bibliothek rosa Winkel, Band 40, Hamburg 2006, S. 153
[6] bis [8] a.a.O., S. 149
[9] a.a.O., S. 151
[10] und [11] a.a.O., S. 152
[12] Der Berliner Landesverband der Grünen nannte sich noch bis 1993 Alternative Liste.
[13] http://www.spiegel.de/politik/deutschland/0,1518,678961,00.html [Stand: 19.02.10]
[14] zitiert nach „Berlin: Blockade durch die Alternativen?", in: Der Spiegel, Nr. 19/1981 vom 04.05.1981, S. 42
[15] „Der Torso von SchwuP", in: Der Spiegel 13/1985, S. 47–50
[16] und [17] http://www.spiegel.de/politik/deutschland/0,1518,678961,00.html [Stand: 19.02.10]
[18] Daniel Cohn-Bendit: „Der große Basar. Gespräche mit Michel Lévy, Jean-Marc Salmon, Maren Sell", München 1975, S. 139–147
[19] http://www.bz-berlin.de/archiv/offener-brief-article97893.html [Stand: 30.03.2010]
[20] bis [22] http://www.bz-berlin.de/archiv/die-kinkel-cohn-bendit-kontroverse-article71157.html [Stand: 30.03.2010]
[23] http://www.zeit.de/2010/11/Moral-Interview-Cohn-Bendit [Stand: 24.04.2010]
[24] und [25] http://www.youtube.com/watch?v=M0qvkg2nzg8 [Stand 31.03.2010]
[26] Daniel Cohn-Bendit: „Der große Basar. Gespräche mit Michel Lévy, Jean-Marc Salmon, Maren Sell", München 1975, S. 143
[27] a.a.O., S. 147
[28] http://www.youtube.com/watch?v=jmtd-Iwv32I [Stand: 26.03.2010]
[29] Volker Beck: „Das Strafrecht ändern?", in: Angelo Leopardi, „Der pädosexuelle Komplex", Berlin – Frankfurt am Main 1988. Der vollständige Text findet sich auf den Seiten 255–268.
[30] http://www.lsvd.de/59.0.html [Stand: 16.04.2010]
[31] http://www.faz.net/s/Rub79FAD9952A1B4879AD8823449B4BB367/Doc~EB940BDD69EE44FE6A3BDA8ED624CFA41~ATpl~Ecommon~Scontent.html [Stand: 07.04.2010]
[32] http://www.fr-online.de/in_und_ausland/politik/dossiers/sexueller_missbrauch/2434750_Oskar-Negt-im-FR-Interview-Ein-Reformer-klagt-an.html [Stand: 07.04.2010]
[33] http://www.tagesspiegel.de/politik/Antje-Vollmer-Missbrauch-Heimkinder;art771,3068515 [Stand: 07.04.2010]
[34] Bundestagsdrucksache 10/2832, Gesetzentwurf der Fraktion Die Grünen, Entwurf eines … Strafrechtsänderungsgesetzes
[35] und [36] http://www.gruene-jugend.de/show/395818.html [Stand: 24.04.2010]

2.3. Die Humanistische Union

Die Humanistische Union (HU) gibt sich seit ihrer Gründung 1961 immer wieder gerne als Gralshüterin der Bürgerrechte, als „älteste Bürgerrechtsbewegung Deutschlands" bezeichnet sie sich selbst. Doch in ihren Reihen waren jahrelang viele, die Pädosex immer wieder verteidigt hatten. So beschloss der Bundesvorstand der HU am 24. Juni 2000 seine berüchtigte „Erklärung des Bundesvorstandes der Humanistischen Union zum Sexualstrafrecht" – und zwar einstimmig. Seine Mitglieder damals: Rechtsanwalt Dr. Till Müller-Heidelberg, Ingeborg Rürup, Johannes Glötzner, Gisela Goymann, Franz-Josef Hanke, Prof. Dr. Fritz Sack, Steve Schreiber, Dr. Rosemarie Will[1]. Auf Will, die derzeitige Vorsitzende der HU, kommen wir noch zu sprechen.

Die genannte Erklärung wurde allerdings auf dem Verbandstag der Humanistischen Union am 22.–24. September 2000 in Marburg, bei dem offenbar mindestens 35 Stimmberechtigte teilnahmen, mit knapper Mehrheit abgelehnt. Mit 15 Stimmen zu 13 (bei fünf Enthaltungen) beschloss man[2]:
*„1. Der Verbandstag lehnt die vorliegende Erklärung des Bundesvorstands der Humanistischen Union zum Sexualstrafrecht (vgl. Mitteilungen 171, S. 63ff.) ab.
2. Der Bundesvorstand wird aufgefordert, seine Erklärung nicht als Position der Humanistischen Union zu verbreiten."*[3]

Es folgten mehrere weitere Aufforderungen an den Vorstand. Über sie wurde einzeln abgestimmt, was Rückschlüsse auf das Denken in diesem Kreis erlaubt. So wurde der Bundesvorstand aufgefordert:

„1. in geeigneter Weise klarzustellen, dass die HU sexuelle Kontakte von Erwachsenen mit Kindern weder billigt, noch in irgendeiner Weise unterstützt."[4]

Dieser Antrag wurde mit 19 Stimmen, bei 12 Gegenstimmen und 3 Enthaltungen beschlossen[5].

„2. elektronische Verweise (Links) auf die HU-Homepage zu unterbinden, die den Eindruck erwecken, die HU billige derartige Kontakte. Diesbezüglich sind unter anderem die Webseiten der ‚Arbeitsgemeinschaft Humane Sexualität' und des offenbar von ihr betriebenen ‚Pädo-Portals' zu überprüfen"[6].

Dieser Punkt wurde mit 16 Stimmen beschlossen, bei 15 Gegenstimmen und 4 Enthaltungen[7].

„3. auf Links von der HU-Homepage auf andere Internetseiten zu verzichten, die den Eindruck erwecken, die HU billige pädosexuelle Kontakte"[8].

Beschlossen mit 19 Stimmen, dagegen 13 Stimmen, bei 2 Enthaltungen[9].

„4. dafür zu sorgen, dass die Pressemitteilung ‚Pornografie vermindert sexuelle Gewalt' (Nr. 99/11 vom 15. November 1999) künftig nicht mehr in gedruckter oder elektronischer Form als Position der HU verbreitet wird"[10].

Für diesen Antrag stimmen 21 Mitglieder, dagegen 9 Stimmen bei 4 Enthaltungen[11].

Welche Texte waren es, die dieser Verbandstag meist mit eher knapper Mehrheit verwarf? Wir dokumentieren zunächst in Auszügen die Presseerklärung „Pornografie vermindert sexuelle Gewalt" und dann die erwähnte „Erklärung des Bundesvorstandes der humanistischen Union zum Sexualstrafrecht".

„HU-Pressemitteilung vom 15. November 1999

Pornografie vermindert sexuelle Gewalt − Tagung ‚Pornografie und Jugendschutz' in Mainz.

Pornografie fördert nicht sexuelle Gewalt, sondern verringert sie im Gegensatz zur landläufigen Meinung sogar. Zu diesem Ergebnis kamen rund 60 Teilnehmerinnen und Teilnehmer der Tagung ‚Pornografie und Jugendschutz heute' die die ‚Arbeitsgemeinschaft Humane Sexualität e.V.' (AHS) und die Humanistische Union e.V. (HU) älteste Bürgerrechtsorganisation Deutschlands am 13. November in Mainz durchgeführt haben. Nach Angaben des Münchner Rechtsanwalts Sieghart Ott gibt es bislang keine eindeutige rechtliche Definition des Begriffes ‚Pornografie'. Ebenso vage sei auch die juristische Definition des Begriffes ‚Kunst'. Vielen Verfahren zum Themenkreis Pornografie fehlt nach seiner Einschätzung damit die verfassungsrechtlich notwendige Rechtsbestimmtheit. Niemand könne genau wissen, ob eine bestimmte Handlung strafbar ist oder nicht. Außerdem ändert sich der Begriff der Pornografie im Laufe der Zeit, was die Rechtsunsicherheit zusätzlich vergrößert.

An Hand zahlreicher wissenschaftlicher Untersuchungen legte der Berliner Journalist Erik Möller dar, daß eine Lockerung der Strafbestimmungen zur Pornografie die Zahl von Vergewaltigungen eher verringert als erhöht. Ein Vergleich von Kriminalstatistiken in vier europäischen Ländern, den USA und Japan zeigt, daß die Vereinigten Staaten mit dem rigidesten Sexualstrafrecht zugleich die höchste Zahl von Vergewaltigungen verzeichnen, während Japans liberale Gesetzgebung zur geringsten Belastung führt. Nach Freigabe der Pornografie in einigen europäischen Ländern sank dort die Vergewaltigungsrate. Forschungen belegen zudem, daß das Prügeln von Kindern, soziale Benachteiligung sowie das Verbot kindlicher Sexualität Gewalttaten vermehren. Die neuere Hirnforschung stellt zudem einen Zusammenhang zwischen sexueller Anregung im Kindes- und Jugendalter und einer kreativen Persönlichkeit fest.

Eine Kampagne zum Verbot von Pornografie greift nach Einschätzung von Maren Bedau und Barbara Schönig vom Frauenstammtisch der Berliner JungdemokratInnen zu kurz, wenn sie Pornografie generell mit einer Unterdrückung von Frauen gleichstellt. Feministische Kritik an der PorNO-Kampagne werde häufig mit dem Argument unterdrückt, Frauen machten sich damit männliche Argumente zu Eigen und verhielten sich wie ‚Zuhälter'. Bedau und Schönig sehen in der freien Entfaltung von Sexualität ein wesentliches Element der weiblichen Emanzipation. Die Einschränkung bürgerlicher Freiheiten durch eine strikte Anwendung des Sexualstrafrechts hält die HU nach alledem für eine unverhältnismäßige Aktion des Staates, die keine Bürgerin und keinen Bürger schützen kann. In einer Freigabe der Pornografie und aller freiwilligen sexuellen Handlungen sieht die HU die Grundlage zur Verringerung von Gewalt und Eingriffen in die sexuelle Selbstbestimmung. Sie dient weder dem Schutz der Kinder noch der sexuellen Selbstbestimmung von Frauen und Männern.

*Franz-Josef Hanke
HU-Pressesprecher"*[12]

So ist das also: Wer die Kreativität seiner Kinder fördern will, sollte sie sexuell anregen. Mitglieder der HU sahen keinen Grund, diese Vorstellung abzulehnen. Kaum weniger absurd sind die angeblichen Forschungen, die „belegen", dass [...] „das Verbot kindlicher Sexualität Gewalttaten" vermehre. Durchaus suggestiv hat der Vorstand der HU dieses Kindersexverbot in den Kontext von „Prügeln von Kindern" und „soziale Benachteiligung" gestellt. Es war schlicht ein Akt der Menschlichkeit, diese zynische Presseerklärung aus dem Verkehr zu ziehen.

Nicht weniger menschenverachtend sind mehrere Formulierungen in der „Erklärung des Bundesvorstandes der Humanistischen Union zum Sexualstrafrecht":

„*Die Humanistische Union beobachtet mit großer Besorgnis die zunehmende Tendenz, im Sexual- und Jugendstrafrecht und mit den Instrumenten der Kriminalpolitik den Schutz und die Förderung von Kindern und Jugendlichen zu gewährleisten. Mehr und mehr wird im Umgang mit der nachwachsenden Generation auf staatliche Strafe und Repression gesetzt.
2. Insbesondere findet mit der Rechtfertigung des ‚Schutzes der Kinder' eine radikale Kehrtwendung in der Strafrechtspolitik statt, die*
- *den angestrebten Opferschutz nachweislich nicht erbringt,*
- *eine Dämonisierung von bestimmten Tätern und Tätergruppen erzeugt,*
- *mühsam etablierte Prinzipien eines rechtstaatlichen und bürgerrechtsorientierten Strafrechts zugunsten des Beschuldigten – insbesondere die Unschuldsvermutung – beschädigt und zum Teil aufhebt.*
3. Diesen Tendenzen gilt es das Konzept einer rationalen Kriminalpolitik entgegenzusetzen und mit der Forderung der Erneuerung und Bekräftigung einer modernen und huma-

nen Kriminalpolitik zu begegnen, die sich vor allem an zwei Kriterien zu messen hat: dem der Rechtsförmigkeit und dem der nachprüfbaren und kontrollierten Effektivität."[13]

Solchen Klagen über die bundesdeutsche Justiz folgen Bekundungen voller Mitgefühl und Verständnis für pädophile Straftäter:

„Die Kriminalpolitik, gegen die die HU ihre Stimme erhebt und gegen die sie zu gesellschaftsweitem Widerstand aufruft, ist dagegen teilweise von Prinzipien geleitet, die nicht nur die buchstäblich gnadenlose Strafe – und wenn auch nur für die schlimmsten Verbrechen – für unverzichtbar halten, sondern die auch die gefährliche Tendenz kennzeichnet, die Sexualtat und den Sexualtäter gegen junge Menschen zum Inbegriff des kriminell Bösen und den Kampf gegen sie zum gesteigerten, wenn nicht sogar alleinigen Ausweis politischer Handlungsfähigkeit und moralischer Entschlossenheit zu machen."[14]

Nach Ansicht des HU-Vorstandes überzeichneten Politik und Justiz die Problematik des sexuellen Kindesmissbrauchs maßlos: *„Die absolut und relativ außerordentlich raren Fälle sexueller Gewalthandlungen zur bedrohlichsten Gefahr für junge Menschen und ihre Abwendung zur vornehmsten Aufgabe staatlicher Politik zum Schutze von Kindheit und Jugend zu stilisieren, grenzt in seiner Blickverengung und in seinem Verlust von Proportionen an politische Fahrlässigkeit, wenn nicht Schlimmeres."*[15]

Der Hinweis auf die „absolut und relativ außerordentlich" raren Fälle sexueller „Gewalthandlungen" ist streng genommen nicht völlig falsch, aber doch zutiefst irreführend, denn er blendet die weit häufigeren Fälle des sexuellen Kindesmissbrauchs ohne direkte Gewaltanwendung einfach aus. Deren Zahl liegt laut Kriminalstatistik in der Größenordnung von 10.000 bis 15.000 pro Jahr, hinzu kommt eine vermutlich noch mehrfach größere Dunkelziffer (vgl. Kapitel 1.1.). Der verursachte Schaden ist oft nicht geringer als in den Fällen mit Gewaltanwendung.

Von Empathie mit den Opfern ist in diesen Einlassungen des HU-Vorstandes, die mehrere Jahre nach der Schärfung des öffentlichen Bewusstseins für die Dramatik des Kindesmissbrauchs Mitte der neunziger Jahre formuliert worden sind, nichts zu spüren, im Gegenteil:

„Der derzeitige gesellschaftliche und staatliche Umgang mit der Gruppe der Pädophilen ist ein Lehrstück aus dem ebenso alten wie offenbar aufklärungsresistenten Kapitel der Erzeugung von gesellschaftlichen Sündenböcken und der moralischen Verschiebung und Entäußerung sozialer Probleme [...] Diese Kriminalpolitik gnadenloser Ausgrenzung, unerbittlichen Tugendterrors und blind machender Selbstgerechtigkeit tritt zudem in ihren Folgen und Auswirkungen erst ins volle Licht, wenn man sich ihre repressiven Einzelheiten vor Augen führt."[16]

Warum dieses Engagement für pädophile Straftäter zu diesem Zeitpunkt? Am 17. November 1999 hatte die Frankfurter Rundschau erstmals ausführlich und mit vielen Details die bodenlosen Missbräuche an der Odenwaldschule veröffentlicht[17]. Die Beschuldigten, insbesondere Gerold Becker, mussten zunächst Strafverfahren befürchten. Doch die Staatsanwaltschaft stellte die Ermittlungen bald ein, weil alles verjährt schien – die Verjährungsfrist lag damals bei zehn Jahren ab Volljährigkeit des Opfers[18]. Es war seinerzeit noch nicht öffentlich geworden, dass der Missbrauch an der Odenwaldschule offenbar bis in die neunziger Jahre[19] hinein andauerte. Fest verankert in der HU war nun aber Hartmut v. Hentig, der Lebensgefährte Beckers.

Angesichts dieser Fakten wundert man sich doch, wie viele Prominente Persönlichkeiten bis heute dem Beirat der Humanistischen Union angehören und damit den Einfluss dieser Gruppierung in Staat und Gesellschaft stärken. Im April 2010 nannte die HU auf Ihrer Internetseite folgende illustre Namen aus Pädagogik und Universität, Politik und Presse als Beiratsmitglieder: Prof. Dr. Hartmut von Hentig, Prof. Dr. Helmut Kentler (obwohl bereits 2008 verstorben), Prof. Dr. Rüdiger Lautmann, Prof. Dr. Fritz Sack, Dr. Burkhard Hirsch, Renate Künast, Sabine Leutheusser-Schnarrenberger, Claudia Roth, Heidemarie Wieczorek-Zeul. Der Name des bekannten Journalisten Heribert Prantl fehlt seit einiger Zeit.[20]

Vorsitzende der HU ist derzeit Rosemarie Will, „letzte Juraprofessorin aus DDR-Zeiten an der Humboldt-Universität"[21] und von 1996 bis 2006 Verfassungsrichterin des Landes Brandenburg. Angela Merkel, damals Bundesministerin für Umwelt, Naturschutz und Reaktorsicherheit, nannte diese Berufung seinerzeit aus guten Gründen eine „Beleidigung für den Rechtsstaat"[22].

Erst seit dem Jahre 2004 (!) distanziert sich die HU ganz eindeutig von der AHS und deren Positionen, die sie spätestens seit 1973 zumindest in gewissem Umfang mit vertreten hatte. Damals hieß es in einem Text des „Münchener Arbeitskreises Erziehung zur Erziehung der Humanistischen Union"[23]: „Wir fordern: Enttabuisierung, Entritualisierung und Entkrampfung der Zärtlichkeit; Ermöglichung von Zärtlichkeit aller (die es wollen) zu allen, innerhalb und außerhalb der Familie, ohne Berücksichtigung von Alter und Geschlecht. – Jede Form von Zärtlichkeit und Sexualität ist grundsätzlich zu bejahen, solange sie allen Beteiligten gefällt"[24]. Die Humanistische Union behauptet nun: *„Die Humanistische Union hat zu keinem Zeitpunkt den sexuellen Missbrauch von Kindern verharmlost oder gebilligt. Die HU ist vielmehr davon überzeugt, dass sexuelle Kontakte von Erwachsenen mit Kindern wegen des inhärenten Machtgefälles nicht einvernehmlich sein können, und daher kein Ausdruck von sexueller Selbstbestimmung sind. Die HU teilt ausdrücklich nicht die innerhalb der Arbeitsgemeinschaft Humane Sexualität (AHS) vertretene Auffassung, dass sexuelle Handlungen von Erwachsenen mit Kindern unter bestimmten Umständen straffrei sein sollten."*[25] Diese Klarstellung kam spät, sehr spät. Bis heute gibt es in der HU allerdings Mitglieder, die – vorsichtig gesagt – auch andere Akzente setzen. So wurde dieser formal

„einstimmige Beschluss" beispielsweise auch von Fritz Sack[26] mitgetragen, der bis heute (Sommer 2010) Kuratoriumsmitglied der AHS ist.

---

[1] www.humanistische-union.de/hu/07bundesvorstand.htm [Stand: 06.07.2000] und http://www.humanistische-union.de/fileadmin/hu_upload/media/mitt/Mitteilungen168.pdf [27.07.2010]

[2] bis [11] Mitteilungen der Humanistischen Union. Zeitschrift für Aufklärung und Bürgerrechte. Ausgabe Nr. 171 (Heft 3/2005) vom September 2000, Berlin 2000, S. 63–65

[12] http://www.humanistische-union.de/hu/15aktuelles_archiv/15aktuelles_archiv1999.htm#Anker1) [Stand: 06.07.2000]

[13] bis [16] Mitteilungen der Humanistischen Union. Zeitschrift für Aufklärung und Bürgerrechte. Ausgabe Nr. 171 (Heft 3/2005) vom September 2000, Berlin 2000, S. 63–65

[17] http://www.fr-online.de/politik/spezials/missbrauch/der-lack-ist-ab/-/1477336/2823512/-/index.html [Stand: 28.07.2010]

[18] 1994 wurde der § 78b Abs. 1 Nr. 1 StGB eingeführt

[19] http://www.zeit.de/gesellschaft/zeitgeschehen/2010-04/odenwaldschule-missbrauch-90er [Stand: 28.07.2010]

[20] http://www.humanistische-union.de/wir_ueber_uns/verein/beirat/ [Stand: 07.04.2010]

[21] und [22] Jochen Zenthöfer, Die Karriere der SED-Juristin Rosemarie Will – Früher Propagandafunktionärin, heute Verfassungsrichterin, in: Die Politische Meinung, St. Augustin 2002, Nr 392, S. 28

[23] und [24] Cervik, Karl, Was ist Pädophilie? – Annäherung an ein strittiges Thema, Norderstedt 2005, 3. Auflage, S. 49

[25] und [26] http://www.humanistische-union.de/themen/rechtspolitik/sexualrecht/detail/back/sexualstrafrecht/article/befuerwortet-die-hu-eine-voellige-straffreiheit-fuer-den-sexuellen-austausch-zwischen-erwachsenen-un/ [Stand: 19.04.2010]

2.4. Die Arbeitsgemeinschaft Humane Sexualität (AHS)

Die AHS ist ein eingetragener Verein der besonderen Art. Seine Ziele entfaltet der Verein, der enge personelle Verflechtungen mit der Humanistischen Union hatte und hat, auf eine mehrfache Weise. Bruno Bendig, der ehemalige *„Vorsitzende der AHS, war früher Geschäftsführer der ‚Deutschen Studien- und Arbeitsgemeinschaft Pädophilie' (DSAP). Nach der Auflösung der Pädophilen-Organisation im Jahre 1983 schloss sich ein Großteil ihrer Mitglieder der AHS an."*[1] In dem Buch ‚Pädophilie heute' fragt der Sozialarbeiter Bruno Bendig, der Pädophilie ernsthaft für ein „Talent" hält: *„Woher sollen Kinder eigentlich den Umgang mit ihrer Sexualität lernen, wenn nicht von Erwachsenen?"*[2]

Zunächst wird Sexualität als eine Form der Kommunikation definiert, von der nur leider Kinder ausgeschlossen seien. Dieses vermeintliche Unrecht will der Verein bekämpfen, Zitat:

„Sexualität ist eine Möglichkeit der menschlichen Kommunikation. Jeder Mensch muß sexuelle Erfahrungen mit sich und im Einvernehmen mit anderen machen dürfen. Einigen Mitgliedern unserer Gesellschaft wird das Ausüben von Sexualität verwehrt, das Recht auf Sexualität regelrecht abgesprochen: zum Beispiel Kindern, Alten, Kranken, Behinderten, Gefangenen und bestimmten sexuellen ‚Minderheiten'. Damit wird vielfach gegen das Recht auf sexuelle Selbstbestimmung verstoßen."[3]

Das Ganze läuft also wie üblich unter dem Missbrauch der Stichworte „Selbstbestimmung", „Menschenrechte" und „Emanzipation".

„Die ARBEITSGEMEINSCHAFT HUMANE SEXUALITÄT setzt sich dafür ein, daß das Thema der sexuellen Selbstbestimmung nicht aus der öffentlichen Diskussion verschwindet. Sie tritt zusammen mit verschiedenen Emanzipationsbewegungen dafür ein, daß die Bedingungen für ein menschenwürdiges Erleben und Gestalten von Sexualität verbessert werden."[4]

Erklärtermaßen wird dabei versucht, durch die Vernetzung der Interessenten mit (oft auch einschlägig interessierten) Wissenschaftlern politischen Einfluss zu gewinnen:

„Die ARBEITSGEMEINSCHAFT HUMANE SEXUALITÄT will Leute an einen Tisch bringen, die eigentlich solidarisch miteinander verbunden sein müßten: Menschen, die zu ihrer Sexualität stehen, die sich privat oder beruflich mit Sexualität beschäftigen oder darüber forschen. Die AHS bietet ein Forum an: sie versucht eigenes Erleben und Betroffenheit mit dem Anspruch zu verbinden, sexualpolitisch zu wirken."[5]

Wie man sich die Konkretion dieser „Rechte" vorzustellen hat, und mit welch kruden Thesen und Auffassungen von „Recht" und „Sexualität" gearbeitet wird, zeigen folgende Zitate aus *„Sexualität zwischen Kindern und Erwachsenen – Positionspapier von 1988, aktualisiert 1998/99, Schriftenreihe der Arbeitsgemeinschaft Humane Sexualität"*, welches auf der seit März 2010 neu ins Internet gestellten Seite der AHS als offenbar nach wie vor gültige Position vertreten wird.[6]

Immerhin wird eingeräumt, es gebe „kein Verfügungsrecht Erwachsener über Kinder". Dieser Satz kann aber kaum beruhigen, denn sofort wird auf ein angebliches „Recht jedes Menschen auf seine Sexualität" verwiesen. Für die AHS ist damit aber die angebliche kindliche Sexualität ebenso gemeint ist wie die des Pädosexuellen.

Aus dem postulierten „Grundrecht des Menschen auf sexuelle Selbstbestimmung" schließen die AHS-Vertreter auf ein „Recht des Kindes auf Entfaltung seiner Sexualität". Merkwürdig, dass dieses Interesse bei normalen Kindern gar nicht vorhanden ist – jedenfalls solange man nicht jede Entwicklungshandlung als eigentlich sexuell motiviert deutet. Sie geben sich als selbstlose Kinderbefreier und argumentieren entsprechend vehement:

„All das" sei *„eine Störung [...], was es dem Kind erschwert, unbefangen und lustvoll seine Sexualität kennenzulernen und zu erleben und sie in Einklang mit sich und seiner Umwelt zu bringen." „Störend"* sei *„vor allem, wenn Erwachsene die sexuelle Wissbegier des Kindes oder dessen Wunsch nach sexuellem Erleben (mit anderen oder mit sich selbst) pauschal abwehren. Mit Verboten zu ‚erziehen', die durch die Ausnutzung der Abhängigkeit und durch den Aufbau unbegründeter Ängste aufrecht erhalten werden, zeigt besonders im Bereich der Sexualität schlimme Folgen. Eine solche Erziehung stürzt das Kind in einen belastenden psychischen Konflikt zwischen seinen eigenen bewussten Wünschen oder unbewussten Bedürfnissen und den vehementen Ansprüchen von außen. Eine solche Erziehung kann traumatisierend wirken, indem sie Sexuelles mit dem Ruch des Schlechten, mit Schuldgefühlen, mit Unsicherheit, Angst oder Ekel verbindet; zumindest fördert sie den Reiz, gegen Verbote heimlich zu verstoßen, oder den Reiz, andere bloßzustellen, die sexuelle Tabus in Zweifel ziehen oder Verbote übertreten."*[7]

Die AHS argumentiert hier zutiefst zynisch: Traumatisierung droht Kindern nicht durch sexuellen Missbrauch, sondern angeblich dadurch, dass seine angeblichen sexuellen Bedürfnisse sich nicht entfalten können. In der Schlussfolgerung führt diese absurde Ansicht zu einer Logik um drei Ecken. Von Kindern, die „sexuelle Tabus in Zweifel ziehen oder Verbote übertreten" träumen Pädophile naturgemäß. Eine Erziehung, die solche Fehlentwicklungen vermeidet, könne hingegen dazu führen, dass zur Hinnahme pädophiler Akte gefügig gemachte Kinder gleichsam von ihren Spielkameraden bloßgestellt werden könnten – und selbst dafür wird die Schuld noch bei denjenigen Erwachsenen abgeladen, die ihre Kinder ganz normal erziehen. Auf diese Logik, bei der schon die ganze Angst des Kinderschänders vor der Entdeckung aufscheint, muss man erst einmal kommen. Ohnehin infam ist es – insbesondere in diesem Zusammenhang – den Verzicht auf eine Frühsexualisierung der Kinder als schädlich zu diffamieren. Die „wissenschaftlichen Quellen" werden natürlich nicht genannt, und das Wenige, was sich in dieser Richtung dennoch erkennen lässt, liegt oft im Umfeld der AHS selbst.

Im Versuch, ihren Gelüsten Rechtfertigendes abzugewinnen, schrecken diese Personen vor keinem „Argument" zurück: *„Selbstbestimmung setzt das Vorhandensein eines eigenen Willens voraus. Häufig werden Schwierigkeiten des Kindes, seinen Willen für Erwachsene verständlich auszudrücken, als Willenlosigkeit missdeutet. Die Frage, ob auch schon beim Kind von einem eigenen Willen gesprochen werden kann, lässt sich allein schon aus dem Wissen um den ‚kindlichen Eigensinn' bejahen."*⁸

Soweit, so gut. Aber worin besteht er denn nun, der Wille des Kindes in diesem Zusammenhang und wie kann er sich harmonisch in die gewünschte Richtung entwickeln und entfalten? Die AHS weiß Bescheid:

*„Nicht vertretbar und als Machtmissbrauch zu bezeichnen und abzulehnen ist der Einsatz unlauterer Mittel. Als solche müssen gelten: Irreführungen oder das Vorenthalten von nötigen Informationen, das Versprechen von außergewöhnlichen Vorteilen oder die Androhung von Nachteilen, die Erzeugung unbegründeter Ängste und suggestives Drängen sowie Nötigung und körperliche Übergriffe. [...] Andererseits ist es, ebenso wie in anderen Lebensbereichen, auch in der Sexualität falsch, eine Beeinflussung des kindlichen Willens nur deshalb zu verurteilen, weil dem Kind dadurch bislang Unbekanntes zur Kenntnis gelangt oder neue Erlebnisbereiche eröffnet werden. Grundsätzlich benötigen Kinder zur Einübung von Selbstbestimmung und sozialer Verantwortung Freiräume für neue Erfahrungen."*⁹

Hier spürt man gleichsam, wie einschlägig veranlagten Personen der Puls hochgeht. Es ist schon bemerkenswert, dass Vereinigungen wie die AHS in Deutschland legal existieren können und sogar als eingetragener Verein anerkannt sind. Dies umso mehr, als im Folgenden kurzerhand der Kindesmissbrauch für unschädlich erklärt, die einschlägigen Strafrechtsnormen hingegen als schädlich angeprangert werden:

„Welche Folgen sexuelle Kontakte haben, hängt von deren Gestaltung, von der Persönlichkeit des jungen Menschen und von seinem sozialen Umfeld entscheidend ab. Wissenschaftliche Untersuchungen und gerichtspsychologische Sachverständige haben immer wieder festgestellt, dass keine primären Schädigungen nachweisbar sind durch Kontakte, in denen die sexuelle Selbstbestimmung des Kindes sowie seine Integrität gewahrt wurden. In diesen Fällen werden im Gegenteil neutrale bis positive Folgen berichtet. Positiv erfahrene sexuelle Kontakte bereichern und sind deshalb schutzwürdig. [...] Das Strafrecht hat seine Berechtigung, soweit es das Kind vor Machtmissbrauch schützt. Dort allerdings, wo auch vom Kind erwünschte, also einvernehmliche und nicht schädigende sexuelle Handlungen unter Strafe gestellt werden," zu denen es – wie dargestellt – nach Ansicht der AHS wohl auch überredet werden darf, *„wird Strafrecht zu Un-*

recht. Es verstößt dann gegen die im Grundgesetz verankerten Persönlichkeitsrechte und stellt eine nicht verantwortbare Einmischung des Staates in den persönlichen und intimen Lebensbereich dar. Dies ist aufgrund fehlender Differenzierungen im derzeit gültigen Strafrecht unzweifelhaft der Fall. Daher müssen dessen Negativfolgen in den Blickpunkt gerückt werden."[10]

Die Autoren ziehen das kühne Fazit, dass es erst das Strafrecht sei, das bei den – freilich von der AHS nicht so genannten – Missbrauchsopfern Schäden hervorruft:
„*Kinder, die durch die sexuelle Handlung selbst nicht geschädigt wurden, sondern die erst aufgrund einer Einmischung von außen, einer Anzeige oder eines Strafverfahrens tatsächlich zu Opfern werden und Schaden erleiden, sind nicht die Ausnahme. Sowohl die Tatsache als auch die Methoden der Polizeiverhöre und die Durchführung von Gerichtsverhandlungen verletzen – trotz aller Bemühungen – die Privatsphäre in unverantwortlicher Weise. Mögliche positive Erfahrungen mit der Sexualität werden dadurch nachträglich ins Gegenteil verkehrt. Aus solchen Verfahren gehen Kinder oft seelisch verletzt und mit tiefen Schuldgefühlen hervor; schuldbewusst, weil sie etwas angeblich Schlimmes selbst mit verübt haben und schuldbewusst, den befreundeten ‚Täter' verraten zu haben. Auch wenn die Behörden um Diskretion bemüht sind, dringt erfahrungsgemäß immer etwas nach außen und haftet den ‚Opfern' als dauernder Makel an. Das Gesetz, das vorgibt, Kinder zu schützen, schadet ihnen in solchen Fällen.*"[11]

Perfider kann man die Justiz kaum diffamieren. Doch auch die Gabe der Sexualität wird beschmutzt. „*Sexualität darf nicht nur als Mittel der Fortpflanzung, sondern muss auch als Mittel der Kommunikation und Selbstverwirklichung, als Quelle der Lebensfreude anerkannt und bejaht werden.*"[12] So kann man mit einigen Vorbehalten auch als Christ argumentieren, doch die AHS bezieht diese Gedanken in abgründiger Weise auf Kinder und auf Pädophile. Vor allem um letztere geht es, auch wenn die AHS gebetsmühlenartig einreden will, es gehe nicht um das Verbot der perversen Gelüste Erwachsener, sondern um „*eine durch medizinische, psychologische oder religiöse Vorurteile motivierte Unterdrückung kindlicher Sexualität,*"[13] die einer „*wissenschaftlichen Betrachtung nicht stand*"[14] hält und daher „*in einer pluralistischen Gesellschaft nicht als Richtschnur der Gesetzgebung dienen*"[15] dürfe.

Natürlich darf auch das Märchen vom unschädlichen Missbrauch nicht fehlen, der freilich gleich in die altbekannte Forderung nach Abschaffung diverser Paragraphen mündet: „*Gleichberechtigte, einvernehmliche und verantwortliche sexuelle Handlungen dürfen – weil sie nicht schädigen – auch zwischen Erwachsenen und Kindern nicht mehr strafbar sein. Nur konkreter sexueller Machtmissbrauch ist als strafbare Handlung zu sanktionieren.*"[16]

Eine nun fast schon unfreiwillig komische Pointe besteht darin, dass die AHS den Wunsch bekundet, die Verbreitung dieser halb pathologischen, halb kriminellen Ansichten müsse mit Steuermitteln gefördert werden:

"Von Kommunen und freien Trägern ist zu fordern, dass sie Selbsthilfeeinrichtungen pädophiler Menschen anerkennen und fördern. Diese Gruppen sind eine der wenigen realen Hilfsangebote für Pädophile und ihre Angehörigen. Sie stellen auch einen wirksamen sozialtherapeutischen Rahmen zur Verfügung. In einer repressionsfreien (aber selbstverständlich nicht rechtsfreien) Atmosphäre lernen dort pädophile Menschen über ihre Wünsche, Nöte, Gefühle, Denk- und Handlungsmuster zu sprechen, was ihnen diese bewusst und der Selbstkontrolle zugänglich werden lässt. [...] Auch Kindern kommen die pädophilen Selbsthilfegruppen, die den ethischen Grundsätzen der Gleichberechtigung, Einvernehmlichkeit und Verantwortlichkeit als obersten Leitzielen verpflichtet sind, zugute. Sie schützen sie durch ihren Einfluss vor möglichen Gewalttaten und Machtmissbrauch. Diese Selbsthilfegruppen tragen zudem durch ihre Veröffentlichungen aus Betroffenensicht zur Versachlichung der Debatte bei."[47]

Wer mit schwarzem Humor und Sarkasmus meint, zumindest über dieses Ansinnen lachen zu können, sieht sich spätestens seit den Publikationen der Bundeszentrale für gesundheitliche Aufklärung, die durchaus im Sinne der AHS zur Förderung der Pädophilie tendieren (vgl. Kapitel 2.1) eines Schlechteren belehrt. Obwohl die AHS selbst längst eine Nischenexistenz fristet, hat sie dieses unwirklich erscheinende Ziel erreicht.

Allerdings sind auch sogenannte Selbsthilfegruppen für Pädophile mit viel Skepsis zu sehen, zumindest wenn sie nicht unter eindeutiger Aufsicht und Führung durch kompetente Mediziner oder auch Bewährungshelfer stehen. Andernfalls kann es so kommen, wie es der Leiter des Dezernates für Sexualstrafdelikte im Polizeipräsidium München, Peter Breitner, beschrieb, nachdem die dortige Selbsthilfegruppe von der Polizei etwas näher unter die Lupe genommen wurde:

"Wir konnten durch unsere Ermittlungen in keiner Weise bestätigt finden, dass jemals Therapiegespräche oder Selbsthilfegespräche stattgefunden haben, sondern der Eindruck, den diese Gruppe vermittelt hat, war einfach, dass sich hier Gleichgesinnte finden, die letztendlich darüber diskutieren: Wie komme ich an entsprechendes Material, also kinderpornographisches Material, wie komme ich an Kinder, wie bahne ich diese Dinge an, auf welche Dinge muß ich aufpassen, um mich vor dem Zugriff der Polizei zu schützen."[48]

Der vielleicht letzte Skandal im Zusammenhang mit der AHS sind die Versuche dieser Kinderrechtler der besonderen Art, eine „Zusammenarbeit" mit wirklichen Kinderschützern hinzubekommen. Die Zeitschrift „Emma" berichtete, dass im *„Herbst 1990 [...] die AHS eine ‚künftige Kooperation' von Arbeitsgemeinschaft und Kinderschutzbund angekündigt [hatte]. Das sei auf einem Treffen"* geleitet von Prof. Walter Bärsch, der *„damals noch amtierender Präsident des Bundes war, vereinbart worden."*[49] Anlass für die Zusammenkunft war laut „Emma" das eingangs zitierte AHS-Positionspapier „Sexualität zwischen Kindern und Erwachsenen". Laut „Emma" saß Bärsch *„lange Zeit mit Lautmann und Kentler im*

Kuratorium der AHS [...] Der Vorsitzende der AHS ist rechtskräftig wegen sexuellen Missbrauchs verurteilt."[20]

Die „Emma" enthüllte einst: *„Auf den Kinderschutztagen in der Beethovenhalle dankt im Juni 1991 ein bewährter Kinderschützer ab. Es ist Professor Walter Ba[ä]rsch*[21]*, die ‚moralische Instanz des Kinderschutzbundes', dessen Präsident er zehn Jahre lang war und dessen Ehrenpräsident er nun ist.*

In Bonn präsentiert die Frankfurter Werbeagentur Lintas den versammelten Kinderschützern eine Plakat-Kampagne zum sexuellen Missbrauch. Die kleinen Lolitas auf den Fotos sind mit Texten wie diesen garniert: ‚Vati war ihr erster Mann.' – ‚Immer, wenn sich die Gelegenheit ergibt, kann Onkel Paul nicht anders.' – ‚Sabine ist Papis ein und alles. Sie wird von ihm geliebt. Aber mehr als sie verkraften kann.'

Murren, teilweise laute Proteste in der Beethovenhalle. Doch es nützt nichts. Die Verträge mit der Werbeagentur sind bereits unterzeichnet. Prof. Walter Ba[ä]rsch und der Vorstand haben einen Alleingang gemacht. Die Basis wird nicht gefragt. Die Lintas-Kampagne ist nicht der erste Ausrutscher des Kinderschutzbundes. 1987 gab er ein Buch über ‚Sexuelle Gewalt gegen Kinder' heraus, in dem wörtlich steht: Das Recht auf ‚sexuelle Selbstbestimmung durch die Kinder selbst' werde eingeschränkt, ‚indem sexuelle Kontakte zwischen einem Kind und einem Erwachsenen generell, ohne Ausnahme, unter Strafandrohung gestellt werden'."[22] Wie gesagt, Prof. Bärsch, der eine Dekade den Deutschen Kinderschutzbund führte und danach als Ehrenpräsident fungierte, war Mitglied der AHS.

---

[1] http://www.emma.de/index.php?id=1257 [Stand: 28.04.2010]

[2] zitiert nach: Karl Cervik, Was ist Pädophilie? – Annäherung an ein strittiges Thema, Norderstedt 2005, 3. Auflage, S. 42f.

[3] bis [5] http://www.ahs-online.de/wb/pages/aktuelles/neue-webpraesenz.php [Stand: 06.04.2010]

[6] bis [17] http://www.ahs-online.de/wb/pages/veroeffentlichungen/sexualitaet-zwischen-kind-und-erwachsenen.php [Stand 13.04.2010]

[18] http://www.br-online.de/daserste/report/archiv/2004/00160/ [Stand: 12.08.2004]

[19] http://www.emma.de/index.php?id=1257 [Stand: 28.04.2010]

[20] zitiert nach: Karl Cervik, Was ist Pädophilie? – Annäherung an ein strittiges Thema, Norderstedt 2005, 3. Auflage, S. 59

[21] Verballhornung im Original

[22] http://www.emma.de/index.php?id=1257 [Stand: 27.07.2010]

2.5. Die Arbeitsgemeinschaft Pädophilie (AG-Pädo)

Die Arbeitsgemeinschaft Humane Sexualität (AHS) befasst sich laut Selbstdarstellung im Internet „unter anderem auch mit dem Thema Pädophilie und den Problemen pädophil veranlagter Menschen".[1] Die AG Pädophilie ist seit 1997 eine Fachgruppe der AHS, vorher war sie beim 1995 aufgelösten Bundesverband Homosexualität (BVH) angegliedert.[2] Gegründet wurde sie 1991, um *„den Pädophiliediskurs aus Sicht der Betroffenen zu vertiefen und zu verbreiten, den Erfahrungsaustausch zwischen Pädo-Selbsthilfe- und Emanzipationsgruppen anzuregen, die Arbeit seriöser Pädo-Selbsthilfegruppen zu unterstützen, die Gründung neuer Pädo-Selbsthilfe- und Emanzipationsgruppen zu fördern, die Solidarität zwischen Pädos und der aufgeschlossenen Öffentlichkeit zu stärken, den Dialog und die Zusammenarbeit mit Sexualwissenschaftlern und themennahen Organisationen anzustreben und auszubauen, sich für die sexuelle Selbstbestimmung aller Menschen einzusetzen, die Akzeptanz einvernehmlicher Sexualität zu erreichen, unabhängig vom Alter oder Altersunterschied und dem Geschlecht der Beteiligten."*[3] Die AG-Pädo arbeitet in der internationalen Organisation IPCE („International Pedophile and Child Emancipation"), mit Sitz in den Niederlanden mit.[4] Diese weiterhin bestehende Dachorganisation klagt auf ihrer Internetseite über Unterwanderungsversuche in Berlin und Hamburg in den Jahren 2001 und 2004.[5]

In verschiedenen Städten und Regionen unterhielt die AG-Pädo sogenannte Selbsthilfegruppen. Seit Mitte/Ende der neunziger Jahre grenzt sich die Homosexuellenlobby verstärkt von Pädosexuellen ab und schließt „sie aus, wenn sie auffällig werden".[6] Ob das aus Überzeugung oder eher aus taktischen Gründen der Fall ist, kann nicht global beurteilt werden. Dass letztere jedenfalls existiert haben, belegen Äußerungen von prominenten Homosexuellenvertretern wie Volker Beck (vgl. Kapitel 2.2.) und Bundesanwalt a. D. Manfred Bruns, des Sprechers des Lesben- und Schwulenverbandes. Er erklärte: *„Heute grenzen sich fast alle Schwulengruppen von den Pädos ab, weil sie die Erfahrung gemacht haben, dass sie sonst ‚geächtet' werden und politisch nichts mehr ausrichten können. Die ‚Pädofrage' wird von den Gruppen nicht mehr diskutiert."*[7] Das ist nicht immer so gewesen. In München trafen sich die Mitglieder der örtlichen „Selbsthilfegruppe" noch Ende der neunziger Jahre jeden ersten Mittwoch im Monat in einem Homosexuellenzentrum, als RTL die Sache aufdeckte. Zum Kommentar der Fernsehreportage, *„hier treffen sich die, die Sex mit Kindern haben oder haben wollen. Unter dem Schutz des Schwulen Zentrums der bayerischen Metropole"*, wurde ein Bild eingeblendet, mit dem Schwulenzentrum München von 1998 und dem Schild des SUB – Schwules Kommunikations- und Kulturzentrum München e.V., eines Hauses im Stadtteil Isarvorstadt.[8]

Auch die Bremer Gruppe etwa traf sich bis 1997 in den Räumen eines Homosexuellen-Zentrums, hier „Rat und Tat". Diese Treffen scheinen jedoch erst mit zunehmender Beobachtung durch die Öffentlichkeit ein Ende gefunden zu haben. Offenbar war es mehr der

Imageschaden als die Sache an sich, die den Betreibern der Einrichtung problematisch erschien. Laut „Spiegel" musste der Vorstand allerdings zweimal abstimmen, bis der „Rausschmiss" auch die nötige Stimmenzahl erhielt[9]. Vorher war man bei „Rat und Tat" viel offener. In den achtziger Jahren war etwa der umstrittene Bremer Soziologe Rüdiger Lautmann (vgl. Kapitel 2.8.1.), Mitglied von „Rat und Tat".[10] Er ist Verfasser des Buches „Die Lust am Kind – Porträt des Pädophilen". Hier unterscheidet Lautmann subtil zwischen Kindesmissbrauch und Pädophilie und postuliert für den „strukturierten Pädophilen" eine „eigenständige sexuelle Identität". Diese Logik Lautmanns erinnert an die aktuellen Bestrebungen der Parteien „Linke", Grüne und der SPD, der „sexuellen Identität" durch eine Grundgesetzänderung verfassungsrechtlichen Schutz zukommen zu lassen[11]; prinzipiell könnten sich auch pädophil veranlagte Menschen darauf berufen. Die Beziehungen von Pädophilen zu Kindern nennt Lautmann verharmlosend „Verhältnisse besonderer Art".

Nicht weniger verharmlosend ist die immer wieder auftauchende Redewendung von der „einvernehmlichen Sexualität" und der angeblichen Initiative von Kindern. Auch sonst arbeitet diese Gruppierung gern mit verbalen Kunstgriffen, denen oft abenteuerliche Bewertungen folgen: *„Die AG-Pädo verwendet statt dessen [statt ‚sexueller Missbrauch'] die Begriffe ‚sexuelle Mißhandlung' und ‚Machtmißbrauch' und zwar immer dann, wenn eine sexuelle Handlung durch Willensbeugung herbeigeführt wurde bzw. wird, also nicht einvernehmlich ist. Hiervor gilt es (nicht nur, aber besonders) Kinder wirklich zu schützen. Machtmißbrauch liegt aber auch dann vor, wenn einvernehmliche Sexualität von Dritten diffamiert und unterbunden wird."*[12]

Die AG-Pädo betrieb lange Zeit das sogenannte „Pädo-Portal" im Internet. Offenbar mit hohem Zuspruch. Im Protokoll der Versammlung der AG-Pädo vom 8. September 2001 heißt es dazu: *„Das neue Design ist erfolgreich, es sind etwa 800 bis 1000 Zugriffe pro Tag zu vermelden. […] Am Anfang des Jahres wurde dem Pädo-Portal aus unbekannten Gründen von Vermieter gekündigt, so dass der Provider gewechselt werden musste. Dies ist inzwischen auch erfolgt und das Portal läuft ohne Einschränkungen weiter. Das Portal führt derzeit für die AHS eine Spendenaktion auf Grund deren angespannter finanzieller Lage durch. Ferner hat das Portal neben vielen anderen Hinweisen auch auf die Briefaktion Pädophiler an die SPD-Bundestagsfraktion in Sachen Verschärfung des Sexualstrafrechts hingewiesen."*[13]

Dass die Treffen keineswegs nur der Selbsthilfe von an sich bemitleidenswerten Menschen, die unter einer gefährlichen sexuellen Präferenzstörung leiden, dienten, zeigt folgender Hinweis der Gruppe Berlin im Protokoll der Versammlung vom 23. September 2003:

„In Berlin trifft man sich weiterhin zweimal monatlich in der geschlossenen Gruppe. Die Teilnehmerzahl schwankt zwischen sechs und zehn Teilnehmern. Es wird von der Erfahrung berichtet, dass viele neue Teilnehmer die Gruppe als Möglichkeit nutzen, sich einen Pädo-Freundeskreis aufzubauen und dann der Gruppe den Rücken kehren, da sie nun

genügend neue soziale Kontakte haben. Neben der geschlossenen Gruppe existiert auch ein offener Treff, der stärker als die SHG [Selbsthilfegruppe] *besucht ist. [...]*
Anschließend an den Gruppenbericht informierten die Berliner Pädos über einen Polizeieinsatz vor Pfingsten in Berlin. Ein Einsatzkommando der Polizei nahm in einer Wohnung fünf Pädos fest, gegen die eine Anzeige wegen ‚schweren sexuellen Missbrauchs von Kindern' lief. Lediglich zwei der fünf Verhafteten wurden anschließend wieder in Freiheit entlassen. Aus den Äußerungen der Betroffenen ergab sich ein konkreter Verdacht. Ein Pädo aus München, der während der Aktion nicht verhaftet wurde, könnte der Polizei einen Tipp gegeben haben. Zwar gibt es keinen Beweis für diesen Verdacht und der Betroffene streitet die Anschuldigung ab, dennoch raten die Berlin[er – offenbar ein Tippfehler im Original] *zu erhöhter Vorsicht beim Kontakt mit X aus München."*⁴

Viele der Teilnehmer suchten jedenfalls zu diesem Zeitpunkt also keineswegs Hilfe im Sinne einer echten Selbsthilfegruppe, sondern vielmehr Gleichgesinnte, um pädophile Aktivitäten zu diskutieren und vorzubereiten. Klar erscheint: Wenn diese Gruppen keine kriminellen Kontakte gehabt und auch nicht der Anbahnung solcher gedient hätten, hätten sie auch keinen Anlass, vor Leuten zu warnen, die im Kontakt mit der Polizei stehen oder wie in diesem Fall sogar nur im entsprechenden Verdacht standen.

Und doch: Am 17. Oktober 1998 gab der Arbeitskreis Sexualstrafrecht der Humanistischen Union eine Presseerklärung heraus, die sich in Teilen wie eine Ehrenerklärung für die Ortsgruppen der AG-Pädo liest. Hintergrund war eine scharfe Presseerklärung des Kinderschutzvereins Carechild.

„Die Bezeichnung der Mitglieder der AG-Pädophilie, Fachgruppe der AHS und der regionalen Selbsthilfegruppen als ‚Pädokriminelle' entbehrt jeglicher Grundlage", erklärte dieser Arbeitskreis der Humanistischen Union dezidiert. Und weiter: *„Die Gruppen verfolgen nach ihrer erklärten Absicht keinerlei kriminelle Aktivität. Das Ziel der Selbsthilfegruppen ist es, pädophilen Menschen eine Plattform zu geben, auf der sie über ihre Ängste und Nöte diskutieren können. Sie tragen mit dazu bei, das Selbstwertgefühl pädophiler Menschen zu erhöhen und geben ihnen die Möglichkeit, gemeinsam ihr Verhalten zu reflektieren. Daher dienen diese Selbsthilfegruppen auch dem Kinderschutz, was im öffentlichen Interesse der Gesellschaft liegt. Sie dürfen daher nicht diskriminiert werden."*⁵

Solche Erklärungen unterstreichen die Nähe der Humanistischen Union beziehungsweise ihrer Gliederungen zur harten pädosexuellen Szene noch in den späten neunziger Jahren. Diese Ehrenerklärung von 1998 ist umso bedrückender, als ihre zentrale Behauptung („keinerlei kriminelle Aktivität" der Selbsthilfegruppen) kaum haltbar ist. Dies belegen nicht nur die Einschätzungen von Polizeiermittlern, sondern vor allem die Stellungnahmen von „Pädo-Selbsthilfegruppen", die sich aufgelöst haben. Ein Beispiel:

„AG Pädosexualität Pädophilie Rhein Ruhr

Nach den Geschehnissen in München – am 31.10.2003 wurden nach Presseberichten 18 Mitglieder der AG Pädo verhaftet – hat sich die APPRR zum 3.11.2003 aufgelöst. Ihr Kommentar:

In München wurde erstmals in der Geschichte der Pädo-Selbsthilfe eine komplette Gruppe als kriminelle Vereinigung eingestuft und laut Presseberichten alle aktiven Gruppenmitglieder festgenommen.

Dass dies ausgerechnet der Münchner Gruppe passiert, die sich immer um besonders große Transparenz und Offenheit bemüht hat, ist erschreckend und im höchsten Maße besorgniserregend. Erstmals ist es möglich, gegen Pädos vorzugehen, ohne ihnen eine konkrete Sexualstraftat nachweisen zu müssen. Die bloße Mitgliedschaft in einer SHG genügt, um verhaftet und womöglich über den gesamten Zeitraum der Ermittlung festgehalten zu werden, was für die Betroffenen existenzzerstörend ist.

Für die Mehrzahl der APPRR Mitglieder ist dieses Risiko nicht mehr hinnehmbar. Die Teilnahme an einer SHG wird zum unkalkulierbaren Risiko. Auch besteht die Gefahr, dass die jüngste Berichterstattung zu verstärkten Angriffen auf Selbsthilfegruppen führen wird. Aus diesem Grund stellt die APPRR ihren Gruppenbetrieb mit sofortiger Wirkung ein."[6]

Die Gruppe löste sich also auf, weil das Risiko zu groß wurde. Welches denn? Niemand hätte je etwas dagegen einzuwenden gehabt, wenn entsprechend veranlagte Menschen – möglichst unter kompetenter Aufsicht – sich darüber austauschen, wie sie beispielsweise entsprechende Risikosituationen vermeiden können, um nicht zur Gefahr für Kinder zu werden. Doch darum ging es dieser „Selbsthilfegruppe" offenbar nicht, sondern eher um Aktivitäten, die Grund zur Furcht vor Razzien und Verhaftungen gaben. Jedenfalls kann bei 18 Verhaftungen und der Erklärung einer Gruppe zur „kriminellen Vereinigung" wohl kaum davon gesprochen werden, diese Zusammenschlüsse verfolgten „keinerlei kriminelle Aktivität", wie der AK Sexualstrafrecht der HU das getan hat. Um gerecht zu sein: Der Schlag gegen die Münchner Gruppe geschah fünf Jahre nach der beschämenden Stellungnahme das Arbeitskreises der HU. Halten wir der Humanistischen Union zugute, dass sie sich in Kenntnis dieser haarsträubenden Tatsachen anders geäußert hätte.

---

[1] und [2] http://www.ahs-online.de/wb/pages/veroeffentlichungen/pressemitteilungen/report-muenchen.php [Stand: 13.04.2010]
[3] und [4] http://www.ag-paedo.de/fg-paedo/selbstdarstellung.html [Stand: 18.12.2003]
[5] http://www.ipce.info/newsletters/e_24/report_2_ipce.htm#rules [Stand: 02.08.2010]
[6] und [7] http://www.lsvd.de/59.0.html [Stand: 16.04.2010]
[8] http://www.ag-paedo.de/fg-paedo/pg_muenchen.html [Stand: 18.12.2003]
[9] und [10] http://www.spiegel.de/politik/deutschland/0,1518,269919,00.html [Stand: 14.04.2010]
[11] http://www.tagesspiegel.de/berlin/landespolitik/sexuelle-identitaet-soll-im-grundgesetz-geschuetzt-werden/1543994.html [Stand: 02.08.2010]
[12] http://www.ag-paedo.de/fg-paedo/selbstdarstellung.html [Stand: 18.12.2003]
[13] http://www.ag-paedo.de/fg-paedo/p19ahs.html [Stand: 18.12.2003]
[14] http://www.ag-paedo.de/fg-paedo/p21ahs.htm [Stand: 17.07.2006]
[15] http://www.clausgz.com/AGP.rhein-main/ [Stand: 14.04.2010]
[16] http://www.ag-paedo.de/angebote/ende_apprr.htm [Stand: 09.07.2005]

2.6. Das Geflecht: Humanistische Union – Arbeitsgemeinschaft Humane Sexualität – Arbeitsgemeinschaft Pädo

Auch wenn sich diese drei Gruppen heute mehr oder weniger klar voneinander distanzieren, gibt es unübersehbare Zusammenhänge. Beispielsweise gibt es zwischen Humanistischer Union (HU) und Arbeitsgemeinschaft Humane Sexualität (AHS) sowohl personelle Verflechtungen und als auch Verbindungen in Form gemeinsamer Veranstaltungen. So führte die AHS zusammen mit der HU 1998, 1999 und 2000 gemeinsame Fachtagungen durch zu Themen wie: „Prostitution als Beruf", „Pornographie und Jugendschutz heute" oder „Sexualerziehung".[1] Hinzu kam die Fachtagung „Sexualität und Recht" die die AHS im November 2003 zusammen mit dem „Arbeitskreis Sexualstrafrecht" der Humanistischen Union veranstaltet hat.[2]

Zudem hat dieser Arbeitskreis der AG-Pädo schon früh ideelle Schützenhilfe geleistet. In einer Erklärung vom 16. Januar 1999 heißt es:

„Der Bundesarbeitskreis Sexualstrafrecht der HUMANISTISCHEN UNION e.V. unterstützt die Bestrebungen der AG-Pädo, Fachgruppe Pädophilie der Arbeitsgemeinschaft Humane Sexualität e.V., eine Zusammenarbeit mit anderen Selbsthilfeeinrichtungen der Gesellschaft zu suchen und bittet die dort etablierten Kräfte, sich diesem Anliegen zu öffnen.

Der Arbeitskreis unterstützt das auf Emanzipation basierende Selbsthilfekonzept der AG-Pädo und bewertet dieses als eine verantwortliche Form des Umganges mit der Thematik der Pädophilie. Die Selbsthilfegruppen sind dabei ein sinnvoller Beitrag zum Kinderschutz und verdienen eine weitreichende Förderung, da sie den Teilnehmer bei der Reflexion ihrer Neigung und Situation beistehen, wobei auch die Problematik der pädosexuellen Kontakte thematisiert wird.

Die AG-Pädo hat das Vertrauen des Arbeitskreises. Sie leistet einen wesentlichen Beitrag zur Versachlichung der Thematik. Ihrer Kriminalisierung und Diskriminierung tritt der Bundesarbeitskreis Sexualstrafrecht der HUMANISTISCHEN UNION e.V. mit allem Nachdruck entgegen."[3]

Aber was ist hier mit „Emanzipation" gemeint? Geht es womöglich wie bei der sog. Schwulenemanzipation um die Abschaffung der Strafbarkeit, um gesellschaftliche Anerkennung und letztlich um die öffentliche Ächtung jener, die zu dieser Anerkennung nicht bereit sind, etwa durch Antidiskriminierungsgesetze? Diesen Schluss legt nahe, wie die AG-Pädo ihre Arbeit beschreibt: *„Zum Selbsthilfekonzept und -grundsatz: Selbstemanzipation, gesellschaftlich/politische Emanzipation und Legalität."*[4] Auch das Wort von der „weitreichende(n) Förderung" macht hellhörig. Muss es so verstanden werden, dass der Steuerzahler hier ein weiteres „68er Biotop" alimentieren soll, in diesem Fall ein unmittelbar kriminelles? Dass diese „Selbsthilfegruppen" dem „Kinderschutz" dienen sollen, kann zwar mit gutem Willen so gedeutet werden, dass pädophil veranlagte Patienten in diesen Gruppen davon abgehalten werden sollen, ihre gefährlichen Neigungen auszuleben. Ein Blick auf die Wirklichkeit dieser Gruppierungen legt aber ganz andere Schlüsse nahe. Über sie gab der damalige Leiter des Dezernates für Sexualstrafdelikte, Peter Breitner, im Fernsehinterview mit dem Bayerischen Rundfunk folgende Einschätzung (vgl. Kapitel 2.4.):

Eine dieser Gruppen traf sich in München. Im Oktober 2003 wurden gemäß der Sendung report vom 19. Juli 2004 „zwölf Männer festgenommen [...] – ein Großteil von ihnen hatte unter dem Deckmantel der Pädo-Selbsthilfegruppe eine kriminelle Kontakt- und Tauschbörse für Kinderpornographie aufgebaut. Der Leiter des Dezernats für Sexualstrafdelikte des Polizeipräsidiums München, Peter Breitner, sagt über diese Gruppe: ‚Wir konnten durch unsere Ermittlungen in keiner Weise bestätigt finden, dass jemals Therapiegespräche oder Selbsthilfegespräche stattgefunden haben, sondern der Eindruck, den diese Gruppe vermittelt hat, war einfach, dass sich hier Gleichgesinnte finden, die letztendlich darüber diskutieren: Wie komme ich an entsprechendes Material, also kinderpornographisches Material, wie komme ich an Kinder, wie bahne ich diese Dinge an, auf welche Dinge muss ich aufpassen, um mich vor dem Zugriff der Polizei zu schützen.'"[5]

Die AG-Pädo war nach dem Ende des Bundesverbandes Homosexualität, in den sie zunächst integriert war, eine Untergruppe, sogenannte Fachgruppe, der AHS.[6] So firmierte mindestens bis Juli 2006 etwa die AG-Pädo in Düsseldorf unter der Postadresse der AHS: AGP Düsseldorf, c/o AHS, Walltorstraße 31, 35390 Gießen.[7] Seitdem ist die Homepage nicht mehr öffentlich einsehbar.

Das Kuratorium der AHS, welche besagter Fachgruppe AG-Pädo Unterschlupf geboten hat, enthält interessante Namen. Im Jahr 2000 gehörten ihm mit Dr. Frits Bernard und Dr. Theo Sandfort die Ikonen der niederländischen Pädophilenbewegung an, aber auch Prof. Dr. Fritz Sack, Ralf Dose M.A., Elisabeth Kilali, Dr. Hans-Georg Wiedemann, Dr. Jörg Hutter und – der in den Medien als „Sexpapst" und „Aufklärer der Nation" titulierte Oswalt Kolle.[8]

2002 werden statt Sandfort, Dose, Kilali und Wiedemann neu Johannes Glötzner, Klaus Rauschert und Sylvia Tanner genannt[9]. Als aktuelles Kuratorium werden – Stand April 2010 – nur noch Dr. Jörg Hutter, Klaus Rauschert, Prof. Dr. Fritz Sack benannt[10].

Fritz Sack war im Jahre 2000, also zeitgleich mit seinem Kuratoriumssitz bei der AHS, Mitglied des achtköpfigen Bundesvorstandes der HU[11]. Johannes Glötzner wurde 2002 im Kuratorium der AHS genannt. Auch er war zeitgleich Mitglied im Bundesvorstand der HU[12]. Sack gehört zwischenzeitlich neben dem Kuratorium der AHS noch dem Beirat der HU an. Eben diesem Beirat gehörte und gehört auch Elisabeth Kilali[13] an, auch Kuratorin bei der AHS im Jahre 2000.

Auf den Webseiten der Humanistischen Union heißt es: *„Der Beirat berät den Vorstand in allen Sachfragen. Die Mitglieder des Beirats sollen Personen sein, die sich durch ihre wissenschaftliche Tätigkeit, durch ihr künstlerisches, publizistisches und politisches Wirken um die Ziele und Zwecke des Vereins besondere Verdienste erworben haben. Sie werden vom Vorstand berufen."*[14] Welche besonderen Verdienste und welche Ziele und Zwecke waren bzw. sind hier gemeint?

Wer jedenfalls glaubt, hier wären eher einflusslose gesellschaftliche Randsiedler am Werk, täuscht sich. Die Vernetzungen reichen in alle Bereiche der Gesellschaft, wie die Selbstdarstellungen auf den Seiten der Humanistischen Union zeigen:

Elisabeth Kilali
- Geb. 1942
- 1964 Eintritt in den Schuldienst als Grund- und Hauptschullehrerin; später Zusatzstudium der Sonderpädagogik; seit 1992 Fachlehrerin für Sonderpädagogik und Ästhetische Erziehung
- Seit 1989 Mitglied im Stadtrat der Stadt Mainz; SPD-Mitglied
- Stellvertretende Fraktionsvorsitzende und schulpolitische Sprecherin
- Mitglied im Schulträgerausschuss, Hauptausschuss, Personalausschuss, Werkausschuss GMW, Aufsichtsrat CCM, Aufsichtsrat Staatstheater Mainz
- Setzt sich in ihrer Ratsarbeit für eine kulturell lebendige Stadt; für die Integration von Minderheiten; für eine plurale Schullandschaft ein
- Langjähriges Mitglied des Bundesvorstand der Humanistische Union"[15]

Prof. Dr. Fritz Sack
- Geb. 1931
- Kriminologe, Studium der Soziologie und der Wirtschaftswissenschaften in Kiel und Köln
- 1970 bis 1974 Professor für Soziologie an der Universität Regensburg
- 1974 bis 1984 Professor an der juristischen Fakultät der Universität Hannover
- 1984 Lehrstuhl für Kriminologie an der Fakultät für Rechtswissenschaftin der Universität Hamburg
- langjähriges Mitglied des Bundesvorstands der Humanistischen Union (1997–2003)"[16]

Johannes Glötzner
- Gymnasiallehrer, Zentraler Fachberater ‚Ethik' der Münchner Gymnasien
- Autor von z. B. ‚Kritische Stichwörter zum Religionsunterricht', Untersuchungen über Rollenfixierungen in Schulbüchern
- Mitglied der GEW, der HU seit 1970, Vorsitzender des Bildungswerkes der HU Bayern
- 1989 Kulturpreis der Bundespartei DIE GRÜNEN für das Volkszählungsstück ‚Gestatten, ich bin der Zähler'"[17]

Die Spuren von Johannes Glötzner im Kuratorium der AHS und im Bundesvorstand der HU verlieren sich jedoch schon ziemlich bald. Eine Pressemeldung des Bayerischen Rundfunks legt nahe, dass das an der oben genannten Report-Sendung lag:

„Reaktionen auf die jüngsten report Sendungen – Sendung 19. Juli 2004
Aufgrund von report-Recherchen hat die Münchner Bürgermeisterin, Gertraud Burkert, den Jungen-Beauftragten der Stadt vorläufig suspendiert. report konnte dem Jungen-Beauftragten der bayerischen Landeshauptstadt Kontakte in die Pädophilen-Szene nachweisen. Die Nachrichtenagentur AP berichtet:
‚*München (AP). Der Jungen-Beauftragte der Stadt München ist wegen seines Engagements für Pädophile vom Dienst suspendiert worden. Das ARD-Magazin ‚Report München' berichtete am Montag, der Lehrer Johannes G. sei Gründungs- und Kuratoriumsmitglied der Arbeitsgemeinschaft Humane Sexualität, die für die Legalisierung von Kindesmissbrauch eintrete. ‚Report' zitierte ihn mit den Worten, Sex zwischen einem siebenjährigen Kind und einem 40-jährigen Mann sei in Ordnung, ‚wenn es sich um einvernehmliche Zärtlichkeiten handelt'. Aber Zärtlichkeiten dürften ‚nie erzwungen werden. Das ist mir unheimlich wichtig.*"[18]

Der „Jungenbeauftragte" der Stadt München, der Sex mit Kindern wirklich nur gut findet, wenn kein Zwang im Spiel ist, war niemand anders als der umtriebige Gymnasiallehrer Johannes Glötzner, nun ehemaliges Bundesvorstandsmitglied der HU und Kuratoriumsmitglied der AHS. Im rot-grün regierten München beriet er „Gymnasien im Fach Ethik und" leitete „den Arbeitskreis Sexualerziehung des pädagogischen Instituts."[19]

Bei der AG-Pädo heißt es über Sex mit Kindern in obszöner Offenheit:

„**Kinder** *(= Personen unter 14 Jahren) fühlen sich – unabhängig von ihrer meist noch unbewussten sexuellen Orientierung – mitunter zu Erwachsenen auch erotisch-sexuell hingezogen und äußern solche Wünsche. Daraus können sich mehr oder weniger intensive und konstante Beziehungen zu dafür offenen Erwachsenen ergeben. Solange diese von beiden Seiten gewollt und dem jeweiligen Entwicklungsstand des Kindes gemäß bejaht werden (d. h. Einvernehmlichkeit), solange in jeder Phase der (sexuellen) Begegnung die Bedürfnisse, Gefühle und Wünsche des jeweiligen Kindes Maßstab sind (d. h. Kindgemäßheit), solange keine Autoritätsstellungen und Abhängigkeiten ausgenutzt und solange gesundheitliche Risiken vermieden werden, sind sie, trotz aller (und auch wegen mancher) Unterschiede, für beide Seiten immer fördernd – außer es wird in sie von außen mit Unverständnis oder Gewalt eingegriffen.*"[20]

Wenn also ein Kind bei „einvernehmlichem" und „kindgemäßen" sexuellen Handlungen trotz Verzichts auf Ausnutzung einer überlegenen Stellung des Erwachsenen und trotz sorgfältiger Verwendung von Kondomen „wider Erwarten" dennoch geschädigt wird, dann kann das nach Meinung der AG-Pädo eigentlich nur an der intoleranten und verständnislosen Haltung einer Gesellschaft liegen, die einfach nicht verstehen will, warum die „dafür offenen Erwachsenen" es schlechterdings nicht mit ihrem Gewissen vereinbaren können, „immer fördernd" die Wünsche, ja Bedürfnisse und Rechte so vieler Kinder zurückzuweisen. – Wie will man anders als sarkastisch über solche verbalen Ergüsse schreiben?

Bei einem Mitglied dieser Münchner „Selbsthilfegruppe" fand die Polizei „knapp 500.000 Bilder mit Kinderpornographie auf dem Rechner".[21]

Der damalige Jungenbeauftragte der Stadt München, Glötzner, ermöglichte laut „report" die „Tagung der internationalen Pädophilen-Organisation IPCE in München."[22] Sie setze sich „ebenfalls für die Legalisierung von sexuellem Missbrauch ein".[23] Johannes Glötzner, damals im Vorstand der AHS und im Bundesvorstand der HU, diktierte den Reportern arglos ins Mikrofon: *„Ich war damals das einzige Mitglied aus den beiden Organisationen aus München, und ich hab praktisch im Auftrag dieser beiden Organisationen das Ganze mitorganisiert."*[24] Es ist bemerkenswert, dass diese Tagung in der „damaligen Bundesgeschäftsstelle der Humanistischen Union"[25] stattfand.

Die „Preußische Allgemeine Zeitung" urteilt zutreffend: *„Die AHS gilt unter Opfern sexuellen Missbrauchs als Pädo-Organisation. Dabei wusste die HU, worauf sie sich einließ: Viele der bürgerlich gutsituierten AHS-Aushängeschilder gehörten schon dem Verein ‚Deutsche Studien- und Arbeitsgemeinschaft für Pädophilie' an. Organisator der Verbindung von HU und AHS war AHS-Vorstand Johannes Glötzner, der zugleich im Bundesvorstand der HU saß. Erst 2004 distanzierte sich die HU von der AHS, behält die Kontakte und engen personellen Bindungen aber bis heute bei. Das AHS-Kuratorium ist über Fritz Sack nach wie vor eng an die HU gebunden, der zugleich im heutigen Beirat der HU aktiv ist. Auch im Vorstand der HU sitzen noch viele Anhänger der alten Denkschule, auch wenn der Verband als Ganzer sich von manchem überaus beschämenden Papier distanziert hat. Der Mythos unschädlicher Sexualität zwischen Kindern und Erwachsenen lebt in den Reihen der HU fort."*[26]

Das Netzwerk als solches ist freilich weit größer und überaus verzweigt. Selbst angebliche Opfer- und Kinderschützer sind verstrickt. An die Öffentlichkeit kommen freilich nur wenige Beispiele. Mitglied der AHS war zum Beispiel *„Michael Baurmann: Beamter des Bundeskriminalamtes und Autor des Werkes ‚Sexualität, Gewalt und psychische Folgen bei Opfern', erschienen in der BKA Forschungsreihe im Jahre 1983. Michael Baurmann legte seine Ämter in der AHS nieder, als ein Vorstandsmitglied wegen pädosexuellen Verhaltens vor Gericht stand"*.[27]

Aber auch der Psychologe **Prof. Dr. Walter Bärsch**, der ehemalige Ehrenpräsident des Deutschen Kinderschutzbundes, gehörte der AHS an. Er trat erst 1994, zwei Jahre vor seinem Tod, auf massiven Druck der Medien und der Fachöffentlichkeit aus dieser Organisation aus.[28] Die Erziehungswissenschaftliche Fakultät der Universität Hamburg hat noch immer (Stand Sommer 2010) einen angesichts dieser Tatsachen in einigen Punkten zynischen Nekrolog auf Bärsch in ihren Internetseiten, Zitat: *„Die außergewöhnliche Lebensleistung von Walter Bärsch für Sozialpolitik und Bildungspolitik in Deutschland kann nicht hoch genug eingeschätzt werden. In den Fragen der Jugendpolitik und des Kinderschutzes stellte er – nicht zuletzt durch das angesehene und von ihm zu beträchtlichem öffentlichen Renommee aufgewertete Amt des Präsidenten des Deutschen Kinderschutzbundes – eine moralische Autorität von Rang dar. Dem entspricht die Anerkenntnis in den Medien und in der langjährigen Beratertätigkeit für die Bundesministerien für Bildung und Wissenschaft, Arbeit und Sozialordnung sowie Jugend, Familie, Frauen und Gesundheit. In den Fragen der Drogenprophylaxe und Suchttherapie war Walter Bärsch einer der wenigen Experten, die sich besonders der Nöte benachteiligter Jugendlicher konkret angenommen haben."*[29]

Wenn man sieht, wo dieser hochgeehrte „Kinderschützer" überall tätig war, wundert man sich über vieles nicht mehr, etwa die fast schon zum Kindesmissbrauch anstiftende Broschüre der Bundeszentrale für gesundheitliche Aufklärung „Körper, Liebe, Doktorspiele". Natürlich bekleidete Bärsch zahlreiche Ehrenämter, durch die er seine „kinderfreundlichen" Gedanken in vielen gesellschaftlichen Bereichen einbringen konnte. So war er *„Hauptvorstandsmitglied der Gewerkschaft Erziehung und Wissenschaft; Vorsitzender des Bundesfachgruppenausschusses Sonderschulen der GEW; Mitglied der Ausschüsse ‚Sekundarstufe II' und ‚Sonderpädagogik' der Bildungskommission des Deutschen Bildungsrats; Mitglied der Enquete-Kommission zur Feststellung der Lage der Psychiatrie in der Bundesrepublik Deutschland; Vorstandsmitglied der Deutschen Gesellschaft für Suchtforschung und Suchttherapie e.V. Hervorgehobene Ämter waren die Arbeit in der Synode der Nordelbischen Evangelisch-Lutherischen Kirche und der zehnjährige Vorsitz des Deutschen Kinderschutzbundes zwischen 1981 und 1991".*[30]

Es würde den Rahmen selbst dieses Buches sprengen, einmal en detail der Frage nachzugehen, zu welchen konkreten Fragen und mit welchen Ergebnissen und Folgen Walter Bärsch die Bundesregierung beraten und wie er namentlich auf die Bildungspolitik in Deutschland Einfluss genommen hat. Und gab es womöglich Verbindungslinien zwischen der nun bekanntgewordenen erschreckenden Untätigkeit der Nordelbischen Evangelisch-Lutherischen Kirche in verschiedenen Missbrauchsfällen und der Tätigkeit des engagierten AHS-Mitglieds Bärschs in der Synode dieser Landeskirche?

Bärsch war indes nicht der einzige Funktionär des Deutschen Kinderschutzbundes mit befremdlichen Ansichten zum Thema. 1999 hatte sich *„Florian Lindemann, seit 2003 Geschäftsführer des Deutschen Kinderschutzbundes in Frankfurt am Main, in die Debatte um sexuellen Missbrauch an der Odenwaldschule eingeschaltet. Der ‚Frankfurter Rundschau', die den Skandal um den früheren Schulleiter Gerold Becker damals aufgedeckt hatte, schrieb er einen Leserbrief."*[31] Lindemann übernahm darin die verräterische Formulierung vom „Missbrauch des Missbrauchs" und kritisierte „profilbedürftige" Journalisten.

Lindemann verharmloste und hintertrieb die Aufklärung, obwohl er 2010 eingestand, gewusst zu haben, dass Becker „auf Jungs steht", ja sogar dass er unter den Schülern „Favoriten" hatte. Von sexuellen Handlungen will Lindemann, selbst Odenwaldschüler und zur „Familie" des berüchtigten Gerold Becker gehörend, indes nichts bemerkt haben.[32] Welche Qualifikation für einen führenden Repräsentanten einer Vereinigung, die sagt, sie wolle Kinder schützen – unter anderem vor sexuellem Missbrauch! Spät, sehr spät wurden Konsequenzen gezogen. Am 15. April 2010 berichtete die Frankfurter Allgemeine Zeitung: *„Der Frankfurter Kinderschutzbund hat sich mit sofortiger Wirkung von seinem Geschäftsführer Florian Lindemann getrennt."*[33]

---

[1] und [2] http://www.ahs-online.de/wb/pages/fachtagungen.php [Stand: 06.04.2010]
[3] http://www.ag-paedo.de/fg-paedo/hu-selbsthilfe.html [Stand: 17.07.2006], Hervorhebung nicht im Original
[4] http://www.ag-paedo.de/fg-paedo/selbstdarstellung.html#definition) [Stand: 29.09.2003]
[5] http://www.br-online.de/daserste/report/archiv/2004/00160/ [Stand: 12.08.2004]
[6] http://de.wikipedia.org/wiki/Pädophilenbewegung [Stand: 06.04.2010]
[7] http://www.ag-paedo.de/angebote/index.htm [Stand: 17.07.2006]
[8] http://www.ahs-online.de/ [Stand: 30.03.2000]
[9] http://www.ahs-online.de/ [Stand: 01.12.2002]
[10] http://www.ahs-online.de/ [Stand: 06.04.2010]
[11] http://www.humanistische-union.de/hu/07bundesvorstand.htm [Stand: 06.07.2000]
[12] http://www.humanistische-union.de/hu/07bundesvorstand.htm [Stand: 26.11.2002]
[13] http://www.humanistische-union.de/hu/05beirat.htm [Stand: 06.07.2000]
[14] bis [17] http://www.humanistische-union.de/wir_ueber_uns/verein/beirat/ [Stand: 06.04.2010]
[18] www.br-online.de/daserste/report/echo/ [Stand: 12.08.2004]
[19] http://www.br-online.de/daserste/report/archiv/2004/00160/ [Stand: 12.08.2004]
[20] http://www.ag-paedo.de/fg-paedo/selbstdarstellung.html#definition [Stand: 29.09.2003], Hervorhebung im Original
[21] bis [25] http://www.br-online.de/daserste/report/archiv/2004/00160/ [Stand: 12.08.2004]
[26] „Mythos der Unschädlichkeit" in: Preußische Allgemeine Zeitung vom 06.04.2010
[27] http://www.vachss.de/mission/berichterstattung/ahs.htm [Stand: 06.04.2010]
[28] ttp://www.sgipt.org/forpsy/falsch/mdm/mdm1.htm [Stand: 06.04.2010]
[29] ttp://www.erzwiss.uni-hamburg.de/Sonstiges/EWI/EWI13/letzte2.htm [Stand: 06.04.2010]
[30] http://www.erzwiss.uni-hamburg.de/Sonstiges/EWI/EWI13/letzte2.htm [Stand: 06.04.2010]
[31] http://www.tagesspiegel.de/politik/Missbrauch;art771,3083863 [Stand: 14.04.2010]
[32] http://www.fr-online.de/in_und_ausland/politik/aktuell/2523324_Missbrauch-an-Odenwaldschule-Lindemann-will-nichts-gewusst-haben.html [Stand: 14.04.2010]
[33] http://www.faz.net/s/RubFAE83B7DDEFD4F2882ED5B3C15AC43E2/Doc~EBB8005F40E464CA0AC38C09 5F4B107CC~ATpl~Ecommon~Scontent.html [Stand: 15.04.2010]

2.7. Reformpädagogik zwischen pädoerotischer Grenzüberschreitung und organisierter Kriminalität

Homoerotische Wurzeln

Unter Reformpädagogik versteht man eine Ende des 19. Jahrhunderts bis in das erste Drittel des 20. Jahrhunderts hineingehende neue Pädagogik, die weg von der Paukschule Wissen, Bildung, Persönlichkeit vermitteln und formen wollte. Dieser an sich gute und mitunter pädagogisch sogar großartige Ansatz wurde jedoch durch verschiedene Auswüchse und Extreme problematisch und teilweise diskreditiert. Ein Teil der Diskreditierung erfolgte durch diejenigen Strömungen der Reformpädagogik, die eine homoerotische Tönung angenommen hatten oder diese von Anfang an aufwiesen und kultivierten. Zu den maßgeblichen Kräften, die dieses Umfeld des Neuen, Modernen und Reformorientierten geistig vorbereiteten und dann auch personell prägten gehörte der George-Kreis sowie eine Reihe von Lehrern, die ein angebliches antikes Ideal auf päderastischer Ebene wiederaufleben lassen wollten. *„George-Experten wie Thomas Karlauf oder Ulrich Raulff attestieren dem ‚Dichter und Dandy' Stefan George (1886–1933) das Bestreben, im Rückgriff auf die griechische Philosophie ‚homoerotische Leidenschaften und Knabenliebe gewissermaßen zur zivilisatorischen Grundausstattung' für junge Männer zu machen. Mit dieser Zielsetzung hatte George einen antibürgerlichen, elitären, durch Begeisterung für die griechische Antike geprägten Kreis junger Anhänger um sich geschart, der auch durch Päderastie zusammengehalten wurde."*[1] Aber auch ohne die zahlreichen Theologen, *„die prägenden geistesgeschichtlichen Strömungen der damaligen Zeit, den Kulturprotestantismus, die Homosexuellenemanzipation, die Lebensreformbewegung und den pädagogisch-platonischen Eros lassen sich die Anfänge der Landerziehungsheimbewegung mitsamt ihrer Erlösungsrhetorik nicht verstehen"*[2], hier sind vor allem evangelische Theologen wie Gustav Wyneken, Georg Picht und Gerold Becker zu nennen.

„Die entscheidende ‚Brücke' zwischen den Anschauungen Georges und der Pädagogik schlug der geistige Vater der Reformpädagogik, Gustav Wyneken, mit seinem 1906 veröffentlichten Programm der Freien Schulgemeinde"[3], wobei Wyneken als Leiter seiner ersten Schulgemeinde in Wickersdorf gleich mehrfach wegen sexuellen Missbrauchs entlassen wurde[4]. Bei aller schwülen Klimatik des George-Kreises verwahrte sich der Dichter dennoch mit überdeutlichen Worten gegen seinen „Gebrauch" in einer entsprechenden Pädagogik: *„Die benutzen meine Ideologie, um sich an den Jungs zu vergehen."*[5]

Es ist unbestritten, dass selbst aus dieser Szene herausragende Pädagogen kamen und dass das unbedingte Ernstgenommensein, die Freundschaft eines Jungen zu einem Lehrer etwas besonders Förderndes haben kann, zumal Einzel- oder Kleingruppenunterricht an sich schon herausragende Ergebnisse erzielen, weswegen Spitzenuniversitäten wie Oxford diesen auch praktizieren. Auch der Erfolg des Hausunterrichts (Homeschooling) hat hier eine seiner wesentlichen Ursachen. Doch Wyneken und anderen Exponenten der Reformpädagogik ging es (auch) um etwas ganz anderes. Hier war diese Förderung eben oftmals nicht auf der Ebene Lehrer – Schüler, ja noch nicht einmal auf der Ebene der immer wieder behaupteten pädagogischen Freundschaft gegeben, sondern bei manchem dieser Pädagogen gab es hier noch ganz andere Motive, die auch weit unterhalb der Schwelle des sexuellen Missbrauchs schädlich waren, etwa wenn in der unvermeidlichen Asymmetrie der Lehrer-Schüler-Beziehung etwas Forderndes, Klammerndes, Einengendes, fast Sektenhaftes[6], ja gar religiös Überhöhtes[7] zum Tragen kam, das keineswegs den Jugendlichen entwickeln, sondern ihn an den Pädagogen binden wollte und sollte.

Abschreckende Beispiele sind hierfür etliche Briefe des eben genannten Gustav Wyneken. So schrieb dieser etwa an seinen Schüler Herbert Könitzer Briefe, in denen durchaus eine emotionale Erpressung erkennbar wird. *„Ich wünsche Dir nur noch, dass Du glücklich wirst (mir kann es ja,- und mir soll es auch – ruhig dreckig gehen) ... Ich überlasse Dir, unseren Verkehr zu gestalten wie Du willst."*[8] Auch die Art des Schreibens an seinen Schüler Hansjürgen Wulfes hat etwas zutiefst manipulativ-Besitzergreifendes: *„... Ich würde gewiss keinen Anspruch auf und an Dich geltend machen, wenn ich nicht wüsste, dass es für einen Knaben und Jüngling nichts Schöneres geben kann, als im Lebens- und Geisteskreis eines schöpferischen Mannes zu leben, der ihn liebt (...) anscheinend warst Du noch innerlich zu wenig gereift. Ich habe aber das Gefühl, dass Du das jetzt nachgeholt u. dafür auch ein ganz anderes Bedürfnis nach geistigem Zusammenleben mit mir hast. Ja?"*[9] Auch hier wurde schon in Gruppen zusammengewohnt. Hier sprach man indes nicht, wie in der Odenwaldschule Gerold Beckers von Familien, sondern von Kameradschaften.[10]

Wie gesagt soll nicht der reformpädagogische Ansatz als solcher verworfen werden, aber es zeigt sich deutlich, dass besonders in reformpädagogischen Institutionen bei der Auswahl des Personals sehr genau hingesehen werden muss, da die dortige Situation pädosexuell Interessierte anlockt. Das haben die reformpädagogischen Experimente der Vergangenheit gezeigt, und dies ist nun offenbar geworden an reformpädagogischen Institutionen, in denen die Vorbedingungen für sexuellen Missbrauch systematisch genutzt wurden. So sollte man im Lichte *„Odenwälder Enthüllungen diskutieren, um der Reformpädagogik endlich ihren Heiligenschein zu nehmen. Ist es nicht so, dass Wyneken ein bekennender Päderast war? Ist es etwa falsch, dass Lietz, Petersen und Steiner vor antisemitischen Äußerungen nicht zurückschreckten? Will jemand bestreiten, dass Maria Montessori viele Jahre lang eng mit dem faschistischen Regime Mussolinis kooperiert hat?"*[11]

Zudem gab es vereinzelt Elemente in den Konzepten, damals wie heute, die den gesunden Menschenverstand etwas befremden, wie gemeinsames Duschen von Schülern und Lehrern oder Sport mit gänzlich nacktem Körper[2]. Schon vom Gründer der Odenwaldschule, Paul Geheeb, hieß es noch sehr viel später, lange nachdem er unter dem zunehmenden Druck der Nationalsozialisten Deutschland verlassen und in der Schweiz eine neue Schule gegründet hatte, dass *„der greise Geheeb nach Aussage früherer Schüler mit den Knaben im Keller am Pflichtduschen mit kaltem Wasser teilnahm. Schon früh gab es also so etwas wie eine institutionalisierte Überschreitung der Schamgrenzen."*[3] Es überrascht vor diesem Hintergrund keineswegs, dass eine Mutter bereits im Jahre 1924, nur 14 Jahre nach Gründung der Odenwaldschule, in einem Brief an die Schulleitung den Vorwurf erhob, *„dass ihr zwölfjähriger Sohn von einem Erzieher missbraucht worden sei".*[14]

Die Erziehungswissenschaftlerin Christl Stark hat in einer Dissertation tausende von Briefen des Odenwaldschulgründers ausgewertet. Nicht wenige Eltern forderten von Geheeb „*Rechenschaft über vermutete oder bewiesene sexuelle Beziehungen ihrer Töchter zu Mitarbeitern der Odenwaldschule*"[15]. So gab es Eltern, die ihren Briefen an die Schule Liebesbriefe beilegten, „*die ihre Töchter von Lehrern in den Ferien erhalten hatten*"[16]. Schon damals, in den frühen Jahren der heute 100-jährigen Institution, klagten Eltern über sexuelle Übergriffe durch ältere Schüler[17]. Wen wundert das wirklich, wenn man pubertierende Jungen und Mädchen ständig nackt herumturnen lässt? Im Lichte der aktuellen Enthüllungen über die tausendfachen Fälle von sexuellem Kindesmissbrauch an der Odenwaldschule in den sechziger bis neunziger Jahren verdienen diese frühen Belege eine neue Würdigung. Es war eben offenbar nicht so, dass erst die Enthemmung im Zuge der 68er-Bewegung das Tor zum Kindesmissbrauch an Institutionen wie der OSO aufgestoßen hat. Sexueller Missbrauch durch Lehrer und ältere Schüler scheint vielmehr von diesem pädagogischen Konzept per se begünstigt zu werden, erst das Ausmaß des Missbrauchs hat im Zuge der 68er-Reformbewegung eine neue Dimension erreicht.

Irritationen und Verbrechen

Die „institutionalisierte Überschreitung der Schamgrenzen" wurde in dieser Zeit in der Odenwaldschule massiv ausgebaut. „‚*Man wollte frei und fortschrittlich sein. Wer beim Strip-Poker nicht mitspielte oder das gemeinsame Nacktduschen komisch fand, konnte sich schnell als Spießer fühlen'. Ein ehemaliger Schüler wird zitiert: ‚Das erklärte Minimalziel war, bisexuell zu sein – wer das nicht schaffte, hatte versagt'. Die Lehrer hätten den Kindern, die aus allen Schichten stammten, das Gefühl vermittelt, so die Hamburger liberale Wochenzeitung ‚Die Zeit',dass dort auch die letzten Schranken gefallen waren, die Schranken der sozialen Klassen, die Schranken der Lehrer-Schüler-Hierarchien, die Schranken der elterlichen Wärme und Kälte. Eine Wärme, die sich in der Abgeschiedenheit des Internats mühelos ersetzen ließ durch die täuschend echte Zuneigung des Lehrerkollektivs. So entstand eine Macht des sexuellen Zugriffs'.*"[8]

Freilich hätte schon das angebliche Fehlen von sozialen Klassen bei ca. 2000 Euro monatlichem Schulgeld stutzig machen können[9]. Jenseits solcher Selbsttäuschungen hatten sich insbesondere **Gerold Ummo Becker**, aber auch der Musiklehrer **Dr. Wolfgang Held** in der Odenwaldschule eine Art Jungenharem eingerichtet.[20] Der im Jahre 2006 verstorbene Held stammte aus Leipzig, wurde später von seinem Freund und nachmaligen Adoptivvater, dem Komponisten Wolfgang Fortner (1907–1987), musikalisch ausgebildet und war von 1966 bis 1989 Lehrer an der Odenwaldschule. Nach dem Zweiten Weltkrieg war das vormalige NSDAP-Mitglied Fortner als Mitläufer entnazifiziert worden. In der Bundesrepublik machte er eine Karriere, an deren Ende das Große Bundesverdienstkreuz mit Stern stand. Die Adoption war in den Zeiten des „alten" § 175, der homosexuelle Kontakte noch ganz unter Strafe stellte, für homosexuelle Partner mit größerem Altersunterschied oftmals attraktiv, da sie ein unverdächtiges Zusammenleben ermöglichte. „*Unter kultivierten, kulturliebenden Erwachsenen im Kreis um Fortner, auch unter Eltern von Oso-Schülern wurde* er [Held] spitzbübisch Fortners ‚Lustknabe' genannt."[21] Held missbrauchte ebenso wie Becker systematisch, fertigte darüber hinaus auch noch Nacktfotos an und drehte Kinderpornos[22]. Held werden heute rund 3000 Missbrauchsfälle zur Last gelegt (s.u.). Rein zahlenmäßig übertrifft sein Tun damit wahrscheinlich sogar das von Gerold Becker, der indes als lange Zeit angesehener Autor und pädagogischer „Experte" aber einen viel stärkeren, weit über die Odenwaldschule hinausreichenden Einfluss hatte.

„Die Buben mussten ihre Lehrer dort regelmäßig sexuell befriedigen, nachts, in der Mittagspause, beim Duschen. ‚Ich war 13 Jahre alt, es ging gleich los, als ich hinkam', sagte Adrian Koerfer der Frankfurter Rundschau über Held. ‚Jeden Mittag hat er sich einen geholt, der mit ihm Mittagsschlaf machen musste. Das bedeutet, wir mussten ihn befriedigen'."[23] Der Spiegel berichtete über dieses System organisierter Kriminalität: *„Im Odenwald fanden offenbar sexuelle Belästigung, Vergewaltigungen und so etwas wie Zwangsprostitution statt. Die Odenwaldschule sammelt seit Wochen Berichte von ehemaligen Schülern, bei denen sich ein ‚System Gerold Becker' abzeichnet, das ekelhaft ist: Es scheint üblich gewesen zu sein, dass sich Lehrer von ihren Schülern befriedigen ließen – teils vor den Augen Dritter."*[24]

Ein Abgrund an sexuellem Missbrauch und vier Suizide

Die derzeitige Schulleiterin Margarita Kaufmann räumt ein: *„Es ist für mich eine Tatsache, das hier mindestens seit 1971 sexueller Missbrauch stattgefunden hat."*[25]

Je genauer man hinsieht, umso tiefer wird der Abgrund aus sexuellem Missbrauch, Psychoterror und Gewalt. *„Ehemalige Schüler berichteten, sie seien von Lehrern regelmäßig durch das Streicheln der Genitalien geweckt und als ‚sexuelle Dienstleister' für ganze Wochenenden eingeteilt und zu Oralverkehr gezwungen worden. Einzelne Pädagogen hätten ihren Gästen Schüler zum sexuellen Missbrauch überlassen. Lehrkräfte hätten Schutzbefohlene geschlagen, mit Drogen und Alkohol versorgt oder beim gemeinschaftlichen Missbrauch eines Mädchens nicht eingegriffen."*[26] Perfide und ganz offenkundig kriminell waren die Methoden, mit denen der Theologe Becker sexuelle „Dienste" und Schweigen erzwang. Ein *„Junge, der sich Becker dauerhaft entzogen hat, wurde von schulischen Aktivitäten ausgeschlossen, bis er schließlich ohne Abschluss von der Schule gehen musste' sagte Kaufmann. Und es geht noch weiter. Nachdem ein Mädchen von sexuellen Übergriffen auf Schulkameradinnen berichtet hatte, musste sie ebenfalls das Internat verlassen. Man beschuldigte sie damals, drogensüchtig zu sein."*[27]

„Quintus von Tiedemann, von 1973 bis 1976 an der Oso, bezeichnet die Zeit als ‚wunderschön und durchaus traumatisch', geprägt von guten Freunden und ständigen Grenzverletzungen. Der Lehrer Wolfgang H., heute vielfach des sexuellen Missbrauchs beschuldigt, habe ihn ‚permanent angebaggert'. Als er Schulleiter Becker um Hilfe bat, antwortete der nur: ‚Hör mal, du musst hier nicht auf der Schule sein'. Auch seine Eltern wollten von seiner Not nichts wissen. Vom Vater hörte er nur: ‚Sei doch nicht so spießig'. Seine Mutter sagt heute, sie habe ihm schlichtweg nicht geglaubt."[28]

Wie furchtbar muss es für Opfer derartiger Taten sein, ohnmächtig den gesellschaftlich hoch angesehenen und allmächtig erscheinenden Tätern ausgeliefert zu sein, und wenn sie sich ein Herz fassten und dennoch Hilfe suchten, nicht ernstgenommen, nicht gehört zu werden? Offenbar ist das einem Mädchen so ergangen, das sich ein Herz gefasst hatte und trotz all der deutlichen Macht und gesellschaftlichen Präsenz der Täter den Weg zur Polizei suchte, um von den massiven sexuellen Übergriffen an der Schule zu berichten, aber dort abgewiesen wurde, mit der Warnung, sie müsse sonst mit einer „Gegenanzeige wegen falscher Anschuldigung" rechnen.[29] Die Missbrauchsfälle gingen jedenfalls weiter und breiteten sich aus. Weitere Lehrer, aber auch Schüler, sollen verstrickt sein. So „*sollen noch mehr Kinder gequält worden sein, noch mehr Lehrer Täter sein, und, so die Direktorin Margarita Kaufmann, die Fälle seien bis ‚weit in die 90er Jahre' weitergegangen. [...] Nach Auskunft von Kaufmann haben auch Schüler bei anderen Schülern die Genitalien versengt und verbrüht.*"[30] Besonders erschreckend ist ein Fall, bei dem ein gefesselter[31] „*Schüler mit einer Banane vergewaltigt worden sei – ein Pädagoge habe dabei zugesehen. Mindestens vier ehemalige Schüler hätten sich nach dem Besuch der Odenwaldschule umgebracht.*"[32]

Personelle Verflechtungen und das große Schweigen

Gerold Becker wurde von **Hellmut Becker**, dem sog. Bildungsbecker, Direktor des Max-Planck-Instituts für Bildungsforschung, protegiert. „*Der mit Gerold Becker nicht verwandte ‚Bildungsbecker' ist als junger Mann mit NSDAP-Parteibuch Assistent des NS-belasteten prominenten Juristen Ernst Rudolf Huber gewesen, des Vaters von Käßmann-Vorgänger Bischof Wolfgang Huber im EKD-Ratsvorsitz. Er ist in Nürnberg Verteidiger des als Kriegsverbrecher angeklagten Ernst von Weizsäcker gewesen, wobei ihm dessen Sohn Richard assistiert hat, der dann zum Präsidenten des Kirchentags und Bundespräsidenten aufgestiegen ist. Heike Schmolls Hintergrund-Artikel über den sexuellen Missbrauch, ‚Die Herren vom Zauberberg' gibt diese kryptische Bemerkung eines ihrer ‚FAZ'-Kollegen über Hellmut Becker wieder: Er, der mehrere Kinder hatte und ein Topmann des deutschen Kulturbetriebs gewesen ist, habe ‚kurative Beziehungen zu zahlreichen jungen Männern' unterhalten.*"[33] Protektion mit mehr oder minder homoerotischer Tönung hat in diesen Kreisen offenbar eine gewisse Tradition: „*Hellmut Becker war der Sohn des preußischen Kultusministers Carl Heinrich Becker, der in den zwanziger Jahren zahlreiche ‚Becker-Jungen' ins Ministerium gebracht hatte.*"[34] Offenbar spielte auch bei Hellmut Becker der „pädagogische Eros" eine nicht vernachlässigbare Rolle. „*‚Schöpferische Kräfte', so legt es eine unbedachte Äußerung nahe, die Hellmut Becker in einer nächtlichen Gesprächsrunde verlauten ließ, werden erst richtig frei, wenn man ‚eine homoerotische Leidenschaft in sich entdecke und ihr stattgebe'. [...] ‚Das Erotische', so der linke Jurist und Becker-Intimus Hans Ulrich Preuß in dem Buch ‚Aufklärung als Beruf', das der kritische Pädagoge Fritjof Hager zu Ehren Hellmut Beckers zusammen mit ihm publizierte, sei am MPI für Bildungsforschung in Berlin ‚immer Teil der Arbeitsbeziehungen gewesen'. Stets nahm der Chef danach regen Anteil an den beruflichen Karrieren junger Männer, als deren Mentor er oft agierte. Und immer waren all die Gespräche, die er mit ihnen führte, vom ‚pädagogischen Eros' bestimmt.*"[35] Das Erotische immer Teil der Arbeitsbeziehungen?

Dieses im Jahre 1992 von Insidern gezogene Resümee lässt nur einen Schluss zu: Zu den Institutionen, die im Zuge einer wirklichen Aufklärung des deutschen Pädophilie-Skandals gründlich durchleuchtet werden müssten, gehört auch das angesehene Max-Planck-Institut für Bildungsforschung in Berlin. Erster Direktor des 1963 gegründeten Instituts war eben besagter Hellmut Becker.

Die Verbundenheit Hellmut Beckers reichte jedenfalls offenbar aus, Gerold Becker vor Strafverfolgung zu schützen, selbst als ein Patenkind Hellmut Beckers sich schon 1970 mit dem Vorwurf, von Gerold Becker missbraucht worden zu sein, an seinen Paten wandte. Die FAZ berichtete: *„Einen der Jungen befingerte Becker im Winter 1970, als dieser nachts allein in seinem Zimmer war, trotz anhaltenden und deutlich ausgesprochenen Widerstands, hartnäckig. Erst nach ‚gefühlten zehn Minuten', in denen das Kind sich auf den Bauch gedreht und stocksteif gemacht hatte, akzeptierte Becker endlich das ‚Nein'. Der Junge berichtete von dem Überfall bald darauf seinem Paten-Onkel: Hellmut Becker. Der auch zusagte, sich dieser Sache anzunehmen. Er nahm Gerold wohl auch tatsächlich ins Gebet, versuchte, ihn zu einer Therapie zu bewegen: ‚Das ist gefährlich für die ganze Schule – Sie müssen etwas unternehmen.' Doch Gerold Becker unternahm nichts, unterzog sich nur einer Schlafkur."*[36]
    Der berühmte Namensvetter und Förderer forderte den Schulleiter auf, eine Therapie zu machen. Gerold Becker lehnte ab, weil *„Psychoanalytiker Vorurteile gegen Homosexuelle hätten".*[37] Das war es dann. Lange Jahre geschah weiter nichts in der Causa Becker[38], außer, dass dieser Kriminelle, der 1969 an die Odenwaldschule gekommen war, ab 1972 deren Schulleiter wurde und bis 1985 blieb.[39] Danach war er bis 1999 wissenschaftlicher Mitarbeiter am Hessischen Institut für Bildungsplanung und Schulentwicklung in Wiesbaden und Vorstandsvorsitzender der Vereinigung Deutscher Landerziehungsheime, sowie Vorstandsmitglied der Berliner Akademie der Wissenschaften[40]. Bis in die späten 90er Jahre war er zudem Mitglied der EKD-Bildungskammer[41] und vertrat als Theologe „bei schulischen Fachgesprächen mit dem Land die evangelische Kirche (EKD)"[42].

Auch sein Lebensgefährte **Hartmut von Hentig**, der als Nestor der deutschen Reformpädagogik gilt, wurde in diesen Kreisen hoch geschätzt. Im September 2005 gratulierte der Vorsitzende des Rates der Evangelischen Kirche in Deutschland (EKD), Bischof Wolfgang Huber, dem Reformpädagogen wortreich zum 80. Geburtstag. *„Persönlich und stellvertretend für die EKD ‚schaue er mit großem Respekt' auf"* von Hentigs Lebenswerk, *„dem die evangelische Kirche viel verdanke. Hartmut von Hentig habe sich immer wieder voller Engagement in den Deutschen Evangelischen Kirchentag (DEKT) und viele andere Bereiche der evangelischen Kirche eingebracht. [...] Sein pädagogischer Einsatz gelte dem Wohl des einzelnen Kindes, der andauernden Reform des pädagogischen Bemühens um jedes Kind und jeden Jugendlichen und dem friedlichen Zusammenleben der Menschen."*[43]
    Wie sehr diese Laudatio fehl ging, zeigt das Verhalten von Hentigs nach dem Öffentlichwerden von Beckers Verbrechen[44], zu denen ihm nichts Besseres einfiel als die Behauptung,

es könne allenfalls ein Schüler Becker verführt haben[45] und nichts sei wohl gegen den Willen „eines Schülers" geschehen[46]. Ein ehemaliger Schüler gab indessen an, bis zu 400 Mal von Becker missbraucht worden zu sein[47], und allein im Falle eines weiteren Lehrers, des erwähnten Dr. Wolfgang Held, geht man von mindestens 3000 Einzeltaten aus[48].

Ehemalige Schüler behaupten: *„‚Jeder hat es gewusst', doch es wurde geschwiegen. Spätestens seit 1971 muss es regelmäßig sexuellen Missbrauch gegeben haben. Einer der ehemaligen Internatsschüler, die Hentig zumindest Mitwisserschaft vorwerfen, schreibt: ‚Hartmut von Hentig ... war durch seine häufigen Besuche in der OSO mit den Umgangsformen in Beckers ‚Familie' vertraut.'"*[49] Der Kunstsammler Adrian Koerfer, selbst ein Opfer Beckers, sagte im Interview mit der Frankfurter Rundschau: *„Ich weiß es und ich beschwöre es vor Gericht: Ein Freund von mir hat bei ihm [Hartmut von Hentig] und Becker übernachtet. Was sie dort gemacht haben, weiß ich natürlich nicht – vielleicht haben sie nur geredet?"*[50] In seiner Antwort in der „Die Zeit" mit dem sinnigen Titel „Missbrauch an der Odenwaldschule – ‚Was habe ich damit zu tun?'", ließ von Hentig keinerlei Unrechtsbewusstsein erkennen, sondern meinte: *„Das Leben in unserer Kultur verlangt, dass wir verantwortungsbewusste Bürger sind. Zu solchen werden wir nicht von Natur, nicht durch Belehrung, nicht in der Familie."*[51] Man reibt sich die Augen. Wo denn dann? Womöglich in Einrichtungen wie Beckers „Knabenharem"? Die FAZ berichtet: *„Aber Hentig habe durchaus auch bei Becker und nicht etwa nur im Gästehaus übernachtet, sogar gemeinsam mit mindestens einem von Beckers Favoriten."*[52] Das hohe Ansehen der Frankfurter Allgemeinen Zeitung ebenso wie das juristische Risiko einer unrichtigen Angabe in diesem Punkt lassen kaum Zweifel an dieser Aussage zu. Dann aber sind von Hentigs Einlassungen mehr als zynisch. Ganz überraschen kann die hier mit hoher Wahrscheinlichkeit erkennbare Mitwisserschaft an organisierter Kriminalität nicht. Taten dieser Art und Dimension über einen so langen Zeitraum hinweg können ohne einflussreiche Mitwisser kaum ohne juristische Konsequenzen bleiben.

Gerold Becker jedenfalls blieb noch über das Jahr 1999 hinaus, in dem die Abgründe an der OSO erstmals in der Zeitung standen, nicht nur unbehelligt, sondern sogar seiner Linie treu. Und er fand damit Anklang. Noch im Jahre 2002 durfte er für den Friedrich-Verlag ein Schülerheft zum Thema „Körper" herausgeben. *„In seinem Vorwort dazu heißt es: ‚Schule hat die Körper von Kindern und Jugendlichen lange missachtet'."*[53] Viele seiner Schüler wären für etwas weniger körperliche „Beachtung" dankbar gewesen.

„Morgens früh um sechs, gibt es erst mal Sex. ... Übergriff um elf, geht dann bis um zwölf."

Was machten Becker und andere mit ihren Opfern? In der Presse beschrieben die Opfer die Übergriffe bereits 1999 teils äußerst detailliert, ohne damit viel zu erreichen. Das ist nicht nur aus heutiger Sicht unbegreiflich. Die deutsche Öffentlichkeit hatte nach einigen schweren Missbrauchsfällen Mitte der neunziger Jahre jegliche Nachsicht mit Pädosexuellen verloren und die entsprechenden Strafbestimmungen waren erst 1998 wieder verschärft worden. Die fortdauernde Straflosigkeit Beckers und der anderen Lehrer selbst noch nach 1999 gehört zu den bedrückendsten Aspekten der Skandalgeschichte der Odenwaldschule. Zeitungen dokumentierten Straftaten, die laut Gesetz mit bis zu zehn Jahren Gefängnis bestraft werden, doch die Justiz blieb untätig. Ein Schüler gab an, Becker habe in den 80er Jahren Schüler „in inflationärem Umfang" sexuell missbraucht. Er *„selbst sei von seinem Familienhaupt seit 1982, da war [er] 13, immer wieder sexuell attackiert worden. Vor Gericht [...] ‚würde das, was er getan hat, heute als Vergewaltigung gewertet': Ständig habe Becker Schüler ‚begrapscht', ständig habe er im Schülerbereich geduscht. ‚Eine optimale Situation für Pädophile.'"*[64]

„Torsten Wiest war 14, als er eines Morgens aufwachte, weil ihm Becker ‚an den Genitalien rumfuhrwerkte'. Stefan Diers war 14, als ihm Becker in sein Zimmer folgte und ihm ‚in den Schritt griff'. Michael Wisotzki war 13 oder 14, als er unter Beckers Bett ‚einen Berg von Kinderpornoheften' entdeckte. Rüdiger Groß war 15, als er seinen Spind mit ‚Pin-up-Girls' pflasterte, ‚um Becker zu zeigen, dass da nix laufen wird'. Dessen ‚übliches Ritual' sei es gewesen, seine [Mitbewohner] morgens, ‚wenn man noch geschlafen hat', überall zu streicheln. ‚Ich habe ihn nicht rangelassen', sagt Groß. Nicht zuletzt deswegen, glaubt er, habe ihn Becker im Familienbericht ‚richtig reingeritten' und ihn als ‚asozial' gebrandmarkt."[65] Becker war in seinem Tun so *„aufdringlich, dass die älteren Schüler zur Abwehr des Schulleiters ihre Türen abschlossen und – weil Becker über Nachschlüssel verfügte – mit sogenannten Steckschlüsseln sicherten."*[66] Mancher ehemalige Schüler nimmt heute kein Blatt mehr vor den Mund. Bitter-zotig dichteten sie auf der Homepage „Hodenwaldschule": *„Morgens früh um sechs, gibt es erst mal Sex. ... Übergriff um elf, geht dann bis um zwölf."*[67]

Das kann dabei helfen, über das Trauma des Missbrauchs hinwegzukommen. Ein anderer Weg ist der Rechtsweg. Da die meisten Straftaten längst verjährt sind, geht es heute meist nur noch um privatrechtliche Schadenersatzforderungen.

Mit unmissverständlicher Drastik erhob ein Opferanwalt weitere Anschuldigungen: *„Mein Mandant wohnte mit Herrn Becker im Haus. Der Schulleiter hat die Schüler unter der Dusche belästigt, wollte sie küssen, machte Oralverkehr mit ihnen. Mit einigen Schülern hatte er regelmäßig Analverkehr."*[58]

Sexueller Missbrauch ohne unmittelbaren Zwang ...

Eine Schlüsselfrage bleibt zu klären: Um die Odenwaldschule verlief keine Mauer und kein Stacheldraht; man konnte die OSO verlassen und die Schüler beziehungsweise ihre Eltern zahlten sogar hohe Summen, um an dieser Anstalt sein zu können. Wie war unter diesen Bedingungen ein so massenhafter und schwerwiegender Missbrauch möglich? Gab es nicht doch irgend eine Art von Einwilligung der Missbrauchten, mit der naturgemäß die Beschuldigten seit jeher argumentiert haben? Folgende Aussage eines Opfers von Wolfgang Held und Gerold Becker in der Sendung *Lebenslange Last – ein Missbrauchsopfer der Odenwaldschule berichtet* („NDR Info – Das Forum" vom 26. März 2010), gibt einen Eindruck davon, mit welch raffinierten Methoden der Manipulation pubertierende Schüler nach und nach für immer weitergehende Formen des Missbrauchs gefügig gemacht wurden. Unmittelbarer Zwang wurde dabei kaum angewandt, der systematische und perfide Missbrauch der Vertrauens- und auch Machtstellung der Lehrer wiegt dafür umso schwerer.

Nach Aussage dieses Opfers, das in der Sendung „Dieter" genannt wurde und 1976 im Alter von zehn Jahren an die Odenwaldschule kam, herrschte dort ein womöglich durch Becker selbst installiertes System des Missbrauchs, welches darauf basierte, dass Knaben, die besonders gut in die Beuteschemata bestimmter Lehrer passten, gezielt im Internat aufgenommen wurden, teilweise versehen mit Stipendien. Sie wurden nach dem Gefühl des Opfers schon in der Grundschulzeit „selektiert". *„Man kam ins Jüngsten-Haus, wird dann gezielt gemobbt und dann verteilt [...] es ist gezielt ausgesucht und gesteuert worden."* Dem Schüler „Dieter" wurde dann von Lehrer Held eine Art Fluchtmöglichkeit in eine andere Unterkunft angeboten. Dort kümmerte sich der pädophile Lehrer zunächst hingebungsvoll um den seelisch verwundeten Schüler, um ihn dann selbst aufs Schwerste zu verletzen, zu missbrauchen.

... oder als schlichte Vergewaltigung

Während Held eher subtil vorging, beschreibt das Opfer im Radiointerview die Begegnung mit Becker als schlichte Vergewaltigung. „Dieter" war krank, das Haus leer und der *„Direktor [...] hatte mich dann vergewaltigt in meinem Zimmer. [...] Er hatte seine Wünsche an mir ausgelebt und hatte mich dazu wortwörtlich benutzt."* Der Interviewpartner des NDR sieht das Problem auch in der Reformpädagogik. *„Die Grenzen zwischen erwachsen und Kind im Bereich der Sexualität oder im Bereich der körperlichen Nähe verschwammen total, die gab es eigentlich gar nicht."* Becker war *„zu brutal, [...] das war wie in einem schallisolierten Raum. Es war auch so ausgestattet – diese Wohnung. Die war zu. Also wenn man drinnen laut war, kam draußen nichts an."*[59]

Ein weiteres Instrument, um Widerstände seiner Schutzbefohlenen zu brechen, waren offenbar Alkohol und Drogen. Schon im ersten großen Enthüllungsartikel über die Odenwaldschule, den die Frankfurter Rundschau ohne größere Konsequenzen am 17. November 1999 veröffentlichte, hieß es dazu lapidar: *„Zudem, so berichten Schüler und Lehrer, habe Becker exzessiven Konsum von Alkohol und Drogen nicht nur gebilligt, sondern sogar unterstützt: Bisweilen habe er 14-Jährige sonntags zum Bierholen nach Bensheim gefahren. Bereits in den 70er Jahren kündigten mehrere Lehrer, weil sie den Zustand der ‚inneren Unordnung und Regellosigkeit' unter Becker nicht mehr ertrugen. Von dessen Pädophilie habe man damals nichts gewusst, sagt einer von ihnen heute, ‚man hat es gespürt'."*[60]

Ein Viertel der Lehrerschaft betroffen?

Doch Becker und Held waren bei weitem nicht die Einzigen. Derzeit geht man von über zehn Tätern, also mindestens etwa einem Viertel der damaligen Lehrerschaft aus[61]. Ohne diese relativ große Täterzahl hätte auch die Geheimhaltung nach außen bis 1999 und darüber hinaus kaum funktionieren können. Die Logik der Geheimhaltung legt sogar nahe, dass ein eher noch größerer Teil des Lehrkörpers in wie auch immer geartete, im Einzelnen vielleicht nicht einmal strafbare, sondern „nur" peinliche erotische Aktivitäten mit Schülern involviert war und deswegen „dicht hielt". Auch andere Personen deckten Becker ziemlich unverhohlen. Die FAZ schrieb dazu: *„Die Entbindung Beckers vom Amt des Schulleiters mit nur 49 Jahren deutet darauf hin, dass der Vorstand des Trägervereins der Odenwaldschule schon 1985 vom Missbrauch Kenntnis hatte, die Angelegenheit aber vertuschen wollte. Anders lässt sich nicht erklären, dass Becker in der Amtszeit seines Nachfolgers Wolfgang Harder, auch er ein Hentig-Schüler aus Bielefeld, nach kaum zwei Jahren als Lehrer an die Schule zurückkommen durfte. Der damalige hessische Kultusminister Hartmut Holzapfel (SPD) stellt heute zwar einen Zusammenhang zwischen Missbrauch und früher Entlassung her, hat seinerzeit aber keinen Anstoß daran genommen. Becker blieb Berater der hessischen Reformschulen. Die Liaison Hentigs mit Becker war allgemein bekannt."*[62] Ähnlich die „Zeit": *„Nach Informationen der Frankfurter Rundschau wusste das hessische Kultusministerium weitaus früher über den Missbrauch an der Privatschule Bescheid als bislang bekannt. So habe der damalige Kultusminister Hartmut Holzapfel (SPD) bereits seit August 1998 von den Vorwürfen gegen den ehemaligen Rektor der Odenwaldschule, Gerold Becker, gewusst. Trotzdem sei dieser bis November 1999 offiziell Berater des Ministeriums gewesen."*[63]

Und wollte ein unbescholtener Kollege Beckers dennoch an die Öffentlichkeit, gab es andere Leute im Odenwaldbetrieb, die das zu hintertreiben wussten. *„Nie wurde ganz oder genau geklärt, welche und wie viele Lehrer an den Übergriffen und Missbräuchen beteiligt waren. Ein Ex-Lehrer, der dazu damals etwas sagen wollte, wurde vom damaligen Vizevorsitzenden des Trägervereins der Odenwaldschule und langjährigen SPD-Bundestagsabgeordneten Peter Conradi, selbst von 1947 bis 1949 Odenwald-Schüler, seinerzeit noch rüde mit den Worten abgekanzelt: ‚Nur dumme Lehrer sprechen mit Journalisten'."*[64] Warum um alles in der Welt sah sich dieser doch recht prominente SPD-Politiker veranlasst, zu den kriminellen Umtrieben an der OSO nicht etwa nur zu schweigen, sondern sich sogar im Sinne der Täter zu äußern? Der Frankfurter Rundschau gegenüber klang das im November 1999 dann so: *„‚Wer hätte reden wollen, der hätte reden können', sagt Peter Conradi, für den die Odenwaldschule ‚ihrer Sorgfaltspflicht Genüge getan' hat. Die Notwendigkeit, die Sache publik zu machen, kann der SPD-Politiker beim besten Willen nicht erkennen. Schließlich habe der Vorstand die Vorwürfe geprüft und sei zu dem Ergebnis gekommen, sie seien nach fast 15 Jahren nicht mehr ‚strafrechtlich relevant'. So urteilte auch die Staatsanwaltschaft Darmstadt, die das von Dehmers initiierte Verfahren jüngst wegen Verjährung einstellte."*[65]

Das stimmte offenbar zum Ende 1999 hin, wie es ja auch die Staatsanwaltschaft feststellte. Aber hätte die Schule nicht früher reagieren müssen? Dehmers war nach eigenen Angaben 1982, im Alter von 13 Jahren[66] erstmals von Becker missbraucht worden. Becker selbst legte nahe, dass er den Buben auch im Alter von 15 Jahren noch missbraucht habe[67]. Dies bedeutet, da seit 1994 die Verjährung solcher Taten erst mit dem 18. Lebensjahr des Opfers zu laufen beginnt, und das Bundesverfassungsgericht im Jahre 2000 festgestellt hatte, dass diese Verlängerung der Verjährungsfrist auch rückwirkend greift[68], dass selbst für den ersten Missbrauch an Dehmers bis 1997 eine Verurteilung prinzipiell noch möglich gewesen wäre. Die Frage stellt sich, ob hier absichtlich Zeit geschunden wurde.

„*Anfang Juli 1998 trafen sich Dehmers, Wiest und Harder in Frankfurt. Mit dabei: der damalige SPD-Bundestagsabgeordnete Peter Conradi als Vize-Vorsitzender des Trägervereins. In diesem Gespräch räumte die Schule ein, den ‚Gerüchten' über Becker nie nachgegangen zu sein – dies sei ‚ein Versäumnis'. Zugleich wurde vereinbart, ‚das Problem des sexuellen Missbrauchs' umfassend an der Odenwaldschule zu erörtern. Danach hörten die Schüler monatelang nichts mehr von ihrer alten Schule.*"[69] Die Missbrauchsfälle in Bezug auf Dehmers waren zu diesem Zeitpunkt wohl tatsächlich verjährt. Aber was war mit all den anderen Fällen? Der Missbrauch ging ja offenbar noch bis weit in die neunziger Jahre weiter[70], wenn auch dann kaum mehr durch Becker selbst. Ihn hatte man 1985 offenbar wegen des Missbrauchs entfernt aber – man höre und staune – Anfang 1998 für einige Monate als „Ersatzlehrer" wieder an die Schule geholt[71]. Schon 1999 schimpften drei Lehrer gegenüber der Frankfurter Rundschau, dass das ganze Thema *„von Schulleitung und Vorstand ‚faktisch totgeschwiegen worden'"* sei[72]. Ihre Namen wollten die drei Lehrer nicht in der Zeitung lesen. Die Schule habe *„inzwischen einen ‚Maulkorb' verhängt"*[73]. Weitere schwere Vorwürfe erhebt Opfer-Anwalt Kahl gegenüber der Bild-Zeitung: „*‚Was da gelaufen ist, könnte man als Strafvereitelung im Amt bezeichnen'. Damals hatte die Staatsanwaltschaft Darmstadt ein Verfahren gegen Becker wegen Verjährung der Vorwürfe eingestellt. Kahl weist darauf hin, dass schon 1998 der damalige Rektor der Odenwaldschule Hinweise von Schülern über weitere Missbrauchfälle an das zuständige Schulamt weitergeleitet hatte. Die Schüler, die damals den Missbrauch gemeldet hätten, seien aber von den Behörden nie befragt worden.*"[74]

Zum Nachtisch Missbrauch

Haupttäter an der Odenwaldschule waren nach heutigem Kenntnisstand neben Becker der erwähnte Musiklehrer Wolfgang Fortner-Held, der mit Becker im selben Haus Schüler „betreute".

Nach dem Mittagessen suchte Held *„sich einen aus: ‚Kommst du mit zu mir?' Die Anwesenheit anderer Jungen war kein Hindernis, denn sie waren ohnehin einer nach dem anderen dran. Und gingen mit. Was der Sinn der Sache war, machte Held in seinem Bett auch Johannes schnell klar. Er zeigte dem Kind, wie es ihn mit der Hand zum Höhepunkt bringen konnte. Mitunter befriedigte man sich gegenseitig, doch meist bedienten die Schüler, die dabei selbst keine Lust verspürten, ihren Lehrer. Die Tradition dieses ‚Mittagsschlafes' lässt sich bis in den George-Kreis zurückverfolgen.*

[…] Noch mehr als vierzig Jahre später erinnert Johannes sich an dieses erste Mal, dem viele weitere folgten, an den charakteristisch unangenehmen Geruch. Anderen prägte sich Helds Standard-Frage vor dem Höhepunkt ein: ‚Soll ich kommen?' mit denen er sich den Knaben zum Knaben machte. Oder die benutzten Kleenex-Tücher, die haufenweise unter dem Bett des Pädagogen lagen. […] …wenn man sich, bei einer Dienstzeit

von einem knappen Vierteljahrhundert, die Zahl der allein von dem Musiklehrer missbrauchten Schüler hochrechnet, kommt man, zurückhaltend, auf etwa 60 Jungen und eine Mindestzahl von wenigstens 3000 einzelnen Straftaten."[75]

Laut § 176 StGB standen damals wie heute auf sexuellen Missbrauch von Kindern bis zu 10 Jahre Haft. Aber dabei beließ es Held nicht. *"Held verwandte die Kinder nicht nur für sich, sondern führte einzelne Knaben auch einem befreundeten Verleger zu."*[76] Koefer berichtet: *"Held hat nicht nur selbst missbraucht, sondern uns einem befreundeten Unternehmer regelrecht zugeführt. Wir machten Exkursionen in den Odenwald, wo wir abends zu einer Hütte kamen. Da hat dieser Freund schon gewartet. Dann hat man dort etwas getrunken, und irgendwann lag jemand neben dem Unternehmer."*[77] Diese Passage macht besonders hellhörig. Unseres Wissens ist der Name dieses „externen Kunden" von an der Odenwaldschule zum Missbrauch abgerichteten Jungen bislang noch nicht öffentlich geworden. Viele bittere Fragen stellen sich hier: Wer war das denn? In welcher Beziehung stand er mit Held, Becker oder einem ihrer (Geschäfts-)Partner? Welche Gegenleistungen gab es denn für diese in jedem Land mit funktionierender Justiz hochriskanten Anbahnungsdienste? Hatte eigentlich in dieser Zeit in Hessen niemand Angst vor Strafverfolgung wegen solcher Verbrechen? Wie groß war das Netz der Involvierten wirklich?

„Auch der Liebhaber des mittlerweile verstorbenen Lehrers, ebenfalls ein ehemaliger Schüler der Odenwaldschule, habe die Kinder missbraucht – und bei den Pornoaufnahmen für die richtige Beleuchtung gesorgt", so die Süddeutsche Zeitung[78].

„Die Schule zum Bordell umfunktioniert"

Neben all den Vertuschungen und Hilfen für den 1985 geschassten Becker durch Posten, Vorträge und Publikationen, gab es auch Kritiker, die allerdings nicht den Weg zur Polizei fanden. *„Wolfgang Edelstein, in den 50er-Jahren Lehrer im Odenwald, später Direktor am Max-Planck-Institut für Bildungsforschung in Berlin, reiste 1973 quer durch die Republik zu Becker. Er will von ihm wissen, ob er nicht Angst habe, dass seine Homosexualität zu Konflikten im Umgang mit Kindern führen könne. Becker negiert das – und sagt zugleich zu Edelstein: ‚Jetzt ist Schluss mit der Schulreformerei, jetzt geht es nur noch um das Verhältnis zum Kind'. Edelstein ist entsetzt – und wechselt kein Wort mehr mit Becker. Heute sagt er: ‚Becker hat die Schule mit seinen sexuellen Bedürfnissen korrumpiert. Er hat die Schule zu einem Bordell umfunktioniert'."*[79] Das ist, man kann es kaum anders sagen, bei aller Deutlichkeit immer noch eine Verharmlosung. Prostitution ist – bei aller moralischen Abgründigkeit – ein Geschäft auf freiwilliger Basis zwischen Erwachsenen, die wissen, worauf sie sich einlassen. Was an der Odenwaldschule geschah, war systematischer Kindesmissbrauch unter Ausnutzung der überlegenen Stellung von Lehrern gegenüber Schülern, also organisierte Kriminalität in einer besonders schweren Form. Geschwiegen haben dazu auch viele von Beckers heutigen Kritikern und die es nicht taten, wurden nicht gehört. Einige der nicht gehörten Schüler indes schrien auf ihre Art um Hilfe: *„Irgendwer hat in den siebziger Jahren das Schild auf der hügeligen, malerischen Zufahrtsstraße nach Ober-Hambach zur Odenwaldschule verhunzt. ‚Hodenwaldschwule' stand da beinahe ein* *ganzes Jahr lang. [...] Dann war da der Holzphallus. Schüler rammten ihn 1975 in die Wiese vor Gerold Beckers Büro auf dem Schulgelände. Er ließ ihn umgehend entfernen. Dann waren da die Schüler, die ‚Der Be-ecker, der Be-ecker, der findet kleine Jungs le-ecker' sangen."*[80]

„In einem Dossier der ‚Zeit' unter dem Titel ‚Das Schweigen der Männer' heißt es: ‚Seit mehr als zehn Jahren ist bekannt, dass Lehrer des Odenwald-Internats ihre Schüler missbraucht haben. Pädagogen informierten darüber nicht, Staatsanwälte ermittelten nicht, Journalisten berichteten nicht. Warum nur?'"[81] Legitim, mehr als legitim, sind diese Fragen. Aber ein bisschen erinnert es an die Methode des „Haltet den Dieb!". Die „Zeit" selbst war – vorsichtig gesagt – kein Podium profilierter Kritik an der Reformpädagogik, und sie wurde es auch nicht, als der OSO-Skandal Ende 1999 erstmals bekannt wurde. Und keineswegs nur Männer haben durch Untätigkeit und Schweigen versagt. Herausgegeben wurde die „Zeit" von 1972 bis 2002 von einer Frau – Marion Gräfin Dönhoff.

---

[1] J. Schwarte, In liberalen Abgrund schauen, in: Die Tagespost vom 12.04.2010
[2] http://www.faz.net/s/Rub594835B672714A1DB1A121534F010EE1/Doc~EEF4276E9BF964315AE7836E8E4 F9F59A~ATpl~Ecommon~Scontent.html [Stand: 28.06.2010]
[3] J. Schwarte, In liberalen Abgrund schauen, in: Die Tagespost vom 12.04.2010
[4] Thijs Maasen, Pädagogischer Eros – Gustav Wyneken und die Freie Schulgemeinde Wickersdorf, Berlin 1995, S. 37ff.
[5] J. Schwarte, In liberalen Abgrund schauen, in: Die Tagespost vom 12.04.2010
[6] vgl. Peter Dudek, Versuchsacker für eine neue Jugend – Die Freie Schulgemeinde Wickersdorf 1906–1945, Kempten 2009, S. 90
[7] ebd. S. 19 u. 84
[8] Thijs Maasen, Pädagogischer Eros – Gustav Wyneken und die Freie Schulgemeinde Wickersdorf, Berlin 1995, S. 117
[9] ebd. S. 104
[10] ebd. S. 106
[11] http://www.spiegel.de/schulspiegel/wissen/0,1518,688726,00.html [Stand: 14.04.2010]
[12] Peter Dudek, Versuchsacker für eine neue Jugend – Die Freie Schulgemeinde Wickersdorf 1906–1945, Kempten 2009, S. 125
[13] http://www.faz.net/s/Rub594835B672714A1DB1A121534F010EE1/Doc~EEF4276E9BF964315AE7836E8E4 F9F59A~ATpl~Ecommon~Scontent.html [Stand: 14.03.2010]
[14] bis [17] http://www.hr-online.de/website/rubriken/nachrichten/indexhessen34938.jsp?rubrik=36098&key= standard_document_39448293 [Stand: 19.07.2010]
[18] http://www.die-tagespost.de/2008/index.php?option=com_content&task=view&id=100056925&Itemid=1 [Stand: 15.04.2010]
[19] http://www.heise.de/tp/r4/artikel/32/32212/1.html [Stand: 09.04.2010]
[20] http://www.taz.de/1/zukunft/bildung/artikel/1/der-sexappeal-des-mick-becker/ [Stand: 26.06.2010]
[21] und [22] http://www.faz.net/s/Rub79FAD9952A1B4879AD8823449B4BB367/Doc~EEAAD2965429B40E1AFE 3CF8120D6B3BF~ATpl~Ecommon~Scontent.html [Stand: 15.07.2010]
[23] http://www.taz.de/1/zukunft/bildung/artikel/1/der-sexappeal-des-mick-becker/ [Stand: 26.06.2010]
[24] http://www.spiegel.de/schulspiegel/wissen/0,1518,688726,00.html [Stand: 14.04.2010]
[25] und [26] http://www.express.de/news/panorama/schueler-als-sex-sklaven-gehalten/-/2192/1205098/-/ index.html [Stand: 20.05.2010]
[27] http://www.express.de/news/vermischtes/wer-sich-dem-direktor-verweigerte--flog-vom-internat/-/2192/ 1839020/-/index.html [Stand: 13.04.2010]
[28] http://www.badische-zeitung.de/odenwaldschule-reden-ueber-das-unsagbare--29849683.html [Stand: 02.08.2010]
[29] http://www.express.de/news/panorama/odenwaldschule--polizei-liess-schuelerin-abblitzen/-/2192/1207332/-/index.html [Stand: 20.05.2010]

[30] http://www.express.de/news/vermischtes/wurden-schueler-mit-bananen-vergewaltigt-/-/2192/1670636/-/index.html [Stand: 20.05.2010]
[31] http://www.sueddeutsche.de/panorama/odenwaldschule-rektorin-schildert-furchtbare-misshandlungen-1.15026 [Stand: 19.07.2010]
[32] http://www.express.de/news/vermischtes/wurden-schueler-mit-bananen-vergewaltigt-/-/2192/1670636/-/index.html [Stand: 20.05.2010]
[33] http://www.fr-online.de/in_und_ausland/panorama/lesetipps/?em_cnt=2459135&em_cnt_page=1 [Stand: 28.06.2010]
[34] http://www.faz.net/s/Rub594835B672714A1DB1A121534F010EE1/Doc~EEF4276E9BF964315AE7836E8E4F9F59A~ATpl~Ecommon~Scontent.html [29.06.2010]
[35] http://www.heise.de/tp/r4/artikel/32/32212/1.html [Stand: 09.04.2010]
[36] und [37] http://www.faz.net/s/Rub79FAD9952A1B4879AD8823449B4BB367/Doc~E6FA18EC7D19E40B8807801A02C670FB3~ATpl~Ecommon~Sspezial.html [Stand: 09.04.2010]
[38] http://www.faz.net/s/Rub594835B672714A1DB1A121534F010EE1/Doc~E98C46B71A9464BAA9219D8B54FF69A82~ATpl~Ecommon~Scontent.html [Stand: 26.06.2010]
[39] http://www.faz.net/s/Rub594835B672714A1DB1A121534F010EE1/Doc~EEF4276E9BF964315AE7836E8E4F9F59A~ATpl~Ecommon~Scontent.html [Stand: 26.06.2010]
[40] http://www.faz.net/s/Rub594835B672714A1DB1A121534F010EE1/Doc~EEF4276E9BF964315AE7836E8E4F9F59A~ATpl~Ecommon~Scontent.html [Stand: 09.04.2010]
[41] http://www.ekd.de/EKD-Texte/glauben_1998_mitglieder.html [Stand: 26.06.2010]
[42] http://www.fr-online.de/in_und_ausland/politik/aktuell/?em_cnt=2417044&em_cnt_page=3 [Stand: 29.06.2010]
[43] http://www.ekd.de/presse/pm178_2007_rv_Hentig.html [Stand: 26.06.2010]
[44] http://www.taz.de/1/leben/alltag/artikel/1/reformschule-im-zwielicht/ [Stand: 26.06.2010]
[45] http://m.faz.net/RubC3FFBF288EDC421F93E22EFA74003C4D/Doc~EF4C4A6224EF94787BA766A1CF6A6295E~ATpl~Epartner~Ssevenval~Scontent.xml [Stand: 26.06.2010]
[46] http://www.zeit.de/2010/13/DOS-Hentig [29.06.2010]
[47] http://www.fr-online.de/top_news/2388381_Missbrauch-an-der-Odenwaldschule-Gemobbt-geschlagen-vergewaltigt.html [Stand: 27.04.2010]
[48] http://www.faz.net/s/Rub79FAD9952A1B4879AD8823449B4BB367/Doc~E6FA18EC7D19E40B8807801A02C670FB3~ATpl~Ecommon~Sspezial.html [Stand: 09.04.2010]
[49] http://www.faz.net/s/Rub594835B672714A1DB1A121534F010EE1/Doc~EEF4276E9BF964315AE7836E8E4F9F59A~ATpl~Ecommon~Scontent.html [Stand: 14.03.2010]
[50] http://www.fr-online.de/in_und_ausland/panorama/lesetipps/?em_cnt=2459135&em_cnt_page=4 [Stand: 28.06.2010]
[51] http://www.zeit.de/2010/13/DOS-Hentig [29.06.2010]
[52] http://www.faz.net/s/Rub79FAD9952A1B4879AD8823449B4BB367/Doc~E6FA18EC7D19E40B8807801A02C670FB3~ATpl~Ecommon~Sspezial.html [Stand: 09.04.2010]
[53] http://www.fr-online.de/top_news/?em_cnt=2388381&em_cnt_page=2 [Stand: 29.06.2010]
[54] und [55] http://www.fr-online.de/in_und_ausland/politik/aktuell/2398460_Odenwaldschule-FR-anno-1999-Der-Lack-ist-ab.html [Stand: 02.06.2010]
[56] http://www.faz.net/s/Rub79FAD9952A1B4879AD8823449B4BB367/Doc~E6FA18EC7D19E40B8807801A02C670FB3~ATpl~Ecommon~Sspezial.html [Stand: 09.04.2010]
[57] http://www.hodenwald.de [Stand: 15.07.2010]
[58] http://www.bild.de/BILD/news/2010/03/13/missbrauchs-skandal-odenwaldschule/deutschlands-beruehmtester-schul-professor-liebt-skandal-direktor.html [Stand: 27.04.2010]
[59] NDR Info – Das Forum – vom 26.03.2010, Lebenslange Last – ein Missbrauchsopfer der Odenwaldschule berichtet, auf: http://www.hodenwald.de [Stand: 15.07.2010]
[60] http://www.fr-online.de/in_und_ausland/politik/aktuell/2398460_Odenwaldschule-FR-anno-1999-Der-Lack-ist-ab.html [Stand: 24.07.2010]
[61] http://www.fr-online.de/in_und_ausland/panorama/lesetipps/?em_cnt=2459135&em_cnt_page=2 [Stand: 28.06.2010]
[62] http://www.faz.net/s/Rub594835B672714A1DB1A121534F010EE1/Doc~EEF4276E9BF964315AE7836E8E4F9F59A~ATpl~Ecommon~Scontent.html [Stand: 14.03.2010]
[63] http://www.zeit.de/gesellschaft/zeitgeschehen/2010-04/odenwaldschule-missbrauch-90er [Stand: 27.07.2010]
[64] http://www.heise.de/tp/r4/artikel/32/32212/1.html
[65] bis [67] http://www.fr-online.de/politik/spezials/missbrauch/der-lack-ist-ab/-/1477336/2823512/-/index.html [Stand: 28.06.2010]
[68] Az BvR 104/2000, siehe: http://www.bundesverfassungsgericht.de/pressemitteilungen/bvg17-00.html [Stand: 28.07.2010]

[69] http://www.fr-online.de/politik/spezials/missbrauch/der-lack-ist-ab/-/1477336/2823512/-/index.html [Stand: 28.06.2010]
[70] http://www.zeit.de/gesellschaft/zeitgeschehen/2010-04/odenwaldschule-missbrauch-90er [27.7.2010]
[71] bis [73] http://www.fr-online.de/politik/spezials/missbrauch/der-lack-ist-ab/-/1477336/2823512/-/index.html [Stand: 28.06.2010]
[74] http://www.bild.de/BILD/news/2010/03/21/missbrauch-skandal-odenwaldschule/viele-tausende-straftaten-straftaten-mehr-durch-wiederholungsfaelle.html [Stand: 04.08.2010]
[75] und [76] http://www.faz.net/s/Rub79FAD9952A1B4879AD8823449B4BB367/Doc~E6FA18EC7D19E40B88078 01A02C670FB3~ATpl~Ecommon~Sspezial.html [Stand: 09.04.2010]
[77] http://www.fr-online.de/in_und_ausland/panorama/lesetipps/?em_cnt=2459135&em_cnt_page=1 [Stand: 28.06.2010]
[78] http://www.sueddeutsche.de/panorama/odenwaldschule-neue-vorwuerfe-pornos-von-schuelern-1.943739 [Stand: 19.07.2010]
[79] http://www.taz.de/1/zukunft/bildung/artikel/1/der-sexappeal-des-mick-becker/ [Stand: 26.06.2010]
[80] http://www.spiegel.de/panorama/justiz/0,1518,705715,00.html
[81] http://www.die-tagespost.de/2008/index.php?option=com_content&task=view&id=100056925&Itemid=1 [Stand: 15.04.2010]

2.8. Die Pädophilenbewegung

Sexuelle Aktivitäten mit Kindern gehören zu den am radikalsten geächteten menschlichen Tätigkeiten überhaupt. Nur sehr wenige Menschen verspüren irgendeine Neigung dazu, und die relativ wenigen, die dennoch so empfinden, achten gewöhnlich sorgfältig darauf, dass niemand davon erfährt. Und doch gab es im Zuge der „sexuellen Revolution" in mehreren Ländern eine offene Pädophilenbewegung. Ihr Hauptziel war stets die teilweise oder völlige Entkriminalisierung sexueller Beziehungen von Erwachsenen mit Kindern. Lebenslüge dieser Bewegung war die These, sexuelle Beziehungen zwischen Erwachsenen und Kindern könnten einvernehmlich und freiwillig sein. In der zugespitzten Form lautete diese Lebenslüge, Kinder hätten ein „Recht auf Sexualität" und es geschehe ihnen ein Unrecht, wenn ihnen sexuelle Betätigung nicht erlaubt werde – mit wem auch immer „sie" es wünschten.

Die äußerst kurzen Beine dieser Lebenslüge werden sofort daran erkennbar, dass es dieser Bewegung nie gelungen ist eine (und sei es auch noch so kleine) Schar an Erwachsenen zu finden, die von sich selbst gesagt hätte: „Jawohl, ich hatte im Alter von 8, 10, 12 Jahren Sex mit diesem und jenem Erwachsenen, es war auch im Rückblick schön, hat meiner Entwicklung genutzt, heute bin ich glückliche(r) Vater/Mutter und lasse meinen Kindern selbstverständlich ebenfalls die Freuden so früher sexueller Erfüllung zukommen." Solche Zeugen ihres Anliegens hat die Pädophilenbewegung nie aufbieten können, weswegen allein schon klar ist, dass ihre Forderungen zutiefst illegitim, ja, dass sie nicht ernstzunehmen sind – außer vielleicht als Gefahr für die öffentliche Sicherheit. Und doch gab es, wie in diesem Buch dokumentiert wird, auch in Deutschland relevante Stimmen, die sich dem buchstäblich perversen Anliegen dieser Bewegung geöffnet haben.

An dieser Stelle stehen nun aber diejenigen im Mittelpunkt, die diese Forderung vertreten haben. Obwohl die Pädophilenbewegung ihrem Wesen nach zwischen Psychopathologie und organisierter Kriminalität angesiedelt war bzw. ist, ist die Zahl der öffentlichen Protagonisten gar nicht ganz gering.

Europaweit war man aktiv und gut vernetzt. In den Niederlanden gaben Stars der Szene, **Frits Bernard** und **Theo Sandfort**, eine eigene Zeitschrift, ‚Paidika – Journal of Paedophilia', mit heraus[1] und politischen Aktivisten gelang gar von 1985–2002 die Herabsetzung des Schutzalters auf 12 Jahre. Selbst im Senat war man mit **Edward Brongersma**, einem offenen Apologeten der Pädophilie und Sammler von kinderpornographischen Bildern, vertreten.[2]

Der Fall des Belgiers Marc Dutroux mit dem schrecklichen Hungertod zweier Mädchen im Keller des bereits inhaftierten Kinderschänders, brachte Ende der 90er Jahre in vielen Ländern, in denen die Pädophilenaktivisten Fortschritte zu verzeichnen drohten, eine vorläufige Wende. Gerade Belgien hatte allerdings schon viel früher reagiert und 1986 scharfe Gesetze gegen Apologeten der Pädophilie erlassen. Vorangegangen war die gewaltsame *„Zerschlagung der bis dato von UNICEF unterstützten offiziellen pädophilen Interessenvertretung Belgiens mit Namen CRIES, […] wobei auch eine Reihe von belgischen UNICEF-Funktionären […] wegen sexuellen Missbrauches und Besitzes von Kinderpornographie verhaftet und verurteilt wurden"*[3].

In der Internetenzyklopädie Wikipedia war darüber im Juni 2010 folgendes zu lesen: In Belgien sind *„soziale Vereine, Institutionen oder politische Parteien von Pädophilen oder für Pädophile, für die Überwachung der Einhaltung von verfassungsmäßig garantierten Bürgerrechten speziell von Pädophilen, oder zur Verbreitung von nichtpathologisierenden Erklärungen von Pädophilie und Sexualhandlungen zwischen Kindern und Erwachsenen (der juristischen Definition von sexuellem Kindesmissbrauch), seit 1986 gesetzlich verboten. […] Belgien nahm daher seit 1986 mit diesem gesonderten Vereinigungs-, Redefreiheits- und wissenschaftlichem Publikationsverbot in Sachen Pädophilie und Kindesmissbrauch in den westlichen Industrienationen eine Sonderstellung ein; zu den der belgischen CRIES vergleichbaren offiziellen Organisationen und Interessenvertretungen, die in Belgien unter diese Sondergesetzgebung fallen und deshalb in diesem Land gesetzlich aufgelöst worden wären, zählten in Deutschland etwa die offizielle Deutsche Studien- und Arbeitsgemeinschaft Pädophilie (DSAP) (1979–2003), die Humanistische Union oder der Bundesverband Homosexualität (1986–1997, dem in diesem Zeitraum auch die DSAP angehörte), in den Niederlanden z. B. die Partij voor Naastenliefde, Vrijheid en Diversiteit (Partei für Nächstenliebe, Freiheit und Diversität, seit 2006) und die Vereeniging Martijn (seit 1982), oder in Frankreich GRED (seit 1979)."*[4] Auch in Dänemark sind Pädophile bis heute organisiert.

In Deutschland gab es neben der unmittelbar politischen Schiene zahlreiche Akademiker, die offenbar ihre Aufgabe im gesellschaftspolitisch-publizisten Einsatz für die Befreiung „kindlicher Sexualität" sahen. Viele Namen könnte man hier nennen, etwa **Prof. Dr. Ernest Borneman** (1915–1995). Der Autor von „Das Patriarchat", Gründer der österreichischen „Gesellschaft für Sexualforschung", Träger der Magnus-Hirschfeld-Medaille, Leiter eines Langzeitprojektes zur Erforschung der Kindersexualität und Ex-Sex-Onkel der Neuen Revue schwärmte 1993: *„Wer nie erlebt hat, wie ein launisches Püppchen von zehn Jahren einen gestandenen Mann von 40 herumkommandiert, der weiß wenig über Sexualität."*[5] Ein weiterer Exponent dieser Richtung ist der frühere Vorsitzende der Arbeitsgemeinschaft Humane Sexualität (AHS),[6] **Bruno Bendig**. Er *„war früher Geschäftsführer der ‚Deutschen Studien- und Arbeitsgemeinschaft Pädophilie' (DSAP). Nach der Auflösung der Pädophilen-Organisation im Jahre 1983 schloss sich ein Großteil ihrer Mitglieder der AHS an. In dem Buch ‚Pädophilie heute' fragt der Sozialarbeiter Bruno Bendig: ‚Woher sollen Kinder eigentlich den Umgang mit ihrer Sexualität lernen, wenn nicht von Erwachsenen?' Das Buch trägt den Untertitel ‚Zur sexuellen Befreiung des Kindes'."*[7] Ein weiterer wissenschaftlicher Vertreter neben den Professoren Sack und Lautmann, die in einem eigenen Teilkapitel ausführlich behandelt werden, ist der Pädophilieverharmloser Prof. Dr. Reinhard Wolff, der Begründer des Berliner Kinderschutzzentrums, der der Auffassung ist, dass *„Berühren, Streicheln der Brüste, der Vagina, des Penis, des Hinterteils eines Minderjährigen sowie das Verlangen nach Berührung der eigenen Sexualorgane des Erwachsenen (Masturbation) nur eine geringe Traumatisierung zur Folge habe."* [8]

Dennoch wollen wir uns im Weiteren auf einige wenige dieser Wissenschaftler und Revolutionäre beschränken, da ihre Schriften als geradezu exemplarisch gelten können. Etwa den nun schon häufiger genannten Professor für Sozialpädagogik, **Helmut Kentler** (1928–2008), dem später noch ein eigenes Teilkapitel gewidmet wird.

Kentler arbeitete mehrere Jahre lang als Dozent im „pädagogisch-theologischen Team" des „Studienzentrum für evangelische Jugendarbeit in Josefstal" und gewann dadurch erheblichen Einfluss auf die Jugendarbeit der EKD[9]. Berüchtigt war seine Tätigkeit als Gerichtsgutachter. Kentler gehörte zu denjenigen in der Pädophilenbewegung, die im Grunde rundheraus bestritten, dass Kindern mit sexuellen Übergriffen ein Nachteil geschehen könne, nur die dabei etwa ausgeübte Gewalt und der aufgeregte Ruf nach der Polizei könnte schaden. Und so sagte Kentler über sich selbst als Gerichtsgutachter er sei im Laufe von sechs Jahren in „fast 30" Gerichtsprozessen wegen sexuellen Missbrauchs als Gutachter aufgetreten, zitiert ihn die Zeitschrift „Emma"[10], und weiter: *„Ich bin sehr stolz darauf, dass bisher alle Fälle, in denen ich tätig geworden bin, mit Einstellungen der Verfahren oder sogar Freisprüchen beendet worden sind."*[11] Wo Kentler gestanden hat, belegen seine eigenen Worte am Besten: *„Der echte Päderast"*, versicherte der emeritierte Professor, *„braucht im allgemeinen keine Gewalt."* Und *„echte Pädophile sind hochsensibel gegen Schädigungen von Kindern"*. Unter einem „echten Päderasten" verstand er *„einen Mann, der seine Festgelegtheit kennt, akzeptiert und lebt"*[12].

Alice Schwarzer schrieb denn auch wenig schmeichelhaft: *„KennerInnen der Szene überrascht Kentlers Parteinahme nicht. Denn der Professor, der gerne auch ‚Exklusiv-Berichte' für Beate-Uhse-Kataloge schreibt, empfiehlt in seinen wissenschaftlichen Schriften die Unterbringung straffälliger Jungen ‚bei pädagogisch interessierten Päderasten'."*[13] Ebenso abstoßend sind die Zitate, die Johannes Rogalla von Bieberstein ausgegraben hat: *„Als kirchlicher Pädagoge setzte sich Kentler für antiautoritäre Jugendlager mit Sexualberatung und freier sexueller Betätigung ab 16 ein, für welche er vulgär so warb: ‚Einmal deine V... lecken ist viel schöner als Zucker schlecken'. Für diesen Star evangelischer Jugendarbeit geht ‚Intoleranz in sexuellen Fragen' einher mit ‚Häufigkeit des Gottesdienstbesuchs'."*[14]

Ein Mann mit diesen Überzeugungen wurde in Deutschland angesehener Universitätsprofessor, Dozent an einem kirchlichen Studienzentrum – ausgerechnet mit Schwerpunkt Jugendarbeit – und Gerichtsgutachter. Der übersehene Fall Kentler macht schlaglichtartig deutlich, wie tief sich der Ungeist der Pädophilenlobby im Gefolge der 68er-Bewegung in die bundesdeutsche Gesellschaft regelrecht hineingefressen hat. Im Bereich der EKD hat Kentler übrigens nicht nur in Sachen Jugendarbeit zerstörerisch gewirkt. Er spielte auch eine ungute Rolle bei der Förderung des kirchlichen Feminismus, der sich keineswegs so früh und entschieden gegen die Bestrebungen der Pädophilenlobby zur Wehr gesetzt hat, wie dies etwa Alice Schwarzer mit ihrer Zeitschrift Emma verdienstvollerweise getan hat. Lag diese Zurückhaltung daran, dass man die Hand nicht beißt, die einen füttert?

Niemand anders als Helmut Kentler war es, der die spätere, höchst umstrittene Leiterin des EKD-Frauenbildungszentrums Herta Leistner 1993 per Promotion für höhere Aufgaben qualifizierte. In ihrer gemeinsam mit Monika Bartz vorgelegten Dissertation erläuterte die bekennende Homosexuelle offen die einst konspirativen Umstände, unter denen bei kirchlichen Seminaren das Lesbentum gefördert wurde, wie das Magazin ‚eigentümlich frei' dokumentierte: *„Die das biblische und bürgerliche Weltbild aushebelnde Kultur- und Sexualrevolution vermochte einen frühen Durchbruch im Jahre 1993 zu erzielen, als Professor Helmut Kentler zwei pädagogische Mitarbeiterinnen der Evangelischen Akademien Bad Boll und Loccum promovierte. Monika Bartz und Herta Leistner legten gemeinsam eine Doktorarbeit vor, deren Untertitel lautet: ‚Der Beitrag der Tagungsarbeit zum Identitätsbildungsprozess lesbischer Frauen in der Kirche'. Mit dieser Schrift qualifizierte sich die ‚bekennende Lesbe' Leistner für den Posten der Leiterin des Frauenbildungszentrums der EKD in Gelnhausen. Ihre Dissertation enthält bemerkenswerte Informationen über kirchliche Akademien als ‚Orte lesbischer Kirchensubkultur'. Aufschlussreich genug unterlag der jährliche Bad Boller Rundbrief ‚Termine und Nachrichten für lesbische Frauen im Umfeld der Kirche' einem ‚Schutzbeschluss': Nach ihm durfte der Bericht nur vertraulich verbreitet werden. Nicht jedermann sollte erfahren, dass die österlichen ‚Treffpunkte zum Entspannen, Tanzen, zur Partnerinnensuche' da waren und dass bei ihnen eine ‚erotische Atmosphäre' herrschte. Gut möglich, dass dort auch ‚Sex im Rudel' praktiziert wurde. So ist tatsächlich nicht lediglich für die Segnung von Zweierbeziehungen geworben worden, auch in einer Gruppe Sex Betreibenden sollte nach dem Willen der Alternativen der Segen nicht verwehrt werden. In der ‚Rosa Zone. Die Große Zeitung für Lesben und Schwule' wurde dies im Dezember 1997 so publik gemacht: ‚Safer Sex Tips für Lesben. Gruppensex: Denkt Frau in trauter Zweisamkeit noch safe, so vergisst sie die Regeln im Rudel oft'."*[15]

---

[1] http://www.emma.de/index.php?id=1257 [Stand: 28.06.2010]
[2] http://en.wikipedia.org/wiki/Edward_Brongersma [Stand: 27.06.2010]
[3] und [4] http://de.wikipedia.org/wiki/Marc_Dutroux [Stand: 28.06.2010]
[5] http://www.emma.de/index.php?id=1257 [Stand: 28.06.2010]
[6] http://www.vachss.de/mission/berichterstattung/ahs.htm [Stand: 24.07.2010]
[7] http://www.emma.de/index.php?id=1257 [Stand: 28.06.2010]
[8] http://www.vachss.de/mission/berichterstattung/ahs.htm [Stand: 24.07.2010]
[9] http://www.josefstal.de/studienzentrum/personen/kentler.htm [Stand: 24.07.2010]
[10] bis [12] „Überrollt die Psychowelle das Recht?", in: Emma, vom Nov./Dez 1997, S. 30–38
[13] http://www.emma.de/index.php?id=1257 [Stand: 28.6.2010]
[14] und [15] http://ef-magazin.de/2010/03/20/1944-ein-gruss-vom-anderen-ufer-das-evangelische-paedagogennetzwerk [Stand: 28.06.2010]

2.8.1. Fritz Sack und Rüdiger Lautmann

Der seit 1996 emeritierte **Prof. Fritz Sack** (*1931) war der erste Soziologe auf einem kriminologischen Lehrstuhl in Deutschland und Leiter des Instituts für kriminologische Sozialforschung in Hamburg, das eine sogenannte „kritische Kriminologie" vertritt. Sack, der verheiratet und Vater von drei Kindern ist, war nicht nur Vorstandsmitglied der Humanistischen Union (HU), sondern ist nach wie vor Kuratoriumsmitglied der Arbeitsgemeinschaft Humane Sexualität, die sich unter anderem für die Straffreiheit von sogenanntem „einvernehmlichen" Sex mit Kindern einsetzt[1] und Beiratsmitglied der HU[2].

Professor Rüdiger Lautmann (*1935) lehrte Allgemeine Soziologie und Rechtssoziologie an der Universität Bremen[3]. Er ist der Autor des 1994 erschienenen Buches *„Die Lust am Kind"*, eines Schlüsselwerkes der deutschen Pädophilenbewegung, auf das unten näher eingegangen wird. Lautmanns zahlreiche Publikationen und Ämter nutzte der bekennende Homosexuelle[4] immer wieder, um auch ganz im Sinne der Homosexuellenbewegung tätig zu werden. Lautmann ist stark vernetzt, nicht nur im akademischen Bereich, sondern auch mit staatlichen Stellen. So schreibt Lautmann: *„Seit Anfang der 1970er Jahre war die Schwulen- und Lesbenbewegung in Deutschland sehr lebendig, vor allem in Berlin. In einer mittleren Großstadt wie Bremen und von einer Universität aus kamen andere Aktivitäten in Betracht, als studentische Basisgruppen zu gründen. Mit den Mitteln der Forschung und Lehre (damals durchaus in dieser Reihenfolge) konnte sich auch ein Professor in die Bewegung einbringen: durch wissenschaftliche Bearbeitung der Homosexuellenrepression, durch Publikationen und durch öffentliche Auftritte. Dazu war reichlich Gelegenheit, doch verlangte der Umfang der Herausforderung nach mehr, nämlich nach einer Institutionalisierung, die andere Menschen förmlich einbezieht."*[5] Noch konkreter: *„Diese Versuche reichen bis 1972 zurück, als ich einen Antrag an die Deutsche Forschungsgemeinschaft richtete, um einen Bevölkerungssurvey finanziert zu bekommen, in dem die Einstellungen zur (männlichen) Homosexualität und zur Aufhebung des § 175 Strafgesetzbuch ermittelt wurden. Die Umfrage war teuer (eine große repräsentative Stichprobe, mit einer Überquote für die Gebildeteren); wir hatten sie in einen rechtssoziologischen Bezugsrahmen gesetzt: »Entstigmatisierung durch Gesetzgebung«. Dass die DFG dieses Projekt so aufwändig finanzierte, hat mich für das weitere Hochschullehrerleben ermutigt, bei derartigen Themen zu bleiben – wenngleich nie als Vollzeitbeschäftigung, sondern als Zusatz zur Arbeit in der Allgemeinen und Rechts-Soziologie. Zwischen den Bereichen zu wechseln, bedeutete jedes Mal einen spürbaren atmosphärischen Umschwung, aber nicht etwa einen zwischen Pflicht und Lust oder zwischen Arbeit und Freizeit. Aber das Beteiligtsein – aufgrund von Selbstbetroffenheit – evoziert starke Gefühle und tiefe Befriedigung."*[6]

Weiter verlautbart Lautmann auf seiner Homepage stolz: *„Im Herbst 2006 wurde ich vom Bundesministerium der Justiz in einen Beirat berufen, der die ‚Rechtstatsächliche Untersuchung zur Situation von Kindern in gleichgeschlechtlichen Lebenspartnerschaften/Lebensgemeinschaften' wissenschaftlich begleitet. Der Projektbericht (Dr. Marina*

Rupp) wurde von der Bundesjustizministerin zum Anlass genommen, das volle Adoptionsrecht für gleichgeschlechtliche Elternpaare in Aussicht zu stellen. – Erfreulicherweise schreitet also die Rechtspolitik voran – und ebenso erfreulich werden daran Experten beteiligt."[7]

Zu welchen Ergebnissen ein derartiger „Experte" kommen würde, ahnten nur die Wenigen, die sich schon vorher mit den Beiträgen Lautmanns beschäftigt hatten. Im Juli 2009 hat die damalige **Bundesjustizministerin Zypries (SPD)** persönlich unter der Überschrift: „Familie ist dort, wo Kinder sind", alle Befürchtungen bestätigt:

„Bundesjustizministerin Brigitte Zypries hat heute gemeinsam mit der stellvertretenden Leiterin des Instituts für Familienforschung an der Universität Bamberg, Dr. Marina Rupp, eine Studie zur Situation von Kindern in gleichgeschlechtlichen Lebenspartnerschaften vorgestellt. Gegenstand der Untersuchung war die Frage, wie Kinder in so genannten Regenbogenfamilien aufwachsen und ob das Kindeswohl in diesen Lebensgemeinschaften gleichermaßen gewahrt ist wie bei heterosexuellen Eltern.

‚Heute ist ein guter Tag für alle, die auf Fakten statt auf Vorurteile setzen – gerade bei weltanschaulich besetzten Themen. Die Untersuchung hat bestätigt: Dort, wo Kinder geliebt werden, wachsen sie auch gut auf. Entscheidend ist eine gute Beziehung zwischen Kind und Eltern und nicht deren sexuelle Orientierung. Nach den Ergebnissen der Studie ist das Kindeswohl in Regenbogenfamilien genauso gewahrt wie in anderen Lebensgemeinschaften. Homosexuelle Paare sind keine schlechteren Eltern, Kinder entwickeln sich bei zwei Müttern oder zwei Vätern genauso gut wie in anderen Familienformen. Die Studie ist außerordentlich belastbar und repräsentativ. Sie belegt auf wissenschaftlich fundierter Grundlage, dass Familie dort ist, wo Kinder sind. Die Ergebnisse der Untersuchung sind ein wichtiger Baustein auf dem Weg zur vollen gesellschaftlichen und rechtlichen Anerkennung homosexueller Paare. Lebenspartner sind danach unter den gleichen Voraussetzungen wie alle anderen als Adoptiveltern geeignet. Wir sollten daher nicht auf halbem Wege stehen bleiben und jetzt die gesetzlichen Voraussetzungen für eine gemeinsame Adoption durch Lebenspartner schaffen', forderte Bundesjustizministerin Brigitte Zypries."*[8]

Wenn schon bekannt ist, dass das Thema „weltanschaulich besetzt" ist, dann fragt man sich doch, warum der Forschergruppe ausgerechnet Wissenschaftler angehören, die als selbst Betroffene kaum frei von eigenem Interesse an das sensible Thema gehen können, auch wenn dieses vielleicht nur verbandspolitischer Natur sein mag.

Frau Zypries gelangte in besagter Pressemeldung unter anderen zu dieser Schlussfolgerung für den Gesetzgeber: „*Das Lebenspartnerschaftsgesetz und die Stiefkindadoption haben sich bewährt. Das Angebot für diejenigen, die als gleichgeschlechtliches Paar füreinander und für ihre Kinder Verantwortung übernehmen, wird wahrgenommen.*"[9]

Kann es sein, dass in dieser Studie ein wichtiger Punkt nicht mit untersucht wurde? Nach neueren Forschungen ist das Risiko, in einer Patchwork-Familie missbraucht zu werden, für Mädchen signifikant höher als in einer traditionellen Familie. So kommt eine Studie zum Ergebnis, dass jedes sechste Mädchen, das einen Stiefvater hatte, vor dem 14. Lebensjahr sexuell missbraucht wurde. Bei den leiblichen Vätern war es „nur" jedes 50. Mädchen.[10] Hat man solche Untersuchungen auch im Umfeld homosexueller Patchwork-„Familien" durchgeführt? Das Ergebnis könnte in diesem Zusammenhang durchaus relevant sein.

Wie in den Kapiteln über die Humanistische Union ausgeführt, gehören Fritz Sack und Rüdiger Lautmann ebenso wie die derzeitige Bundesjustizministerin Sabine Leutheusser-Schnarrenberger zum Beirat besagter Gemeinschaft. Außerdem war Lautmann bis in die jüngste Zeit in die Justiz und Strafverfolgung hinein vernetzt. So hat er ausweislich seiner Homepage zwischen 2002 und 2009 *„überwiegend am Institut für Sicherheits- und Präventionsforschung, e.V. (ISIP), in Hamburg"* gearbeitet. Lautmann wörtlich: *„Ich kooperiere dort mit dem Kriminologen und Soziologen Fritz Sack"*[11]. Zur Erinnerung: Fritz Sack ist langjähriges Mitglied der Humanistischen Union, früher gar Vorstandsmitglied, heute Beirat und im Kuratorium der Arbeitsgemeinschaft Humane Sexualität (AHS), die die AG-Pädo betreibt.

„Die Mitglieder des ISIP kommentieren", so Lautmann, *„die Rechts- und Kriminalpolitik; sie beraten Instanzen der sozialen Kontrolle. Dazu werden Forschungsprojekte durchgeführt, die sowohl den Grundlagenbereich als auch die praktische Anwendung betreffen".*[12]

Interessant ist die Finanzierung dieser Projekte. Ein Blick auf die zahlreich in diversen Sektionen der Deutschen Forschungsgemeinschaft (DFG) tätigen Mitarbeiter und in höchste Kreise der Politik verwobene Kuratoren (siehe unten) lässt vermuten, dass auch Steuermittel eingesetzt werden und tatsächlich wurden die meisten abgeschlossenen Projekte mit Drittmitteln der DFG bezahlt[13]. Leider erfährt man nicht, woher die Primär- und Sekundärmittel stammen.

Laut Homepage teilt sich Lautmann gegenwärtig mit Fritz Sack die Leitung des ISIP[14]. Geschäftsführerin ist Daniela Klimke und offenbar ist auch sie, wie Sack, Lautmann und andere nicht zuletzt an Fragen des Sexualstrafrechts interessiert. Auch sie ist Mitglied der Humanistischen Union (HU)[15]. Das Ganze wirkt ein bisschen wie ein erweiterter, staatlich alimentierter Arbeitskreis Sexualstrafrecht der Humanistischen Union. Im Beirat finden sich, nicht ganz überraschend, Sabine Leutheusser-Schnarrenberger, auch Beirätin der HU und Herta Däubler-Gmelin, Mitglied der HU,[16] aber auch der Vorsitzende der Europäischen Polizeigewerkschaft Hermann Lutz und Joachim Jäger von der Polizei-Führungsakademie, sowie der ehemalige Präsident des Bundeskriminalamtes Horst Herold. Sogar ein ehemaliger Richter des Bundesverfassungsgerichtes, Prof. Winfried Hassemer, findet sich auf der illustren Liste des Institutes wieder[17]. Entweder stören diese Prominenten sich nicht daran, dass die Professoren Sack und Lautmann Kreisen nahestehen, ja zum Teil angehören, die

Sex mit Kindern legalisieren wollen oder sie wissen es nicht. Bei aller berechtigten Empörung über Verfehlungen kirchlicher Mitarbeiter: Diese personellen und finanziellen Verquickungen pädophiler und pädophilie-naher Kräfte mit staatlichen Stellen und Mitteln verdient mehr öffentliche Wahrnehmung und Kritik.

So manche Absonderlichkeit bekommt im Lichte dieser Verbindung einen unguten Haut-Gout. Prof. Winfried Hassemer beispielsweise ist derselbe Richter, der im Verfahren des Bundesverfassungsgerichtes ein befremdliches Sondervotum zur Frage der Strafbarkeit der inzestuösen Geschwisterliebe abgab. Er konnte im Interview mit dem Spiegel am 13. Mai 2009 in der Geschwisterliebe nichts Strafwürdiges erkennen und wollte gar – um ein ganz anderes Thema anzuschneiden – milde Strafen für sogenannte Ehrenmorde, weil die Täter schließlich aus einem anderen Kulturkreis stammen[18].

Von der abendländischen Rechtstradition zutiefst abweichende Auffassungen sind im Bereich der HU nichts Ungewöhnliches. Auch wenn die Humanistische Union mit einstweiliger Verfügung vom 13. April 2010 dem Regensburger katholischen Bischof Gerhard Ludwig Müller gerichtlich die „weitere Verbreitung der Unterstellung, die Humanistische Union betrachte Pädophilie als etwas Normales und wolle sie entkriminalisieren"[19] untersagen konnte, kann man doch aufzeigen, dass mehrere ihrer Mitglieder weiterhin diese Entkriminalisierung zumindest in Teilbereichen wollen (vgl. Kapitel 2.3.).

Fritz Sack jedenfalls ist langjähriges Kuratoriumsmitglied der AHS und Rüdiger Lautmann ist der Autor des berüchtigten Buches „Die Lust am Kind", in dem sehr viel Verständnis für pädophile Positionen durchscheint und ausführlich Männer zitiert werden, die über perverse Wünsche und deren Ausführung berichten. Zu Recht empörte sich Alice Schwarzer: *„Und Professor Lautmann erhielt 350.000 DM öffentliche Gelder für eine ‚Forschungsarbeit', für die er mit 60 praktizierenden (!) Pädosexuellen sprach, aber mit keinem einzigen Kind. Immerhin empörte sich Focus über die ‚faktenjonglierende Propagandaschrift'"*[20]. Die AHS sagt über ihre Ziele: *„Jeder Mensch muß sexuelle Erfahrungen mit sich und im Einvernehmen mit anderen machen dürfen. Einigen Mitgliedern unserer Gesellschaft wird das Ausüben von Sexualität verwehrt, das Recht auf Sexualität regelrecht abgesprochen: zum Beispiel Kindern [...]. Damit wird vielfach gegen das Recht auf sexuelle Selbstbestimmung verstoßen."*[21]

Hier einige Zitate aus dem Buch „Die Lust am Kind", wer einen schwachen Magen hat, sollte die folgenden Seiten überblättern. In diesem Buch vertritt Lautmann die These, es gäbe einen Unterschied zwischen dem, was das Gesetz einhellig als Missbrauch definiert und dem, was Pädosexuelle tun. *„Was konnte ich den Pädos – so nannten sie sich in Abgrenzung zu den Missbrauchern – raten?"* und *„Pädophilie wird von uns gegen Inzest und Kindesmissbrauch abgegrenzt: Die Erwachsenen-Kind-Kontakte finden nicht innerhalb der Familie statt, stellen keine Ersatzhandlungen dar und beruhen nicht auf Gewalt als Selbstzweck."*[22] Schon die Wortwahl zeigt wenig kritische Distanz, so schreibt Lautmann von „Knabenliebhaber[n]" und „Mädchenfreunde[n]".[23] Begriffe, die Mitarbeiter von Missbrauchsopferorganisationen aus gutem Grund nie verwenden würden. Auch Lautmanns Beschreibung der Vorgehensweise Pädosexueller ist entlarvend: *„Auf freier Wildbahn entwickeln Jäger andere Routinen als im sozialen Nahraum. Der pädophile Könner geht nicht einfach auf ein ihn attraktiv anmutendes Kind los, sondern sondiert erst einmal mehr oder weniger aufwendig dessen Zugänglichkeit."*[24] Auch bei Lautmann klingt an, was manche Reformpädagogik der griechischen Antike abgewinnen will und wird dann im Zitat eines Pädosexuellen unerhört deutlich: *„Unter Päderasten im engeren Sinn gilt es als ausgemacht, dass der Ältere dem Jüngeren stets auch Pädagoge ist. Schon im antik-griechischen Modell war der Erastes zugleich Liebhaber und Erzieher. Auch einige der heutigen Knabenliebhaber bestehen darauf:*

‚Mein Ziel ist nicht, ihn auszubeuten und ansonsten zu sagen, ist mir Wurscht, Hauptsache, ich habe meinen Spaß; sondern mein Ziel ist schon, ihn zu erziehen. Mein Traum ist vielleicht der Urtraum aller Pädophilen, dass ich mir vorstelle, wie die alten Griechen lebten: einen kleinen Jungen zum Erziehen zu haben, obwohl der Junge damals fast schon aus der Pubertät war und zum Kriegshandwerk, zum Mann erzogen werden sollte.

[...]

Es ist schön zu erleben, wenn du ihn mit zwölf kennenlernst, wie er heranwächst. Wenn du den ersten Orgasmus von ihm erlebst, wenn du den ersten Samenfluss von ihm erlebst, wenn du ihm das alles erklären kannst. Das ist ja auch was Neues, was auf ihn zukommt. Es ist wunderschön. Ich möchte sehen, wie er sich entwickelt, bis der Samenerguss kommt. – Wenn ich einen Jungen habe, der zehn, elf ist, wünsch ich mir immer, dass er jetzt endlich so weit kommt, dass ich der erste Mensch bin, der seinen Samen schluckt.

Ich würde keine sexuelle Beziehung mit einem Jungen von fünfzehn aufwärts beginnen. Anders ist es, wenn ich den von früher kenne. Für mich wär's vielleicht auch interessant gewesen, wenn dieser Junge, der jetzt einundzwanzig ist, noch einmal mitgemacht hätte. Es wäre schon reizvoll gewesen zu sehen, wie er sich entwickelt hat und wie jetzt so seine Empfindungen sind'."[25]

Lautmann kommentiert diese Passage so: *„Jemandes Entwicklung zu beobachten, zu begleiten und zu betreuen gehört zu den Urmotiven menschlicher Beziehungen, auch in der Liebe."*[26] Ein derartiger Kommentar zu einer derartigen Aussage spricht für sich. Nochmals: Lautmann hat als „Experte" bereits Einfluss auf die deutsche Gesetzgebung zum Familienrecht genommen.

Lautmanns Buch ist insofern aufrichtig, als der Autor seine propädophile Einstellung letztlich kaum zu verbergen versucht. *„In der Gegenwart anderer onanieren. Das tun manche Jungen, jeder für sich, aber gemeinsam. Der Pädophile kann zu einem solchen anderen werden, obwohl das Skript für Kinder untereinander geschrieben ist."*[27]

Heute schreibt Lautmann – offenbar ohne grundlegende Einstellungsänderung – auf seiner Homepage: *„In den späten 1980ern starteten wir eine empirische Erhebung zum Thema*

Pädophilie im engeren Sinne. Wir glaubten, den abscheulichen ‚Missbrauch' von dem unterscheiden zu können, was hundert Jahre ‚Pädophilie' geheißen hatte und ein Rätsel geblieben war. Dieser alte, griechisch klingende Begriff bezog sich auf gewaltfrei vorgehende Erwachsene, die sich in Kinder erotisch verlieben und hier einen sexuellen Kontakt anstreben. (Heute sind die Unterschiede eingeebnet, alles wird unter dem Begriff der P. gleichermaßen verdammt. Eine beachtliche Entdifferenzierung.)"[28]

Immerhin scheint er jedoch gegenüber Missbrauchsopfern eine nicht unsympathische Gewissensregung zu verspüren, wenn er schreibt: „*Meine Interpretation der Pädophilie i.e.S. ist gelegentlich missverstanden worden bzw. sie hat sich nicht klar genug ausgedrückt – ich war insofern unsensibel gegenüber der öffentlichen Erregung, die sich in Mitteleuropa nach dem Fall Dutroux in Belgien (1996) ausbreitete. Daraufhin habe ich – das Buch war bereits nicht mehr zu bekommen – auf eine Neuauflage verzichtet und eine fast fertige Übersetzung ins Englische eingemottet. Wenn Gefühle verletzt wurden, dann wollte ich dazu nicht weiter beitragen.*"[29]

Offen bleibt, ob Lautmann wirklich Rücksichtnahme zu diesem Verzicht bewegt hat oder doch die Verlegenheit über ein zutiefst beschämendes Werk, das 1994 noch irgendwie präsentabel war, heute aber seinem Autor nur noch tiefes Unverständnis eintragen kann. Das Märchen vom missbrauchsfreien pädosexuellen Handeln jedenfalls, das im Grunde alle Gesetzgeber verneint haben, scheint Lautmann weiterhin zu glauben. Für Fritz Sack als AHS Kuratoriumsmitglied gilt das – quasi von Amts wegen – sowieso.

---

[1] http://www.ahs-online.de/wb/pages/startseite.php [Stand: 17.04.2010]
[2] http://www.humanistische-union.de/wir_ueber_uns/verein/beirat/#sack [Stand: 17.04.2010]
[3] und [4] http://www.lautmann.de/Biographisches_-_CV_-_publicat/biographisches_-_cv_-_publicat.html [Stand: 16.04.2010]
[5] und [6] http://www.lautmann.de/Homostudien/LSBT/lsbt.html [Stand: 16.04.2010]
[7] http://www.lautmann.de/Homostudien/homostudien.html [Stand: 16.04.2010]
[8] und [9] http://www.bmj.de/enid/8cac071c64dbe183ba2f9f5a78cd3bed,b5f6e9636f6e5f6964092d093631303509 3a095f7472636964092d0931363039/Pressestelle/Pressemitteilungen_58.html [Stand: 16.04.2010]
[10] http://www.news4press.com/Patchwork-quotFamiliequot-beguenstigt_522678.html [Stand: 17.04.2010]
[11] und [12] http://www.lautmann.de/Kriminalitat_und_Recht/kriminalitat_und_recht.html [Stand: 16.04.2010]
[13] http://www.isip.uni-hamburg.de/index.php?option=com_content&view=category&id=37&Itemid=58 [Stand: 16.04.2010]
[14] http://www.isip.uni-hamburg.de/index.php?option=com_content&view=article&id=59:prof-drphil-drjur-ruediger-laut mann-leitung&catid=48:mitarbeiter&Itemid=53 [Stand: 16.04.2010]
[15] http://www.isip.uni-hamburg.de/index.php?option=com_content&view=article&id=61:dr-daniela-klimke-geschaeftsfuehrung&catid=48:mitarbeiter&Itemid=53 [Stand: 16.04.2010]
[16] http://www.humanistische-union.de/veranstaltungen/buergerrechtspreise/buergerrechtspreise_detail/back/ meldungen/article/ueberzeugungen-und-kabinettsdisziplin-ministerielle-mitgliedschaft-ist-auch-ein-buergerrecht/ [Stand: 17.04.2010]
[17] http://www.isip.uni-hamburg.de/index.php?option=com_content&view=article&id=48&Itemid=54 [Stand: 16.04.2010]
[18] http://www.spiegel.de/politik/deutschland/0,1518,druck-624304,00.html [Stand: 17.04.2010]
[19] http://www.humanistische-union.de/themen/rechtspolitik/rechtspolitik_detail/back/rechtspolitik/article/ einstweilige-verfuegung-gegen-bischof-gerhard-ludwig-mueller-humanistische-union-mahnt-sachliche-deb/ [Stand: 17.04.2010]

[20] http://www.aliceschwarzer.de/publikationen/aliceschwarzer-artikel-essays/missbrauch-die-fruehe-brechung/ [Stand: 28.04.2010]
[21] http://www.ahs-online.de/wb/pages/startseite.php [Stand: 17.04.2010]
[22] Lautmann, Rüdiger: „Die Lust am Kind. Portrait des Pädophilen", Hamburg 1994, S. 11f.
[23] ebd. S. 12
[24] ebd. S. 18
[25] und [26] ebd. S. 24f.
[27] ebd. S. 70
[28] und [29] http://www.lautmann.de/Sexualitat_-_soziokulturell/sexualitat_-_soziokulturell.html [Stand: 17.04.2010]

2.8.2. Helmut Kentler

Der Name Helmut Kentler sagt nur wenigen etwas. Angesichts seines verheerenden Wirkens hat er in der breiten Öffentlichkeit aber völlig zu Unrecht nicht den Bekanntheitsgrad eines Oswalt Kolle, Alfred Kinsey oder einer Beate Uhse – für deren Publikationen der „ehrenwerte" Professor gelegentlich schrieb[1] – erreicht. Dennoch: Kentler war wohl einer der wichtigsten Männer, wenn es um den schleichenden Umbau der Normen und Werte der bundesdeutschen Gesellschaft ging. Sein Name taucht fast überall auf, wo es um die Rechtfertigung sexueller Beziehungen unter Jugendlichen und zwischen Jugendlichen, Kindern und Männern geht.

Auch in der evangelischen Kirche trieb Kentler sein Unwesen. So hieß es im Synodenbericht der EKD 1999 voller Zustimmung: *„Von reformpädagogischen Ansätzen wäre zu reden, [welche] die evangelische Jugendarbeit nicht nur früh aufgegriffen, sondern auch mitgeprägt hat. Später (in den 60er Jahren) wäre etwa von Martin Goldstein und Helmut Kentler zu reden, beides damals Mitarbeiter in Bildungseinrichtungen der evangelischen Jugendarbeit, deren Namen für einen unvergleichlichen Aufbruch der Sexualpädagogik stehen."*[2] Im Folgenden dokumentieren wir, worin dieser „unvergleichliche Aufbruch" besteht und wohin er geführt hat.

In seinem programmatischen Aufsatz: „Was ist Jugendarbeit" schrieb Kentler 1964: *„Engagierte, kritische Aufklärung ist also ein Programm, in dem sich das bessere Gewissen der Gesellschaft ausspricht, und eine Aktion, auf die unsere Gesellschaft angewiesen ist, wenn sie ihren Ansprüchen genügen will."*[3]

Dieser durchaus ambitionierte Satz steht ziemlich am Anfang des Aufsatzes dieses „Gurus" evangelischer Jugendarbeit. Das „bessere Gewissen" wollte man sein. Andersdenkende werden mit derartigen Worten zumindest abqualifiziert – die entsprechende Machtposition vorausgesetzt – aber auch schnell ins gesellschaftliche „Aus" gedrängt. Mit diesem steilen Anspruch einher ging bei Kentler das Postulat, diese „kritische" Haltung sei notwendig für die Gesellschaft, weil sie nur so „ihren Ansprüchen genügen" kann, die nun aber gerade nicht diese „Gesellschaft" selbst aufgestellt hat, sondern an ihrem Umbau interessierte Gesellschaftstheoretiker. Das sollte man genau unterscheiden. Dieses sozialwissenschaftlich verbrämte Kauderwelsch hat Prämissen, die ganz nahe an dem liegen, was C. S. Lewis diesen selbsternannten Befreiern in der „Abschaffung des Menschen" mit guten Gründen vorwarf: *„Denn die Macht des Menschen, aus sich zu machen, was ihm beliebt, bedeutet, wie wir sahen, die Macht einiger weniger, aus anderen zu machen, was ihnen beliebt."*[4] Genau darum ging und geht es. Wir werden aufzeigen, in welche Abgründe Kentlers „besseres Gewissen" geführt hat.

Was nun die Jugendarbeit und ihre Aufgaben betrifft, gibt Kentler in einem anderen Werk detailliert Einblick. Wieder einmal dreht sich alles um Sex. Wenn Kinder gedeihen sollen, dann geht das seiner Ansicht nach nur, wenn sie sexuell voll befreit sind. Das redete Kentler Erziehern, Eltern und Jugendlichen ein. Eltern machte er ein schlechtes Gewissen, indem er schroff behauptete: *„Den Eltern muss klargemacht werden, dass ein gutes Vertrauensverhältnis zwischen Kindern und Eltern nicht erhalten bleiben kann, wenn den Kindern die Befriedigung so stark drängender und unaufschiebbarer Bedürfnisse wie der sexuellen verwehrt wird."*[5]

Das Heranwachsen macht auch eine Ablösung von den Eltern und ein Selbständigwerden nötig. Wie dieser Reifungsprozess unterstützt werden sollte, sagt Kentler ausführlich und unmissverständlich. So lösten sich *„koituserfahrene Jugendliche"* nach seiner Einschätzung viel schneller von den Eltern ab und bilden eigene Subkulturen. Im Sinne des revolutionär-kritischen Menschenbildes klingt das bei Kentler dann so:

„Sie fordern eine eigenständige Welt der Teenager und lehnen die Normen der Erwachsenen häufiger ab,"[6] als Jugendliche ohne Koituserfahrung. Der „Vater" der emanzipatorischen Jugendarbeit in der evangelischen Kirche empfiehlt folgerichtig: *„Man darf darauf für eine emanzipatorische Sexualerziehung folgern, dass eine ihrer Hauptaufgaben darin besteht, Jugendlichen die Ablösung vom Elternhaus zu erleichtern und ihr Selbständigkeitsstreben zu unterstützen. Dazu ist einmal Aufklärung und Beratung der Eltern nötig, die ihnen hilft, ihre Besitzansprüche auf die Kinder aufzugeben und sie von früh an so weitgehend wie nur irgend möglich als selbständige Partner im Familienleben ernst zu nehmen. Zum anderen gilt es, allenthalben die Bildung von Gleichaltrigen-Gruppen zu ermöglichen und die Subkulturen, die sich dann ausbilden, zu unterstützen."*[7] Wie diese Gruppen die „repressive Erziehung" ausmerzen, erklärt er auch so: *„Die besonders starken Repressionen, denen die Mädchen ausgesetzt sind, führen dazu, dass sie seltener über sexuelle Erfahrungen verfügen als die Jungen. Häufig war die repressive Erziehung bei ihnen sogar so erfolgreich, dass sie sexuellen Triebdruck gar nicht mehr empfinden. Ein sexuell aufgeschlossener Junge nennt ein solches Mädchen dann ‚verklemmt', ‚unmodern' – er hat damit wohl nicht so unrecht …"*[8]

Weibliche Tugendhaftigkeit, wie Kirche und Gesellschaft sie seit jeher verstanden, wird hier schlicht als Verklemmtheit diffamiert, statt Respekt und Zustimmung zu äußern, überschüttet Kentler sexuell unerfahrene Mädchen mit einer Mischung aus Verachtung und Mitleid. Jugendliche wurden nicht nur in unerträglicher Libertinage „befreit", sondern zum Teil auch unter Druck gesetzt, jetzt doch mal endlich modern und sexuell aktiv zu werden. Welcher Druck durch ein so sexualisiertes Menschenbild ausgeübt werden kann, kann man sich vorstellen. Welchen Druck in Richtung eines zutiefst unmoralischen und letztlich zum sexuellen Kindesmissbrauch tendierendes Verhalten Kentler in Deutschland tatsächlich ausgeübt hat, lässt seine Vita erahnen. Je mehr sich Kentler der Sexualerziehung hingab, desto jünger wurden die seines Rates bedürftigen Menschen. Wusste er zunächst nur von Jugendlichen und deren „Bedürfnissen" zu berichten, wandte er sich je länger, je mehr auch den Kindern zu.

Merkwürdigerweise wissen offenbar auch Stämme in entlegenen Regionen dieser Welt ganz ohne derartige wissenschaftliche Aufklärung, ihre Sexualorgane sinnvoll einzusetzen. Doch nach Kentler müssen Kinder zur Sexualität erzogen werden, weil wir sonst „*riskieren, dass sie sexuell unterentwickelt bleiben, dass sie zu sexuellen Krüppeln werden.*[9]" Statt also kindliche Scham zumindest zu respektieren, wurde Schamerziehung als gefährlich diskreditiert.[10] In seinen Aufklärungsschriften versuchte Kentler Eltern davon zu überzeugen, wie wichtig Sexualität für Kinder sei. Dabei schreckte er nicht einmal davor zurück, selbst die Gefahr des Missbrauchs dazu zu missbrauchen, Eltern zur Frühsexualisierung anzuhalten: „*Sexuell befriedigte Kinder, die gerade auch in sexuellen Fragen zu ihren Eltern ein gutes Vertrauensverhältnis haben, sind vor sexueller Verführung und sexuellen Angriffen am besten geschützt.*"[11] Sollte sich dann jedoch einmal ein Erwachsener in eindeutig sexueller Absicht an das Kind heranmachen, hat der Apologet des Pädosexualismus schon einen schützenden Hinweis parat – schützend für den Täter: „*Am verkehrtesten wäre es jetzt, wenn die Eltern die Nerven verlieren, in Panik geraten und gleich zur Polizei laufen würden.*"[12] Nein, nach Kentler sollen die Eltern das Ganze ganz tief hängen, denn: „*war der Erwachsene rücksichtsvoll und zärtlich, dann hat unser Kind womöglich sogar die sexuellen Berührungen mit ihm genossen.*"[13]

Kentler wusste viel zu berichten über Sex von Erwachsenen mit Kindern und dessen so positive Auswirkungen: „*Werden solche Beziehungen von der Umwelt nicht diskriminiert, dann sind um so eher positive Folgen für die Persönlichkeitsentwicklung zu erwarten, je mehr sich der Ältere für den Jüngeren verantwortlich fühlt.*"[14] Natürlich spielt diese Einlassung auf das vorgebliche Ideal der antiken Päderastie an, gerade so als gehörte diese nicht zu Missbräuchen, deren Abschaffung durch eine christliche, zumindest aber christlich inspirierte Ethik und Rechtsordnung man in einem Atemzug mit der Abschaffung der Gladiatorenspiele und der Sklaverei nennen kann und sollte.

Stephan Hebel von der Frankfurter Rundschau kommentierte diesen Satz denn auch so: „*Ein unverhohlener Aufruf zur Pädophilie, würden wir heute sagen – mit Recht. Stammt er aus einem Internetforum für unbelehrbare Triebtäter? Nein, er stammt aus einer anderen Zeit. […] Das Zitat ist einem Buch entnommen, das 1974 erschien; ‚Zeig mal!' hieß es und behandelte die ‚kindliche Sexualität' mit Bildern des hochgeehrten Fotografen Will McBride (der die Weiterverbreitung im Übrigen in den neunziger Jahren stoppte, als das Buch auf den offiziellen Index zu geraten drohte). Erschienen war das Werk in einem*

Verlag, der der evangelischen Kirche nahe stand. Das zitierte Vorwort schrieb der damals vergleichsweise berühmte Sexualforscher Professor Helmut Kentler."[15]

Der „Jugenddienst-Verlag", in dem das inkrimierende Buch erschien, hat selbst eine äußerst schillernde Geschichte. Bis in die Gegenwart hinein ist er vernetzt mit linkstheologischen Kreisen. In der Selbstdarstellung der heute unter „Peter-Hammer-Verlag" bekannten Firma heißt es: *„Peter Hammer ist die wörtliche Übersetzung von ‚Pierre Marteau'. Dies war ein Deckname, den die Urheber oppositioneller, verbotener (bisweilen auch anrüchiger) Schriften seit dem 17. Jahrhundert benutzten, um sich der Zensur durch die Obrigkeit zu entziehen. Es war das Subversive an diesem Namen, das den Gründern des Verlages 1966 so gefallen hat. Kritische (links-)politische Bücher und Literatur jenseits des Mainstream sollten das Programm des neu gegründeten Verlages in Wuppertal prägen.*

Zu diesen Gründern gehörte Johannes Rau, er wurde der erste Leiter des Peter Hammer Verlages. Als Rau nur ein Jahr später Fraktionsvorsitzender der SPD im Landtag wurde, übergab er die Verlagsleitung an den jungen Hermann Schulz.

Hermann Schulz führte den Verlag dann 35 Jahre lang. Er bereiste immer wieder die südlichen Kontinente, veröffentlichte die engagierte Literatur nicaraguanischer Revolutionäre in Deutschland, verlegte die Bücher unbekannter afrikanischer Autoren und schärfte ein Profil, das nach wie vor Bestand hat: Der Peter Hammer Verlag steht bis heute für Literatur aus Afrika und Lateinamerika. Hier findet man große Namen wie Ernesto Cardenal, Eduardo Galeano, Gioconda Belli, Sergio Ramirez, Aniceti Kitereza, Hampâté Bâ, Chinua Achebe und Ahmadou Kourouma. Flankiert wird die Belletristik von ethnologischen und politischen Sachbüchern zu Themen der südlichen Kontinente."[16]

Auch wenn man dem späteren Bundespräsidenten zugute halten möchte, dass er die Publikation McBrides möglicherweise nicht gebilligt hat, zeigen diese Fakten dennoch die frappierend gute Vernetzung der Propagandisten einer angeblichen Kindersexualität bis in höchste politische Kreise. Johannes Rau war längst nicht mehr Verlagsleiter, als Will McBride 1974 sein Buch „Zeig mal!" in diesem Verlag herausbrachte, aber viel anders war die Linie des Verlages vorher durchaus nicht. So wurden unter der Ägide und Verantwortung des aufstrebenden SPD-Politikers Johannes Rau beispielsweise Bücher von Martin Goldstein verlegt. Dieser evangelische Theologe und Arzt ist weit besser bekannt unter seinen Pseudonymen Dr. Sommer und Dr. Korff. Unter diesen „beriet" er jahrzehntelang Millionen Jugendliche in der Zeitschrift „Bravo" unterhalb der Gürtellinie. Seine Tipps für ein erfülltes Sexualleben ab frühester Jugend setzten Kentlers theoretische Vorarbeiten in eine zutiefst gesellschaftsverändernde Praxis um. Der Verlag – zunächst als „Jugenddienstverlag", dann als „Peter-Hammer-Verlag" firmierend – hatte sich jedenfalls von Anfang an entsprechende Themen auf die Fahnen geschrieben.

Schon 1996, als die Bundesprüfstelle für jugendgefährdende Schriften sich mit einem Verbotsantrag für das Buch „Zeig mal!" beschäftigte, fragte selbst die linksliberale „Zeit" irritiert, ob denn niemand das (von Kentler geschriebene!) Vorwort gelesen habe, das Begriffe aus dem „Rechtfertigungsrepertoire der Pädophilie" beinhalte.[17] Selbst Verlagsleiter Hermann Schulz sagte damals, er würde das heute so nicht mehr drucken. Ganz anders sah man das offenbar in der Bundeszentrale für gesundheitliche Aufklärung (BZgA). Diese Bundesbehörde entblödete sich nicht, noch in der erst 2007 auf öffentlichen Druck hin aus dem Programm genommenen Broschüre „Körper, Liebe, Doktorspiele" Kentlers Buch „Eltern lernen Sexualerziehung" unter den Literaturempfehlungen zu bewerben: *„Dieses Buch ist schon sehr lange auf dem Markt, hat aber in seiner pädagogischen Grundhaltung zur Sexualität von Kindern und Jugendlichen nichts von seiner Aktualität verloren."* Offenbar hat man auch da entweder nicht richtig gelesen oder man hat gelesen und gebilligt. Was Kentler in seinem empörenden Vorwort zu „Zeig mal!" schrieb, findet sich teilweise nämlich auch in diesem von der BZgA empfohlenen Buch wieder. Direktorin der BZgA ist seit 1985 die Medizinerin Prof. Dr. Elisabeth Pott[18]. Sie sitzt zudem dem Bundesfachausschuss „Gesundheit" der FDP vor[19].

Kentlers Vorschläge zur Sexualerziehung lesen sich immer wieder wie Anleitungen zum sexuellen Missbrauch. Mal sind sie als erzieherisches Handeln getarnt, mal gerieren sie sich als Wissenschaft. Betrachten wir exemplarisch Auszüge aus den Kapiteln über die „Kommune 2" und den berühmt-berüchtigten „Alfred Kinsey".

In seiner Textsammlung „Sexualwesen Mensch" offeriert Kentler unter anderem Berichte aus der Kommune 2, aus denen er eine Befreiung, ein Lernen der Kinder ableitet. Tatsächlich wird beschrieben, wie ein ordentliches, normales Kind langsam in dieser furchtbaren Situation retardiert, verwildert und ein anderes sexuell ausgebeutet wird.

Kentler: *„In der ‚Kommune 2' lebten drei Frauen und vier Männer zwischen 19 und 25 Jahren und die beiden Kinder Nessim (3 ¾ Jahre) und Grischa (2 ¾ Jahre) zusammen. Die Erwachsenen waren sich einig, dass die Kinder möglichst nicht mit Verboten und Unterdrückung erzogen werden sollten. Das galt besonders für die Sexualerziehung: Die Kinder sollten eigene Erfahrungen sammeln können und dadurch zu einer Selbststeuerung kommen. In diesem Sinn wird auch die sexuelle Neugier nicht eingeschränkt, und die Kinder werden nicht zurückgestoßen, wenn sie mit Erwachsenen ‚etwas Sexuelles anstellen wollen'. Die Kinder sollen erleben, dass Sexualität etwas Lustvolles, Zärtliches ist (darum werden ihre Zärtlichkeitsäußerungen von den Erwachsenen bestätigt und erwidert); sie sollen auch lernen, dem ‚Realitätsprinzip' zu entsprechen (also zum Beispiel erfahren, dass Erwachsene zu ihnen als Sexualobjekte nicht passen)."*[20]

Wie diese Erfahrungen konkret aussahen, beschreibt der Text dann bei einer Einschlafsituation, bei der ein erwachsener Mann die kleine Grischa zu Bett bringt, wie folgt: *„Ich liege auf dem Rücken. Grischa streichelt meinen Bauch, wobei sie meine rausstehenden Rippen als Brüste versteht. Ich erkläre ihr, dass das Rippen sind, ich nur eine flache Brust und Brustwarzen habe. Sie streichelt meine und zeigt mir ihre Brustwarzen. Wir unterhalten uns über die Brust von Mädchen, wenn sie älter sind. Dann will sie meinen ‚Popo' streicheln. Ich muss mich umdrehen. Sie zieht mir die Unterhose runter und streichelt meinen*

Popo. Als ich mich wieder umdrehe, um ihren wie gewünscht zu streicheln, konzentriert sich ihr Interesse sofort auf ‚Penis'. Sie streichelt ihn und will ihn ‚zumachen' (Vorhaut über die Eichel ziehen), bis ich ganz erregt bin und mein Pimmel steif wird. Sie strahlt und streichelt ein paar Minuten lang mit Kommentaren wie ‚Streicheln! Guck ma Penis! Groß! Ma ssumachen! Mach ma klein!' Dabei kniet sie neben mir, lacht und bewegt vom ganzen Körper nur die Hände. Ich versuche ein paarmal sie zaghaft auf ihre Vagina anzusprechen, sage, dass ich sie auch gern streicheln würde, wodurch sie sich aber nicht unterbrechen lässt. Dann kommt doch eine ‚Reaktion': Sie packt meinen Pimmel mit der ganzen linken Hand, will sich die Strumpfhose runterziehen und sagt: ‚Ma reinstecken.' Ich hatte zwar so was erwartet (Marion hatte von Badewannenspielen erzählt, wo Nasser seinen Pimmel vor Grischas Bauch hielt und sie sich so zurückbeugte, dass man ‚Penis in Vagina reinstecken' konnte, was aber mangels Erektion nicht gelang), war dann aber doch so gehemmt, dass ich schnell sagte, er sei wohl zu groß. [...] Nach erneutem Streicheln und Zumachen-Versuchen kommt wieder der Wunsch ‚Reinstecken!', diesmal energischer als vorher. Ich: ‚Versuch's mal!' Sie hält meinen Pimmel an ihre Vagina und stellt dann resigniert fest: ‚Zu groß.'"[21]

Weniger in Richtung Missbrauch, als vielleicht in Richtung Verwahrlosung weist das andere Beispiel von Nessim. An ihm ließe sich „*darstellen, dass es in der Kommune möglich war, einen Teil der Fehlentwicklungen aus früheren Entwicklungsphasen zu korrigieren.*"[22] Es ist schon erstaunlich, was da als Fehlentwicklung und was als Korrektur angesehen wurde, manches wirkt aus heutiger Sicht unfreiwillig komisch: „*Nessim hatte mit eineinhalb Jahren gelernt, seine Darmfunktion zu beherrschen. Er war damals für sechs Wochen getrennt von seinen Eltern bei seiner Großmutter. Als Nessim in die Kommune kam, äußerte er Ekelgefühle gegenüber starkem Schmutz und hielt sich beim Essen und Spielen recht sauber. Sah er tierischen Kot auf der Straße, sagte er manchmal Pfui und regte sich auf, wenn er aus Versehen hineingetreten war. Nessim zeigte wenig Interesse für das Spielen im Schlamm, mit Knetgummi oder fürs Malen mit Farben. [...] Im Laufe der Kommune-Zeit wurde ein Teil der verdrängten Triebwünsche aus der Analphase reaktiviert und äußerte sich zum Beispiel im deutlichen Interesse für Kot. [...] Wir versuchten, Nessims neuerwachtes Interesse für die Exkremente zu unterstützen und keine Ekelgefühle zu zeigen. Es erschien uns notwendig, Nessim nicht nur gewähren zu lassen, sondern wegen der bereits vorhandenen Fehlentwicklungen sein anales Interesse deutlich zu bejahen. Der günstige Einfluss zeigte sich nach zwei Jahren in der Kommune in einem weit weniger zwanghaften Verhältnis zur Reinlichkeit.*"[23]

Doch auch das Verhältnis zu den eigenen Eltern musste von den Kindern in der Kommune kritisch überdacht werden und führte zu furchtbaren Ergebnissen. Die nötige Eltern-Kind-Beziehung wurde vorsätzlich zerstört und das Urvertrauen der Kinder destabilisiert. Die Folgen dieser Traumata wurden dann – auch von Kentler – als pädagogischer Erfolg gewertet. „*Beide Kinder standen beim Einzug in die Kommune monatelang unter dem schockartigen Eindruck, die Mutter verloren zu haben. [...] Die aggressiven Impulse gegenüber der Mutter, die aus der Wut über ihr zeitweiliges Verschwinden rührten, konnte Grischa zunächst nicht offen äußern. [...] Wenn man auf Grischas Wünsche nicht einging, warf sie sich oft schreiend auf den Boden, rollte sich auf dem Bauch liegend zusammen und war überhaupt nicht anzusprechen. Fasste sie dann jemand an, so wehrte sie ihn strampelnd ab und brüllte: Lass mich!*

Nessim wehrte in den ersten Monaten alle Zärtlichkeiten von Frauen ab. Wenn sie ihn streicheln oder in den Arm nehmen wollten, stieß er sie weg und sagte: Lass mich! Er fragte nie nach seiner Mutter. Wenn er etwas haben wollte, brachte er sein Verlangen meistens in einem quengelndem, weinerlichen Ton vor. Beide Kinder wachten in der ersten Zeit fast jede Nacht schreiend auf. Es war nicht möglich, von ihnen herauszubekommen, was sie bedrückte. Auf Fragen gaben sie keine Antwort, sondern schrien nur krampfartig weiter.

Das Programm, die Fixierung der Kinder an ihren jeweiligen Elternteil allmählich etwas aufzulösen, ließ sich zunächst nicht verwirklichen. Bei Streitigkeiten zwischen den Kindern, Wünschen nach Zärtlichkeit oder in angsteinflößenden Situationen wandten sich die Kinder meistens doch an ihren jeweiligen Elternteil. Mit der Zeit zeigte sich aber, dass für die Kinder die Möglichkeit, im Alltagsleben Affekte gleichsam probeweise an anderen Erwachsenen auszulassen, ihnen erlaubte, allmählich Aggressionen gegen ihre Eltern zu äußern. Besonders Nessim hatte lange Zeit jede Aggressionsäußerung gegen seinen Vater vermieden. [...] Heute schlägt Nessim auch Eike heftig und beschimpft ihn, wenn er sich über ihn geärgert hat. Diese Fähigkeit, Aggression gegen den eigenen Elternteil zu äußern, entwickelte sich parallel mit der Fähigkeit, mit Liebesbedürfnissen sich auch an die anderen Erwachsenen in der Kommune zu wenden."[24]

Noch schlimmer sind die Texte, die Helmut Kentler von Kinsey zustimmend, ja sogar als große Forschungsergebnisse, wiedergibt:

„Der Orgasmus wurde bei Knaben jeder Altersstufe von fünf Monaten bis zur Pubertät beobachtet ... Der Orgasmus bei einem Kleinkind oder sonst einem jungen männlichen Individuum entspricht bis auf das Ausbleiben der Ejakulation in erstaunlicher Weise dem Orgasmus eines älteren Erwachsenen [...]. Es gibt Beobachtungen an sechzehn männlichen Kindern unter elf Monaten, wobei in sieben Fällen ein typischer Orgasmus erreicht wurde. In fünf Fällen junger Kinder konnte die Beobachtung über eine Zeitspanne von Monaten oder Jahren fortgeführt werden, bis die Individuen alt genug waren, so dass man mit Sicherheit sagen konnte, dass es sich hier um echte Orgasmen handelte. [...] Von 182 Knaben, über die genügend Angaben vorliegen, erreichten mehr als die Hälfte (55,5 Prozent, 101 Fälle) innerhalb einer kurzen Zeitspanne mit Leichtigkeit einen zweiten Orgasmus. Fast ein Drittel (30,8 Prozent) dieser Knaben war imstande, in schneller Aufeinanderfolge fünf und mehr Orgasmen zu erreichen. [...] Angesichts der wissenschaftlich berechtigten Forderung nach Berichten von geschulten Beobachtern haben wir nunmehr Beobachtungen über so spezifisch sexuelle Aktivitäten wie Erektion, Beckenstöße und die verschiedenen anderen Kennzeichen des echten Orgasmus anhand einer Liste von 317 Knaben vom fünf Monate alten Säugling bis zum Pubertierenden vorgelegt."[25]

Wie anders, wenn nicht durch sexuellen Missbrauch an Kindern und Säuglingen kann man eigentlich zu solchen „Forschungsergebnissen" gelangen – die zudem nach heutigem Wissensstand auf äußerst wackeligen Beinen stehen, was ihre physiologische Aussagekraft betrifft? Was für Menschen sind zu solchen „Experimenten" fähig? Wann melden sich Opfer dieser unmenschlichen Forschungen, wann wird dieser Wissenschaftsskandal aufgearbeitet?

Es geht hier nicht um Unterstellungen, es geht um harte Tatsachen. Eine klare Sprache spricht die US-amerikanische Forscherin Judith Reisman, die zahlreiche Verbrechen und akademische Betrügereien Kinseys aufgedeckt und publiziert hat:

„Kinsey hielt Pädophile in den USA und im Ausland dazu an, Kinder zu missbrauchen. Er forderte sie dazu auf, Säuglinge und Kinder sexuell zu missbrauchen, weil er dadurch zu seinen Daten über angeblich normale ‚Kindersexualität' kommen konnte. Insgesamt handelte es sich dabei um zwischen 317 und 2035 Kinder und Säuglinge. Viele dieser Verbrechen an Kindern (oraler und analer Sex, genitaler Geschlechtsverkehr und manueller Missbrauch) wurden ausdrücklich für Kinsey und seine Forschungen begangen; Kinsey hat sie in seinen Diagrammen und Tabellen ausgewertet. ‚Tabelle 34' in seinem Buch über Männer (auf Seite 181 im englischen *Original ‚Sexual Behavior in the Human Male') enthält die ‚wissenschaftliche' Aufzeichnung von ‚multiplen Orgasmen bei Jungen vor der Pubertät'. Die Tabelle beinhaltet Aufzeichnungen über Säuglinge im Alter von fünf Monaten, deren ‚Orgasmen' von Kinseys ‚technisch ausgebildeten Helfern' mit der Stoppuhr gemessen wurden. Bei einem vierjährigen Kind wurden während 24-stündiger Messungen angeblich 26 Orgasmen gezählt. Bis heute nehmen sowohl Sexualpädagogen als auch Pädophile und deren Sympathisanten in der Regel auf diese ‚Daten' Bezug, um zu beweisen, dass Kinder homosexuelle, heterosexuelle oder bisexuelle Bedürfnisse haben und deshalb ‚Safer-Sex'-Erziehung brauchen. Die Daten werden auch regelmäßig dazu verwandt, um zu ‚beweisen', dass Kinder schon von Geburt an sexuell sind. [...] Kinseys Team, das hinter verschlossenen Türen operierte, ‚zwang' erstens die Probanden der Studien, die gewünschten Antworten auf ihre Sex-Fragen zu geben, vernichtete zweitens heimlich drei Viertel der Forschungsdaten und gründete drittens seine Aussagen über das Verhalten des ‚normalen Mannes' auf Befragungen mit Männern, von denen 86 Prozent ein abweichendes Sexualverhalten hatten. Zu den Männern mit abweichendem Sexualverhalten gehörten 200 sexuelle Psychopathen, 1400 Sexualstraftäter und Hunderte von Gefangenen, Strichern und promisk lebenden Homosexuellen. Da außerdem nur wenige Frauen bereit waren, sich vom Kinsey-Team befragen zu lassen, stuften die Mitarbeiter alle Frauen, die länger als ein Jahr mit einem Mann zusammenlebten, als ‚verheiratet' ein. Ihre Daten über Prostituierte und andere unkonventionell lebende Frauen reklassifizierten sie als Daten ‚gewöhnlicher Hausfrauen'. [...] Wie war es möglich, dass ein trockener, wissenschaftlicher Wälzer zu einem weltweiten Bestseller wurde und weder kritische Reporter noch Wissenschaftler nachfragten, wo denn die Kinder für die sexuellen Experimente herkamen? In seinem Buch über Männer deutet Kinsey die Qualen der Säuglinge, die noch nicht sprechen können (,Schreien', ,sich vor Schmerzen krümmen', ,ohnmächtig*

werden', ,Weinkrampf' usw.), als ,Orgasmen'. Wer hat diese sexuellen Experimente an den Kindern durchgeführt? Wo waren die Eltern? In keiner der tausend und mehr nationalen und internationalen Buchbesprechungen wurde Kinsey jemals dazu befragt."[26]

Wessen Quellen aus derartigen Schlammgruben bestehen wie Kentlers, kommt leicht selbst zu merkwürdigen „wissenschaftlichen" Einsichten.

Als Gerichtsgutachter machte sich Kentler einen Namen, indem er mit dem Schlagwort vom „Missbrauch des Missbrauchs" konsequent für Sexualstraftäter in die Bresche sprang. Als Alice Schwarzer Kentler dann in der „EMMA" als „Schreibtischtäter" outete, traf dies bei ihm natürlich auf Unverständnis. Auch Lautmanns Nekrolog auf den 2008 verstorbenen Kentler wertet seine Vergangenheit unkritisch: *„In späteren Jahren musste Kentler harsche Kritik hinnehmen. Er hatte sich gegen die neu formulierte Sexualmoral gestellt – oder auch bloß auf seiner ursprünglichen Position beharrt. Neuerdings werden hier bekanntlich nicht mehr Liberalisierung und Individualisierung verkündet, sondern Kommunitarismus, Opferleiden und Prävention in den Vordergrund gestellt. In der ‚Emma' als Schreibtischtäter tituliert zu werden, war gewiss kein Pappenstiel; Kentler hat diese unberechtigte Schmähung wie andere Anwürfe mit äußerer Gelassenheit ertragen. Nicht erschienen ist sein Anfang 1999 angekündigtes Buch ‚Eltern unter Verdacht – Vom Missbrauch des sexuellen Missbrauchs', ‚in dem ich die ungefähr 35 Prozessverfahren gegen Unschuldige, die ich als Gutachter begleitet habe, auswerten möchte' [...]"*[27]

Unverständnis zeigt auch der Autor des folgenden Internetbeitrages: *„Nur weil er angeblich ein ‚Schreibtischtäter' der Pädophilie sei, wurde dem Sexualwissenschaftler Helmut Kentler der Magnus-Hirschfeld-Emanzipationspreis 15 Minuten vor der Verleihung aberkannt."*[28] Diese Ehrung sollte Mitte Mai 1997 erstmalig von der Berliner SPD verliehen[30] werden, eben an Kentler. Der nach dem berühmten Vorkämpfer der Homosexuellenbewegung Magnus Hirschfeld (1868–1935) benannte Preis ist nicht zu verwechseln mit der Magnus-Hischfeld-Medaille, die seit 1990 von der Deutschen Gesellschaft für Sozialwissenschaftliche Sexualforschung (DGSS)[29] verliehen wird. Die Zielsetzung beider Ehrungen weist jedoch erhebliche Berührungspunkte auf, und einige Laureaten der Magnus-Hirschfeld-Medaille denken ähnlich wie der einstige Präsident der DGSS, Helmut Kentler (1979 bis 1982). Zu nennen wären hier etwa Ernest Bornemann[31] und Oswalt Kolle[32]. Auch andere Vertreter der schwulen Sexualforschung wie Rolf Gindorf und der Schwulenlobby wie Manfred Bruns[33] stehen in einer inhaltlichen Nähe mit Kentler. Bruns hatte, wie an anderer Stelle in diesem Buch aufgezeigt, freimütig eingeräumt, die Trennung der Schwulenbewegung von der Pädo-Szene sei nur taktischer Natur gewesen[34]. Weitere Träger dieser ungewöhnlichen Medaille sind der Erfinder des Gender-Begriffes John Money (Verleihung 2002), bekannt durch seine menschenverachtenden Experimente an Bruce/Brenda Reimer[35] und die CDU-Politikerin Rita Süßmuth[36] (2006).

Ähnlich erschreckend wie Kentlers Praxis als Gerichtsgutachter ist sein mit Selbstbekenntnissen getränktes Gutachten, mit dem ihn der Berliner Senat im Jahre 1988 beauftragte, in welchem er behauptet, dass Homosexuelle als Pflegeväter geeignet sind. Der schlimmste Teil dieser Ausarbeitung ist sicher die Vorbemerkung zum persönlichen Engagement, mit dem Kentler nachweisen wollte, dass er für diese Gutachtertätigkeit nicht nur als Wissenschaftler, sondern auch als Mann mit entsprechender eigener Erfahrung besonders geeignet sei. Die Art dieser Erfahrungen jedoch würden heute wohl in die Untersuchungshaft führen. Es beginnt recht harmlos:

„*Im Einvernehmen mit den Eltern habe ich seitdem immer einzelne Jungen – meist bis zu ihrem Eintritt ins Berufsleben – bei mir zu Hause aufgenommen. Ich war also mehr als drei Jahrzehnte selbst als ‚alleinerziehender Pflegevater' tätig [...].*"[37] Wenig später folgt eine aus heutiger Sicht ungeheuerliche Selbstbezichtigung. Kentler hat die Unterbringung mehrerer Jugendlicher bei pädagogisch interessierten, aber wegen sexuellen Kindesmissbrauchs vorbestraften Päderasten organisiert und offenbar über längere Zeit hinweg begleitet: „*Während der Zeit der ‚Antiheimkampagne', als in Berlin zahlreiche ‚Trebegängerinnen' und ‚Trebegänger' buchstäblich auf der Straße lagen, arbeitete ich in einer sozialpädagogischen Initiative mit. Ich kümmerte mich besonders um einige Jungen, die sich als ‚Stricher' betätigten. Sie wieder ‚sesshaft' zu machen, war kaum möglich, da sie sich umworben fühlten, gut verdienten und gar keine Lust hatten, ihr Leben zu ändern. Durch diese Jungen kam ich in Kontakt mit drei Männern, die als Hausmeister tätig waren; sie hatten sich im Gefängnis in Tegel kennengelernt, wo sie wegen sexueller Kontakte mit minderjährigen Jungen Freiheitsstrafen zu verbüßen hatten. [...] Ich hatte damals erste Veröffentlichungen über Versuche in Holland und in den USA gelesen, bei Päderasten Pflegestellen für jugendliche Herumtreiber einzurichten und dadurch eine soziale Integration zu ermöglichen. Die Ergebnisse ermutigten mich, etwas Ähnliches zu versuchen, und es gelang mir, die zuständige Senatsbeamtin dafür zu gewinnen. So kam es, dass bei den drei Hausmeistern regelrechte Pflegestellen eingerichtet wurden, und ich fand rasch drei Jungen, die bereit waren, hier einzuziehen: Sie waren zwischen 15 und 17 Jahren alt, waren aus Heimen weggelaufen, konnten kaum lesen und schreiben, einer war völliger Analphabet und konnte nicht einmal die Uhr ablesen. Ich übernahm für jede Pflegestelle die Supervision, das heißt, ich kam zweimal in der Woche zu Besuch, sprach zuerst allein mit dem Mann, dann allein mit dem Jungen, schließlich mit beiden zusammen – Schwierigkeiten, Probleme wurden besprochen und gelöst. [...] Mir war klar, dass die drei Männer vor allem darum soviel für ‚ihren' Jungen taten, weil sie mit ihm ein sexuelles Verhältnis hatten. Sie übten aber keinerlei Zwang auf die Jungen aus, und ich achtete bei meiner Supervision besonders darauf, dass sich die Jungen nicht unter Druck gesetzt fühlten. Da die Männer auf die Altersspanne 15 bis 19 festgelegt waren, versuchten sie nicht, die Jungen an sich zu binden, vielmehr machten sie es mir ziemlich leicht, ihnen dabei zu helfen, das Selbständig werden ‚ihres' Jungen als wichtigstes Ziel ihrer Beziehung zu ihm anzustreben.*"[38]

Man kann lange darüber streiten, was die größte Ungeheuerlichkeit dieses Textes ist. Dass ein solcher Text die Justiz nicht auf den Plan ruft? Dass er Teil eines Gutachtens an den Senat von Berlin ist? Dass das dargestellte, pardon, Verbrechen – wenn man den Worten Kentlers Glauben schenken darf – gleichsam mit vorheriger Genehmigung des Senats organisiert wurde? Leider ist es uns nicht gelungen, die Namen der „zuständigen Senatsbeamtin" und ihres vorgesetzten Senators bzw. ihrer Senatorin zu recherchieren. Auch ohne diese beiden Namen: Das Denken der Befürworter des sexuellen Kindesmissbrauchs war in der Bundesrepublik zeitweilig mehr als nur salonfähig. Es ist in Regierungskreise eingedrungen.

All diese Ungeheuerlichkeiten scheinen bis heute weder die Arbeitsgemeinschaft evangelischer Jugend in Deutschland (aej) noch das Studienzentrum Josefstal sonderlich anzufechten. Im Gegenteil. Die jahrelange Mitarbeit im Studienzentrum für evangelische Jugendarbeit in Josefstal e.V., eines 1961 gegründetes Fort- und Weiterbildungsinstituts in Trägerschaft eines gemeinnützigen eingetragenen Vereins, das sich als Partner der Arbeitsgemeinschaft der Evangelischen Jugend in Deutschland und der Evangelisch-Lutherischen Kirche in Bayern versteht, sieht offenbar keinen Handlungsbedarf, sich von Kentler zu distanzieren. So ist auf der Homepage des Studienzentrums[39], ebenso wie auf der Homepage der aej noch immer der Nachruf auf Kentler eingestellt[40], wo seine „Verdienste" für die (so natürlich nicht genannte) Homosexualisierung der Kirche gepriesen werden. Kritisch werden lediglich seine Gutachten erwähnt. Kritik an seiner Vermittlung von Jugendlichen an Päderasten sucht man vergeblich. Im Nachruf heißt es: *„Beide Aspekte, institutionelle Struktur und professionelle Sozialisation, haben die konzeptionelle Entwicklung und die Studienarbeit in Josefstal nachhaltig, bis heute geprägt."* Auch in diesem Studienzentrum könnte eine „Inventur" von Lehrinhalten, Unterrichtsmaterialen und Kooperationspartnern in den zurückliegenden Jahrzehnten gewiss nicht schaden.

Aber nicht nur die Arbeitsgemeinschaft evangelischer Jugend in Deutschland will Helmut Kentler ein ehrendes Andenken bewahren. Auch die Humanistische Union zählt den 2008 Verstorbenen bis auf den heutigen Tag (Stand Juli 2010) auf ihrer Internetseite zu ihren Beiräten. Der Nekrolog Rüdiger Lautmanns auf Kentler beginnt mit den Worten: *„Ein Leuchtturm [...] ist erloschen ..."*.[41] Fragt sich nur, wie viele von diesem Leuchtturm in ein moralisches Nirwana geleitete Schiffe untergegangen sind. Alice Schwarzer jedenfalls nennt Kentler schnörkellos einen *„bekennende[n] Pädosexuelle[n]"*.[42]

---

[1] http://www.emma.de/index.php?id=1257 [Stand: 28.04.2010]
[2] http://www.ekd.de/print.php?file=/synode99/bericht_jugend2.html [Stand: 01.05.2010]
[3] Helmut Kentler, Versuch 2, in: Müller, Kentler, Mollenhauer, Giesecke, Was ist Jugendarbeit? – Vier Versuche zu einer Theorie, München 1986, S. 41
[4] Clive Staples Lewis, Die Abschaffung des Menschen, Einsiedeln 1979, S. 62
[5] Helmut Kentler, Sexualerziehung, Reinbek 1970, S. 179
[6] ebd., S. 171
[7] ebd., S.171f.

⁸ ebd., S. 173
⁹ Helmut Kentler, Eltern lernen Sexualerziehung, Reinbek 1981, S. 32
¹⁰ ebd., S. 80f.
¹¹ und ¹² ebd., 103
¹³ ebd., S. 104
¹⁴ Vorwort von Helmut Kentler in: Will McBride, Zeig mal!, Wuppertal 1974, S. 10
¹⁵ http://www.fr-online.de/in_und_ausland/politik/dossiers/sexueller_missbauch/2402645_Leitartikel-zum-Missbrauch-Ein-Jahrzehnt-quaelender-Experimente.html [Stand: 01.05.2010]
¹⁶ http://www.peter-hammer-verlag.de/verlag.html [Stand: 01.05.2010]
¹⁷ http://www.zeit.de/1996/42/Der_Schatten_von_1968 [Stand: 01.05.2010]
¹⁸ http://www.impftalk.de/index.php/referenten/prof-dr-med-elisabeth-pott.html [Stand: 03.08.2010]
¹⁹ http://www.fdp-bundespartei.de/webcom/show_article.php?wc_c=401&wc_id=1 [Stand: 03.08.2010]
²⁰ Helmut Kentler, Vorbemerkung zu „Kommune 2", in: H. Kentler, Sexualwesen Mensch, München 1988, S. 110
²¹ Kommune 2, Tabu Kindersexualität, in: Helmut Kentler, Sexualwesen Mensch, München 1988, S. 118f.
²² ebd. S. 111
²³ ebd. S. 111f.
²⁴ ebd. S. 112f.
²⁵ Alfred C. Kinsey, Sexuelle Äußerungen von Kleinkindern, in: Helmut Kentler, Sexualwesen Mensch, München 1988, S. 76ff.
²⁶ Reisman (hier ohne Fußnoten) zitiert nach der deutschen Übersetzung auf der Homepage des Deutschen Institutes für Jugend und Familie, http://www.dijg.de/judith-reismann.html [Stand: 01.05.2010]
²⁷ http://www.humanistische-union.de/publikationen/mitteilungen/hefte/nummer/nummer_detail/back/mitteilungen-202/article/nachruf-auf-helmut-kentler/ [Stand: 01.05.2010]
²⁸ http://www.geschichte-der-sexualitaet.de/Kap16.htm [Stand: 15.04.2010]
²⁹ http://de.wikipedia.org/wiki/Magnus-Hirschfeld-Medaille [Stand: 03.08.2010]
³⁰ „Überrollt die Psychowelle das Recht?", in: Emma, Nov./Dez. 1997, S. 30–38
³¹ http://www.emma.de/index.php?id=1257 [Stand: 01.05.2010]
³² http://www.ahs-online.de/ [Stand: 30.03.2000]
³³ http://www.rolf-gindorf.de/dgss/d_magnus.htm [Stand 01.05.2010]
³⁴ http://www.lsvd.de/59.0.html [Stand: 16.04.2010]
³⁵ http://wikimannia.org/index.php?title=John_Money [Stand: 01.05.2010]
³⁶ http://www.rolf-gindorf.de/dgss/d_magnus.htm [Stand 01.05.2010]
³⁷ Helmut Kentler, Leihväter – Kinder brauchen Väter, Reinbek 1989, S. 55
³⁸ ebd. S. 55f.
³⁹ http://www.josefstal.de/studienzentrum/personen/kentler.htm [Stand: 01.05.2010]
⁴⁰ http://www.evangelische-jugend.de/index.php?id=471&tx_ttnews[pointer]=1&tx_ttnews[tt_news]=8&tx_ttnews[backPid]=473&cHash=70d58fb6e7 [Stand: 01.05.2010]
⁴¹ http://www.humanistische-union.de/publikationen/mitteilungen/hefte/nummer/nummer_detail/back/mitteilungen-202/article/nachruf-auf-helmut-kentler/ [Stand: 01.05.2010]
⁴² http://www.aliceschwarzer.de/publikationen/texte-von-alice/wie-es-geschehen-kann-22010/ [Stand 01.05.2010]

2.8.3. Psychogruppen, Kindersex und Bombenterror – Die Kommune 2

Die „Kommune 2" war eine sozialistische Lebensgemeinschaft aus vier Männern[1], drei Frauen[2] und den zwei Kindern, Grischa und Nessim[3], in Berlin-Charlottenburg. Das im August 1967 gestartete Projekt scheiterte bereits nach einem Jahr. Die gemeinsame Erziehung der beiden Kinder der Kommune sollte eine auf der Psychoanalyse beruhende Antiautoritäre Erziehung sein. Die beiden Kinder gingen zunächst in einen Kindergarten. Sie wechselten dann in einen der beiden vom Aktionsrat zur Befreiung der Frauen organisierten Kinderladen. Die Gruppe begann eine an der psychoanalytischen Praxis ausgerichtete Gruppenanalyse, die sie „Reihenanalyse" nannte:

Jan-Carl Raspe und die Pädophilen

„Im Laufe eines Abends waren drei oder vier von uns hintereinander an der Reihe, dienstags die Frauen, freitags die Männer. Während der ersten beiden Abende hatten wir keine besondere Sitzordnung. Zu Beginn nahm sich jeder irgendeine Sitzgelegenheit, und dann gab's meist eine längere Pause, bis derjenige, der dran war, zu reden anfing. Es gab keine feste Gesprächsform. Die Sitzungen begannen gewöhnlich mit Berichten über Tagesereignisse und ihre psychische Verarbeitung. Anlässe gab es genug, man hatte sich geärgert, war frustriert, oder zu bestimmten Ereignissen waren Erinnerungen aufgetaucht. Die Gruppe verhielt sich insgesamt betrachtet zurückhaltend, was aber keiner besonderen Erkenntnis entstammte, sondern eher auf Unsicherheit zurückzuführen war".

Im März 1968 änderte die Kommune die therapeutische Praxis, in dem nun immer eine bestimmte Person der Gruppe von der Person, die ihre Probleme bearbeiten wollte, als Analytiker bestimmt wurde, während die anderen sich zurückhielten und am Ende die Analyse gemeinsam besprachen. Ihre Geschichte dokumentierten sie anhand von Protokollen und Analysen detailliert in einer wenig später erschienenen Buchveröffentlichung[5].

Besonders bedrückend sind die Teile des Buches und die Zitate aus anderen Schriften, in denen es um Kindererziehung, vor allem aber um Sexualität und Kinder geht.

Ein Problem – aus Sicht der Kommunarden – war neben dem anfänglichen Sauberkeitsbedürfnis von Nessim (näheres s.o., Kapitel 2.8.2.), dessen Unwille sich gegen seinen Vater Eike aufzulehnen. Eike Hemmer war *„der 29jährige berufslose Senior der Kommune 2. Juristisch gesehen, war er Ehemann einer zur Kommune 1 Hinübergewanderten. Die hatte von ihm einen vierjährigen Sohn, der unter traumatischen Begleiterscheinungen von Kommune 1 zu Kommune 2 wechselte"*[6], Nessim.

„Aus einem Protokoll von Jan:
 ,Nessim, Jan und Eike sitzen im großen Zimmer. Jan und Nessim balgen. Jan versucht, Nessim zu greifen, Nessim rennt weg, kommt langsam wieder und versucht Jan zu hauen. Nessim ist ungeheuer intensiv an diesem spielerischen Balgen beteiligt, lacht, freut sich und braucht keine Rücksicht zu nehmen. Haut, so doll er kann, ohne irgendwelche Angst zu äußern. Plötzlich werden wir unterbrochen. Das Telefon klingelt und Jan geht ran. Eike versucht in der Zwischenzeit mit Nessim weiterzuspielen. Aber Nessim ist wie verwandelt: Er hört sofort auf, kann sich ganz offensichtlich mit Eike nicht balgen, verfällt in einen quengelnden Ton und sagt: Nein, nicht. Nach dem Telefon geht dagegen die Prügelei mit Jan sofort weiter'"[7].

Das Erziehungsziel – „Aggression gegen den eigenen Elternteil zu äußern"[8] – ist bei Erstellung dieses Protokolls durch „Jan" noch nicht erreicht. Später wird es heißen: *„Heute schlägt Nessim auch Eike heftig, oder beschimpft ihn, wenn er sich über ihn geärgert hat."*[9] Der nette Jan, der Nessim liebevoll bei seiner Fehlentwicklung geholfen hat, war übrigens niemand anderes als Jan-Carl Raspe. Sechs Sprengstoffanschläge mit zahlreichen

Toten und noch mehr Verletzten waren Grund für seine Verurteilung zu lebenslänglicher Haft. Sein Verteidiger, Rupert von Plottnitz, schleuderte dem Vorsitzenden Richter Theodor Prinzing einst voller Verachtung sein „Heil Dr. Prinzing" an den Kopf.[10] Eben dieser Anwalt sollte später für die Grünen in den hessischen Landtag einziehen und von 1995–1999 gar hessischer Justizminister werden.

Natürlich waren nicht nur Fragen der Sauberkeit und der Aggression psychoanalytisch-sozialistisch zu klären, sondern auch Fragen der Sexualität.

„*Aus einem Protokoll von Eike, 23. April 1968:*
Abends, beide Kinder liegen im Bett. Ich streichle Nessim, streichle dabei auch seinen Penis. Grischa: ‚Ich will auch einen Penis haben' Ich versuche ihr zu sagen, daß sie doch eine Vagina habe, die man streicheln könne. Grischa wehrt ab: ‚Ich will auch nen Penis zum pinkeln haben'. Mir fällt ein Gespräch mit dem Psychoanalytiker Hans Kilian ein, in dem wir hypothetisch über die Möglichkeit gesprochen hatten, daß der Penis nicht mehr von Männern als ihr ausschließliches Eigentum betrachtet zu werden brauchte. Ich sagte: ‚Grischa, du kannst doch Nassers [= Nessims] Penis haben. Du kannst doch seinen Penis streicheln'! Grischa geht sofort darauf ein, will Nassers Penis streicheln. Nessim wehrt erst ab, fürchtet wohl einen aggressiven Angriff auf seinen Penis durch Grischa. Ich sage, daß man den Penis ganz lieb streicheln müsse. Nasser ist jetzt einverstanden, will aber dafür Grischas Vagina streicheln. Grischa wehrt ab, ähnlich wie Nasser vorher. Ich sage, daß man die Vagina auch lieb streicheln müsse. Beide sind jetzt einverstanden, streiten sich aber, wer zuerst darf. Nasser ist einverstanden, daß Grischa zuerst seinen Penis streichelt. Disput darüber, wie oft Grischa ihn streicheln darf. Sie will ‚ganz viel Mal', zählt an den Fingern ab. Nasser will nur einmal zulassen. Ich sage irgend was vermittelndes. Grischa streichelt ganz zart mit einem Finger Nassers Penis, darauf Nasser ebenso zärtlich Grischas Vagina. Dann versuchen beide zu koitieren."[41]

Der Ideengeber für die angebliche Kindersexualität wird im von Hans Magnus Enzensberger herausgegebenen „Kursbuch 17" genannt. Es ist niemand anders als der Übervater der sexuellen Revolution, der Psychiater und Soziologe Wilhelm Reich (1897–1957). Mit Nachdruck verlangte er „*die ausdrückliche und unmissverständliche Bejahung der kindlichen Sexualität*", wer sie bloß dulde und die Entdeckung der eigenen Sexualität dem Nachwuchs überlasse, mache sich im Grunde schuldig:

„*So geringfügig der Unterschied zwischen bloßer Duldung und Bejahung des kindlichen und puberilen Geschlechtslebens äußerlich erscheinen mag, für die psychische Strukturbildung im Zögling ist er entscheidend. Man muß die heute in kleinen Kreisen übliche duldende Einstellung der Erzieher als vollgültige Sexualverneinung ansprechen. Nicht nur empfindet das Kind die Duldung als das Nichtbestrafen von etwas im Grunde Verbotenem; das bloße Dulden oder ‚Gestatten' des sexuellen Spiels bietet kein Gegengewicht gegen den übermächtigen Druck der gesellschaftlichen Atmosphäre. Die ausdrückliche und unmissverständliche Bejahung des kindlichen Geschlechtslebens seitens der Erzieher dagegen vermag auch dann die Grundlage sexualbejahender Ichstruktur-Bestand-*

teile zu werden, wenn sie die gesellschaftlichen Einflüsse nicht zu entkräften vermag. Diese Anschauung will als Kritik des Verhaltens derjenigen Psychoanalytiker gelten, die den wichtigen Schritt vom Dulden zum Bejahen nicht zu machen wagen. Die Auskunft, man müsse es den Kindern überlassen, ist nichts als eine Entlastung von Verantwortung ... So wenig man etwas nicht organisch gewolltes aufdrängen darf, so unerläßlich ist die Unterstützung von Tendenzen im Kinde oder Kranken, die in Richtung der sexuellen Ökonomie wirken. Zwischen Duldung der Geschlechtlichkeit und ihrer Bejahung wirkt die gesellschaftliche Sexualschranke. Sexualität bejahen heißt die Sexualschranke überschreiten."[12]

---

[1] „Klaus, Soziologiestudent, 24 Jahre, wollte sein Studium auf jeden Fall abschließen und zögerte deshalb lange, mit uns weiter zusammenzuleben; ist unter der Bedingung eingezogen, dass er Zeit und Ruhe für sein Studium fände. Jan [Carl Raspe], 23 Jahre, ebenfalls Soziologiestudent, zog vor allem auf Betreiben von Klaus mit ein, der mit ihm gemeinsam arbeiten wollte; hatte durch häufige Besuche im SDS schon viel von uns mitbekommen. Eberhard [Schultz], 24 Jahre, Jura-Studium mit 1. Staatsexamen abgeschlossen, seit Februar in der SDS-Kommune weil nach begonnenem Psychologie- und Soziologie-Studium für ihn keine Alternative zur verworfenen juristischen Anpassungskarriere waren. Eike [Hemmer], 29 Jahre, seit langem ohne Beruf, früher mal Student, davor bei der Zeitung. Gehörte zur ‚Urkommune'." Kommune 2. Versuch der Revolutionierung des bürgerlichen Individuums. Kollektives Leben mit politischer Arbeit verbinden!, Westberlin 1969, S. 49f.

[2] „Marion [Stergar], 25 Jahre, berufslos, geschieden, gehörte zu der Münchener Gruppe, die an den Diskussionen und Aktionen der Berliner und Münchener Genossen, die zur Bildung der ‚Urkommune' führten, teilgenommen hat. Antje, hatte gerade ihre Meisterschule im Kunsthandwerk abgeschlossen, außerdem Kindergärtnerin, hatte keine festen Vorstellungen von Kommune; war schon im April im SDS-Zentrum zu uns gestoßen, allerdings mehr durch Zufall, weil sie eigentlich in die Kommune ziehen wollte, wo der Hameister war. Dagmar, 19 Jahre, Studentin an der Hochschule für Gestaltung, hatte vorher einige Wochen bei der Kommune I gewohnt, und suchte bei uns Zuflucht, nachdem ihr Verhältnis mit Ulrich dort in die Brüche gegangen war.", ebd.

[3] „Nessim [Hemmer], 3 ¾, Sohn von Eike; Grischa [Stergar], 2 ¾, Tochter von Marion; Die Kinder hatten den Sommer über in der Kommune I gelebt. Die wollten sie aber nicht mehr haben.", ebd.

[4] Kommune 2. Versuch der Revolutionierung des bürgerlichen Individuums. Kollektives Leben mit politischer Arbeit verbinden!, Westberlin 1969, S. 210

[5] Kommune 2. Der Versuch der Revolutionierung des bürgerlichen Individuums. Kollektives Leben mit politischer Arbeit verbinden!, Westberlin 1969

[6] http://www.spiegel.de/spiegel/print/d-45202473.html [Stand: 01.07.2010]

[7] bis [9] K2, in: Kursbuch 17, S. 164

[10] http://www.focus.de/politik/deutschland/buendnisgruener-chef-war-nicht-nur-vorbild_aid_151037.html [Stand: 01.07.2010]

[11] K2, in: Kursbuch 17, S. 165

[12] Reich, Wilhelm, Der Einbruch der Sexualmoral, zitiert nach K2, in: Kursbuch 17, S. 166

2.8.4. Die „Stadtindianer"

Nicht zu den größten und einflussreichsten, aber doch zu den auffälligsten Gruppierungen in der Szene der Verharmloser und Förderer der Pädosexualität in Deutschland gehören die sogenannten Stadtindianer. Sie *„terrorisierten [...] in den Anfangsjahren regelmäßig die Parteitage der Grünen, die mitunter fast abgebrochen werden mussten. Unter ‚schrillen Schreien' forderten die Mitglieder dieser Kommunen die freie sexuelle Beziehung zwischen Kindern und Erwachsenen. Die ‚Frankfurter Rundschau' berichtete im April 1985 von kleinen, mit Ku-Klux-Klan-Masken getarnten Kindern, die Delegierte mit Händen und*

Füßen traktierten und ins Mikrofon kreischten."[1] In einer örtlichen Parteizeitung der Grünen erinnert man sich gruselnd: *"Eine Szene, die sich in der Anfangsphase bei jedem Parteitag abspielte, war z. B. das Erstürmen des Podiums durch die ‚Stadtindianer', einer Kommune von Kindern und Jugendlichen, die durch die Besetzung erfolgreich Rederecht erpressten, um dann unter anderem freie Liebe und Sex auch mit Kindern zu fordern"*[2]. In Literatur und Internet finden sich nur wenige Informationen über diese bis heute existierende Gruppe. Die „Tageszeitung" (taz) berichtete im April 2010 folgendes über sie: *"Die erst in Heidelberg und später in Nürnberg aktive Indianerkommune war ein Wohnprojekt für Erwachsene und Kinder, das sich einer selbst gezimmerten Ideologie von Konsumverzicht und freier Liebe verschrieben hatte. Die Indianer, die sich nach den bedrohten Urvölkern benannten, begriffen sich als von der Mehrheitsgesellschaft bedrohter ‚Stamm'. Bunt bemalt und lautstark vertraten sie in der Öffentlichkeit Forderungen wie freie Sexualität von Kindern mit Erwachsenen, Abschaffung der Schulpflicht, das Recht von Kindern, von zu Hause abzuhauen."*[3]

Nach Informationen des Nürnberger Jugendamtes vom April 2005 nennen sich die früheren Stadtindianer heute „Jugendselbsthilfe"; sie haben sogenannte „Notrufnummern für Jugendliche" eingerichtet und betreiben einen Fahrradladen[4].

Das Nachrichtenmagazin Focus bestätigt:
"Doch mancher hängt eben immer noch der wirren Vorstellung an, der Liebe mit großem Altersunterschied seien nur moralische Grenzen gesetzt. Und die könne man überwinden, wie das Beispiel der Homosexualität zeige. Denn die war vor gar nicht allzu langer Zeit auch noch verboten. Viele Unentwegte kämpfen weiter für das, was sie Kinderrechte nennen. ‚Sexualität nix pfui!', heißt es plakativ auf der Internetseite der ‚Jugendselbsthilfe Nürnberg'. Nach ihrer Vorstellung sollte die Schutzaltersgrenze im Sexualstrafrecht auf zwölf Jahre herabgesetzt werden. Vorgängerin der Jugendselbsthilfe war die ‚Indianerkommune'. In den 80er-Jahren lebten hier erwachsene Männer und jugendliche Ausreißer zusammen, um aus der ‚Normalität von Familie, Schule, Maloche und Heterosexualität' auszubrechen."[5]

Die Stadtindianer meldeten sich wie erwähnt bei Parteitagen der Grünen (siehe Kapitel 2.2) lautstark zu Wort und besetzten sogar dereinst die Redaktionsräume der taz im Berliner Wedding.[6] Laut dieser Zeitung erregten die Stadtindianer 1979, ausgerechnet im „Jahr des Kindes", durch einen Hungerstreik Aufsehen und 1981 durch einen Prozess gegen ihren Anführer Ulrich Reschke wegen „sexuellen Missbrauchs von Kindern"[7].

Auch heute noch sind die Stadtindianer um Ulrich Reschke (62) in Nürnberg aktiv[8]. Sie treten für Selbstbestimmung – auch in sexueller Hinsicht – ab 12 Jahren[9] ein, bieten Ausreißern Unterschlupf[10] und stehen laut Nürnberger Lokalpresse im Verdacht verschiedener illegaler Aktivitäten[11]. Die kunterbunte Internetseite dieser Gruppe (www.jugendselbsthilfe.de) beklagt das „Sexverbot" für Kinder und fordert, wie dargestellt, die freie Liebe ab 12

Jahren. Oder womöglich noch ein bisschen jünger? Jedenfalls findet sich auf der Seite folgender Dialog:

„Jetzt bist Du 10 Jahre alt. Die Familie geht ins Kino. Vati fragt: ‚Was für einen Film willst Du sehen?' Du antwortest: ‚Einen Sexfilm!' Mutti fragt: ‚Wieso einen Sexfilm?' Du antwortest: ‚Damit ich aufgeklärt werde!' Die Eltern sagen: ‚Huch! Sexfilme sind nichts für Kinder! Wir gehen lieber in einen Krimi.' Du wunderst Dich: ‚Warum dürfen Kinder nicht sehen, wie sich Leute lieben? Warum dürfen Kinder sehen, wie sich Leute umbringen?' Aber wenigstens bist Du jetzt aufgeklärt. Über Sex? Nein! Über die komische Moral der Verwachsenen."[12]

Wer sind die „Verwachsenen", die zehnjährigen Kindern solche Dialoge in den Mund legen? Die Internetseite der Indianerkommune alias Jugendselbsthilfe nennt eine Postfachadresse, eine Nürnberger Telefonnummer und auch ein Spendenkonto, aber nur zwei Namen.

Verantwortlicher im Sinne des Presserechts für die Fließtexte und einen Teil der Bilder ist demnach ein **Prof. Dr. Harald Wilde** in Nürnberg, der allerdings Wert darauf legt, *„dass er sämtliche Texte als bedeutsame Diskussionsanregungen ansieht, aber nicht mit allen Texten inhaltlich übereinstimmt"*[13]. *2002 lag das Copyright für diese Seite noch bei dem offenbar identischen „Prof. Dr. Harald Wilde, Zur Schwedenschanze 15, 18435 Stralsund"*[14]. Als zweiter Verantwortlicher (für den Rest der Bilder) wird ein „Dipl. Volkswirt **Hermann Kraus**" in Fürth/Bayern mit voller Adresse angeführt.

Kraus ist in Nürnberg als Aktivist der Euthanasiebewegung hervorgetreten und hatte offenbar als langjähriger Aktivist und Geschäftsführer des „Bundes für Geistesfreiheit" in Nürnberg auch Verbindungen mit der Humanistischen Union. Im Internet jedenfalls berichtet kein anderer als Hans Henning Atrott, der Gründer und erste Präsident der Deutschen Gesellschaft für Humanes Sterben, sowie verurteilte Zyankaliverkäufer[15] folgendes:

„Der Nürnberger Ortsverein (Bund für Geistesfreiheit) war mit der Gründung einer ‚Initiative für Humanes Sterben auf Wunsch von Sterbenden' in den Jahren 1976–1980 beschäftigt. Diese Initiative war eine Art Bündnis verschiedener, insbesondere politisch links stehender Vereinigungen, neben dem Bund für Geistesfreiheit nahmen u. a. daran teil die Jungdemokraten, die Humanistische Union – und wenn ich mich recht entsinne – sogar die Vereinigung der Verfolgten des Naziregimes (VVN). Stellvertretend für alle an der Initiative Beteiligten wäre hier der Name Hermann Kraus, Diplom-Volkswirt und Geschäftsführer des Bundes für Geistesfreiheit in Nürnberg wie des freigeistigen Landesverbands, zu nennen. Der kreative Kraus, den ich für einen Tausendsassa hielt, initiierte diese Initiative und bemühte sich nach besten Kräften. Einzelpersonen konnten aber nicht in der Initiative selbst Mitglied werden, sondern nur in einer der sie konstituierenden Vereinigungen. Man kann sagen, dass die Idee der Sterbehilfe während der Zeit der Initiative in

diesen Organisationen, die die Initiative konstituierten, gefesselt war. Diese sahen obendrein anderes für viel, viel wichtiger an."[16]

Leider sagt Atrott nicht, was denn diesen Aktivisten soviel wichtiger war als die aktive Sterbehilfe. Der offenbar über sehr viele Jahre durchgehaltene Einsatz der Nürnberger „Indianer" legt jedenfalls den Gedanken nahe, dass der Einsatz für „Kinderrechte" wie Abschaffung der Schulpflicht, Wahlrecht und natürlich Sexualität zu diesen Prioritäten gehört haben könnte.

Gegen Kraus wurde 1996 wegen des Verdachts der Beschimpfung von Bekenntnissen, Religionsgesellschaften und Weltanschauungsvereinigungen (§ 166 StGB) ermittelt. In einem Flugblatt hatte er u. a. die Evangelisch-Lutherische Kirche als „Kriegskirche" bezeichnet und ihr in Asylfragen ein Gebahren ähnlich wie in der Nazizeit vorgeworfen. Der Gesamtvorgang war für die bayerische Justiz Grund für ein Ermittlungsverfahren mit Durchsuchung von Wohnung und Geschäftsräumen[17]. Es erscheint bemerkenswert, dass der Bund für Geistesfreiheit Nürnberg jahrelang als „Freireligiöse Gemeinde" firmierte. Die Ablehnung des traditionell Religiösen (und zumindest Kirchlichen) hatte hier also selbst eine religiöse Dimension erreicht.

Die Stadtindianer sind in der Gesamtheit der pädophilen Bestrebungen in Deutschland eher ein absurdes Kuriosum, trotz des Einflusses, den sie auf die Meinungsbildung der Grünen zeitweilig hatten. Und doch frappiert die Mischung von Päderastie, Euthanasie und militantem Antiklerikalismus bzw. Atheismus, auf den man als Interessierter nach wenigen Nachfragen stößt. Man muss kein Katholik sein, um sich hier an die eindringlichen Warnungen Papst Johannes Pauls II. vor einer um sich greifenden „Kultur des Todes" in Europa erinnert zu fühlen.

---

[1] http://www.spiegel.de/politik/deutschland/0,1518,635543,00.html [Stand: 04.08.2010]
[2] http://www.gruene-lehrte.de/uploads/media/Sonnenblume_2005_Mai.pdf [Stand: 04.08.2010]
[3] http://www.taz.de/1/leben/alltag/artikel/1/kuscheln-mit-den-indianern/ [Stand: 02.08.2010]
[4] http://www.jugendamt.nuernberg.de/downloads/jugendschutz_arbeitsprogramm.pdf [Stand: 02.08.2010]
[5] http://www.focus.de/panorama/welt/missbrauchsskandal/tid-17540/paedophilen-lobby-propaganda-ohne-strafe_aid_489091.html [Stand: 02.08.2010]
[6] und [7] http://www.taz.de/1/leben/alltag/artikel/1/kuscheln-mit-den-indianern/ [Stand: 02.08.2010]
[8] bis [11] http://www.abendzeitung.de/nuernberg/lokales/124186 [Stand: 02.08.2010]
[12] http://www.jugendselbsthilfe.de/pfuifilm.html [Stand: 04.08.2010]
[13] http://www.jugendselbsthilfe.de/impressum.html [Stand: 02.08.2010]
[14] http://www.jugendselbsthilfe.de/impressum.html [Stand: 24.11.2002] An der FH Stralsund lehrte zumindest zeitweilig ein 1954 geborener Prof. Dr. Harald Wilde Betriebswirtschaftslehre. Ob er mit dem „Webmaster" der Jugendhilfe Nürnberg identisch ist, entzieht sich unserer Kenntnis.
[15] http://de.wikipedia.org/wiki/Hans_Henning_Atrott [Stand: 04.08.2010]
[16] http://www.bare-jesus.net/christianterror/02.htm [Stand: 03.08.2010]
[17] http://www.ibka.org/artikel/miz96/p166_3.html [Stand: 04.08.2010]

III. Anstelle eines Nachwortes: Die emanzipatorischen Quellen des Bösen – Philosophische Überlegungen

1. Man macht sich keine Freunde, wenn man festhält, dass Pädophilie im Zuge der 1968er Bewegung, der Kinderläden und Kommunen praktiziert und als eine Form von Emanzipation begriffen wurde. Eingehende Schilderungen galten seinerzeit der erwachenden Sexualität der Kinder, die – mit ihren Vornamen angeredete Erwachsene stimulierten. Teils bestanden Verwandtschaftsbeziehungen, teils nicht. In der Zeit, in der Eltern unter der Ägide von Neill und Makarenko über Kindererziehung zutiefst verunsichert waren, in der – bis weit in die SPD hinein – die Familie als Repressionsinstanz verworfen wurde, scheinen solche Beschreibungen keine Resonanz und schon gar keinen Widerspruch gefunden zu haben. Im Blick auf Pädagogen und Soziologen, die Leitwissenschaftler von 1968ff., wie Kentler, Sack, aber auch auf politische Agitatoren wie Daniel Cohn-Bendit zeigt Andreas Späth auf den vorausgehenden Seiten, wie tief die Verflechtungen waren – und wie unverständlich es von heute her ist, dass solche Einlassungen nicht größten Widerstand erweckten. Das Sittliche scheint nach 1968 in Deutschland nicht mehr genannt worden zu sein. Der Zeitgeist der Moderne schaltete Vernunft und moralischen Reflex aus.

Dass es keineswegs Zufall ist, jene Emanzipationsbewegungen mit der zumindest stillschweigenden Rechtfertigung der Pädophilie in einen Zusammenhang zu bringen, macht ein Blick auf den späten Marcuse deutlich. Dass eine Revolution im spätindustriellen Zeitalter nur ‚Kulturrevolution' sein konnte, hatte Marcuse, der von Berkeley aus am unmittelbarsten auf die Studentenbewegung auch in Europa einwirkte, immer gelehrt. Es ist dies eine alte Ansicht von Antonio Gramsci. Die Kulturrevolution sollte indes noch durch eine ‚anthropologische Revolution' übertroffen werden: Die Schaffung eines neuen Menschentypus. Marcuse bemerkte etwa in seinem ‚Versuch über die Befreiung', dass die Revolution primär eine ästhetische sein müsse. In einer Epoche, in der, sehr zum Leidwesen der selbsternannten Befreier, der Lebensstandard in der westlichen Welt anstieg und das revolutionäre Subjekt nirgends zu erkennen war, bedeutete dies: durch ungehemmte Entfesselung der Sexualität den Menschen zu befreien. Das Prinzip der Revolution konnte also weder politisch sein noch ökonomisch. Doch „aus der Anthropologisierung, Psychologisierung und gar Biologisierung des Revolutionsprinzips folgt der bereits entwickelte Gedanke, dass der psychische Mechanismus, durch den die Individuen die repressiven Strukturen gegenwärtiger Gesellschaft unbewusst reproduzieren, aufgedeckt und aufgebrochen werden muss".[1] Marcuse rezipiert die Psychoanalyse im Blick auf die Orgasmus-Theorie von Wilhelm Reich. Es kommt hinzu, dass er auf die Schwarzen-, Frauen-, ja sogar Kriminellenbewegungen in den USA zählt, nachdem dort kein anderes revolutionäres Subjekt im Blick ist. Dies bedeutet einerseits einen Rückgriff auf Natur und Unmittelbarkeit, der sich von den Notwendigkeiten von Sublimierung, Kultur und Bildung lösen will. Sie sind ihm Instanzen eines repressiven Über-Ich, hin auf eine amorphe Neue Zärtlichkeit, mit der Marcuse auch Bündnisse mit der Hippie-Bewegung schließen mochte.

Dass dies eine Usurpation der christlich jüdischen Hoffnung auf das Eschaton ist, liegt auf der Hand: Der neue Himmel und die neue Erde. Sie sollen aber innerweltlich durch eine Lebensform hervorgebracht werden, die sich endgültig von der christlichen Askesis, als der Gestaltung des Lebens innerhalb der Ordnungen Gottes und vor allem der Ontologie der Gottebenbildlichkeit gelöst hat. Marcuse und andere Vordenker haben zwar nicht explizit der Pädophilie das Wort geredet. Sie haben aber einer (sexuellen) Emanzipatorik das Wort geredet. Gedanken wirken, dies mag man zugeben, nicht unmittelbar auf menschliches Handeln. Dass sie keineswegs wirkungslos bleiben, zeigt die Kinderladenbewegung mit den psychischen Wracks, die sie hervorgebracht hat, hinreichend deutlich. Gerade in diesem Zusammenhang kann das Freudsche Diktum gelten, dass die Ablegung aller Scham schwachsinnig mache.

2. Die reformpädagogische Bewegung hat eine besondere Affinität zum Platonischen Eros kultiviert. Ein wesentlicher Transmissionsriemen war dabei aber die Schule des Dichters Stefan George, der diesen Eros gleichsam in die Kunst und eine Menschenprägung durch den Meister verwandelte. Ulrich Raulff hat jüngst in einem umfassenden Buch: ‚Kreis ohne Meister'[2] gezeigt, wie vielfältig die Verbindungen von George und seiner Schule in die geistigen Eliten der Bundesrepublik waren. Konnte es einen Kreis ohne den Meister überhaupt geben? Schon dies ist mehr als fraglich. Er spaltete sich auf, zumal seine jüdischen Mitglieder, wie Wolfskehl, ins Exil gezwungen wurden und manche der jüngeren Deutschen durchaus den NS-Aufbruch mit vollzogen. Das dauerhafte moralische Siegel gab diesem Kreis, dass die Brüder Stauffenberg seine Mitglieder gewesen waren.

Von einem elitären Kernbewusstsein aus nahm er vielfache Filiationen gerade in die linksliberale bildungsbürgerliche Debatte der Bundesrepublik. Denn Wurzeln in diesem Kreis haben sowohl Hellmut Becker (‚Bildungsbecker') wie Adolf Reichwein, wie Georg Picht, der als Ideengeber des Wissenschaftsrates für Bildungsnotstand und Bildungskatastrophe verantwortlich zeichnete.

Über Hartmut von Hentig reichen Verbindungen zu dem heute schwer beschuldigten Gerold Ummo Becker, Hartmut von Hentigs langjährigem Lebensgefährten.

Man muss sich zunächst fragen, ob das antike Platonische Bildungsideal irgend einen geistesgeschichtlichen Anhalt für Pädophilie oder Päderastie bietet. In der griechischen Antike war das Verhältnis des älteren Erastes zu dem jungen umworbenen Eromenos gewiss eine Art gesellschaftlicher Konvention.

Dass der Jüngere durch den Älteren Förderung erfährt, der Ältere durch den Jüngeren den Lustgewinn eines erotischen Umgangs, ist wohl eine Konstante antiker Kulturgeschichte.

Auch in der Betrachtung griechischer Kunst klassischer und nachklassischer Zeit kann man die Spuren sehen. Die Knabenliebe, bei deren Reflexion in Geschichtsschreibung und erst recht Philosophie sich aber immer der Schatten eines schlechten Gewissens meldet, galt als höhere Form der Liebe. Ihr Ziel war geistige Zeugung, nicht, wie bei der heterosexuellen, leibliche.

Griechische Kunst brachte das Ideal des schönen Menschen, der wie eine Manifestation des Göttlichen sein sollte, zur Darstellung. Wie man wissen kann, kennt die griechische Kunst nicht die Haltung des abgeklärten ästhetischen Gesichtspunktes, des Wohlgefallens ohne alles Interesse, wie es Kant formulierte. Kunst ist Verklärung des menschlichen Lebens. Die schönen Leiber sollten Begehren wecken – und taten es auch. Exemplarisch kann man auf das Sprichwort zurückgreifen, kein junger Mann wolle wie der Bildhauer Phidias sein, wohl aber wie seine Skulpturen. Nicht nur (bunt bemalte) Marmorskulpturen, auch Bronzestatuen umstellten die Lebenswelt der antiken Griechen. Die Pygmalion-Legende zeigt, wie sich der Traum einer Belebung der vollkommenen Figuren immer wieder nahelegte.

Im antiken Griechenland gingen pädagogischer Eros, Homophilie und Päderastie eine unselige Allianz ein. Diesem Schleier aus Selbstbetrug, der edel zu sein meinte und tatsächlich seine Begierden stillte, konnte das frühe Christentum keinerlei Lizenzen geben. Es brachte damit die Ein-Ehe des Judentums zu unbegrenzter Geltung, geschlossen vor Gott und den Menschen. Und sie benannte Sexualität außerhalb dieses Bundes zwischen Mann und Frau als Gräuel und Sünde vor Gott. Die tiefe Zäsur, die das bedeutete, müssen wir uns vor Augen führen. Sie ist nicht einfach als historische Kontingenz abzutun, wie Teile der historischen Exegese nahelegen.

In jedem Fall ging es dabei um das Ideal menschlicher Selbstvervollkommnung und innerweltlicher Verklärung, die auf Gott verzichtet.

Es spricht aber für die philosophische Reflexion der zugrundeliegenden Kultur, dass Sokrates, greifbar durch die Platonischen Dialoge, den Zug der Pädophilie grundsätzlich aufgedeckt und seines Mythos entkleidet hat. Im ‚Symposion' wird eine nichtsexuelle Aufstiegsbewegung vom Schönen zu dem sittlich Guten und dem Wahren der einen Idee gefordert. Sokrates verweigert sich, als der Ältere, dem die Rolle des Liebhabers zukäme, ausdrücklich den Werbungen des jüngeren Alkibiades, der aber gerade nicht mehr ein harmloser Jüngling ist, sondern ein 35jähriger Mann. Überdies konnte jeder Leser des Dialoges die Nachgeschichte kennen: Alkibiades war Tyrann, der das Wohl der Polis in den Sog der Gewaltherrschaft stürzte. Die pädophile Seele also eine tyrannische Seele. Man kann im philosophischen Dialog also eine Sublimierung erkennen, aber zugleich eine Durchbrechung des pädophilen Bannes, der christlich erst ganz gelöst würde.

Der ästhetische Platonismus der George-Schule hat also keinerlei Rechtsgrund in der Platonischen Philosophie.

Es ist schwer möglich, an dieser Stelle über die George-Schule zu urteilen. Thomas Karlauf hat in seiner großen George-Biographie das Geheimnis des Kreises weitgehend entmystifiziert.[3] Er hat dabei gezeigt, dass homophile Praktiken, in ein gleichsam sakramental gottesdienstliches Gewand gehüllt, einen Teil des Mysteriums ausmachten. Auch Klassifikationen wie ‚s' (ein Süßer) oder ‚ss' (ein sehr Süßer) begegnen uns in den Abbreviaturen des Meisters und seiner Eingeweihten. Auch wenn man, wie der Verfasser, diese Karlaufsche Deutung für eine Reduktion hält, denn im George-Kreis wurden auch weitreichende Dichtungen und Gedanken über den Zusammenhang christlicher und antiker Kultur, das geistige Reich der Deutschen angestellt, so ist die homophil-pädophile Dimension hinreichend dokumentiert, um nicht von ihr abzusehen. Wer sich in dieser elitär pädagogischen Welt bewegte, konnte pädophile Neigungen also durchaus verklären.

Dabei ist im Georgekreis aber offensichtlich eine Altersschamgrenze immer gewahrt worden, sehr im Unterschied zu den späteren Adepten.

Wenn man die Memoiren von Hartmut von Hentig durchsieht[4], so begegnet dem Leser eine irritierende Mischung von Permissivität, Libertinismus und Platonisch-Georgeschen Reminiszenzen. Eine Emanzipationspädaogik, in der das ‚integrierte Durchschnittskind' (Hans Maier) nichts verloren hatte und nur die großen Störungen interessierten, zehrte von einem Platonismus, ohne die sittliche Verpflichtung auf sich zu nehmen.

Es ist alleine schon bedenklich, wie leichtfertig Experimente und Spannungen im Umkreis der Bielefelder Laborschulen hingenommen werden. Waren doch die sich entwickelnden Seelen junger Menschen das Probierfeld all der Eitelkeiten! Die jüngsten Skandale im Umkreis der Odenwaldschule und ihres damaligen Direktors Gerold Becker, von Hentigs Lebensgefährten, zeigen den Abgrund unter jener Pädagogik. Tilman Jens, Sohn des Rhetorikprofessors Walter Jens, schrieb in einem weitausholenden SPIEGEL-Artikel, dass man den Spagat aushalten müsse, jener Becker und auch der heute schwerst belastete Musiklehrer hätten sich Verfehlungen schuldig gemacht, und sie seien doch zugleich großartige Pädagogen gewesen. Darauf antwortete ein gleichfalls betroffener, nicht prominenter Schüler in einem Leserbrief mit eindrucksvollem Einspruch: Nein!, Becker und der Musiklehrer seien sehr wohl Monster gewesen. Es gebe nichts zu retten. Alles andere sei Schönschwätzerei. Wenn man die bleibenden Schädigungen durch Missbrauch von Kindern bedenkt, jene Verletzungen, die eine erfüllte sexuelle Persönlichkeitsentfaltung mit dem geliebten Menschen später unmöglich machen, so wird man sich diesem Verdikt anschließen. Geradezu obszön wird es, wenn bedeutendste Traditionen des Abendlandes für diesen Frevel legitimierend herangezogen werden. Man sollte all dies auch nicht länger mit den Erinnerungslücken alter Männer entschuldigen, die selbst wenig Gnade mit Andersdenkenden kannten. Die ganze Wahrnehmungsperversion wird in von Hentigs Aussage deutlich, die Schüler könnten wohl auch Becker verführt haben, nicht er sie.

Eine Pädagogik, die solche Früchte hervorgebracht hat, muss in all ihren Vernetzungen und Wirkungen von Grund auf auf den Prüfstand gestellt werden!

3. Die säkulare Ethik, die heute auch in den philosophischen Seminaren das Sagen hat, bewegt sich meistenteils in den minimalen Annahmen des Utilitarismus, eines Nützlichkeitsdenkens, das zwischen den begehrten Werten keine Hierarchie festhält. Diese Form von Ethik ist weitgehend säkular verfasst. Sie begreift den Menschen als abgelöstes immanentes Individuum mit bestimmten Zwecken und Interessen, Gesellschaft aber denkt sie als vertragsrechtlich konstituierten Zweckverband.

Die Verflechtungen einschlägiger Ethiker mit Humanistischer Union und Giordano-Bruno-Stiftung sind dokumentiert, ohne bislang nennenswert öffentlichen Unmut zu erregen. Sie stehen auch den sogenannten ‚Brights' nahe, die ihrerseits ein weites Spektrum zwischen offenen, ja aggressiven Atheisten (Dawkins) und vornehmen Agnostikern, die

Religion als eine mögliche, wenn auch gefährliche Option festhalten (Dennett) ausmachen. Ethik soll im Utilitarismus auf ein Kalkül reduziert werden. Die Beanspruchung menschlicher Gottebenbildlichkeit, aber auch die Berufung auf Gottes Gebote, sollen unzulässig sein. Dies ist deshalb der Fall, weil eine auf das raum-zeitlich Existierende begrenzte Immanenz den alleinigen Bezugsrahmen abgibt. Alle Grenzen werden gesprengt, wenn Singer notiert: „Wenn ein Lebewesen nicht fähig ist zu leiden oder Freude und Glück zu erfahren, muss nichts berücksichtigt werden."[5]

So hat Peter Singer, neben Norbert Hörster Exponent dieser Richtung, eine neue Ethik ausgerufen, die festhält, dass ohne ihren religiösen Ursprung die Grundlinien abendländischer Ethik auf sehr schwankendem Boden stünden. Dies ist auch gar nicht falsch. Es setzt aber voraus, wozu heute auch Jürgen Habermas tendiert, dass der ‚Glutkern' göttlicher Gebote in seiner Verbindlichkeit für die menschliche Ordnung auch dort, wo sie sich säkular nennt, wieder erkannt wird. Säkular epistemische Auffassungen haben daher keineswegs von vorneherein einen höheren Grad an Vernünftigkeit zu gewärtigen.

Es ist klar, dass der Utilitarismus mit seiner immanentistischen Weltsicht geradezu dammbruchartig ethische Grenzlinien unterminiert hat. Vor seinen Voraussetzungen ist die besondere Schutzwürdigkeit des Menschen durch den Menschen nichts anderes als ‚Spezismus', von dem man sich möglichst frei machen müsse. Der Abtreibung sollen im Rahmen des medizinisch Möglichen keine Grenzen gesetzt sein. Personalität ist eine Fähigkeit und Eigenschaft, so dass das Lebensrecht noch binnen 28 Tagen nach der Geburt aberkannt werden kann.[6] Bei all jenen Ungeheuerlichkeiten kenne ich allerdings keine utilitaristische Auffassung, die die Pädophilie rechtfertigen würde. Schon früh haben Utilitaristen, etwa Bertrand Russell, einer weitgehenden sexuellen Libertinage das Wort geredet. Grenze und Kriterium ist allerdings, dass dies unter gegenseitigem Einverständnis geschieht. Von hier her gelten auch dem utilitaristischen Mainstream sexuelle Praktiken mit Kindern als grundsätzlich verwerflich, weil Kinder (a) besonders verletzlich sind; (b) sie auch in ihrem späteren sexuellen Selbstbestimmungsrecht beschädigt werden würden.

Man kann sich allerdings fragen, ob eine von der Gottebenbildlichkeit, dem von ihm selbst nicht gesetzten Grund des Menschen absehende ‚Ethik' in der Lage ist, die Grenze überzeugend zu ziehen. Die Päderasten-Pädagogen sind jedenfalls, wie im vorliegenden Buch gezeigt, nicht verlegen, wenn es darum geht, sexuelle Übergriffe als besondere Anerkenntnis der Reife des Kindes, oder als vollständige Einlösung des Anspruchs auf Liebe auszugeben. Ob eine menschengemäße Ethik ohne den Rückgriff auf einen absoluten, also: nicht empirischen Grund überhaupt möglich ist, wird man ernstlich fragen müssen. In jedem Fall aber müsste auch der (atheistische) Utilitarist Kriterien haben, um (1) eine vermeintliche und behauptete Freiwilligkeit von einer tatsächlichen zu unterscheiden; (2) in der Pädophilie eine Verletzung zu erkennen, die durch keinen reklamierten Lustgewinn zu rechtfertigen ist: Lust und Unlust, dies eben sind die beiden Begriffspole der utilitaristischen Ethik. Auf diesem schwachen Fundament kann sie kaum Antworten auf das eigentliche ethische Problem geben. Man sollte sie daraus aber nicht entlassen, erst recht nicht durch Phrasen wie

Emanzipation und selbstbestimmte, angstfreie Sexualität, wie sie die humanistische Union noch immer propagiert und wie sie in dem Nachruf von Lautmann auf Kentler reklamiert wird.[7] Wenn eine Ethik dies aber nicht leisten kann, so hat sie kaum die Überzeugungskraft, die sie selbst beansprucht. Aus dezidiert nicht-utilitaristischem Geist hielten deshalb John Beauchamp und James Childress in der bioethischen Debatte die folgenden Prinzipien fest: „1. Nichtschadensprinzip; 2. Fürsorgeprinzip; 3. Gerechtigkeitsprinzip". Pädophilie vergeht sich eklatant gegen alle drei Prinzipien. So gilt, was Kant grundsätzlich bemerkt hat: „Sie können ihr Kind nicht gleichsam als ihr ... Eigentum zerstören oder es auch nur dem Zufall überlassen, weil an ihm nicht bloß ein Weltwesen, sondern auch ein Weltbürger in einen Zustand herübergezogen, der ihnen nun auch nach Rechtsbegriffen nicht gleichgültig sein kann".[8]

Bernulf Kanitscheiders Konzept eines ‚aufgeklärten Hedonismus' als Grund aller Ethik, dezidiert nicht-christlich motiviert, ist noch weniger zu Grenzziehungen disponiert. Doch auch dieses Konzept behandelt die Päderastie nicht explizit.

Im Zeitgeistwind einer selbst ernannten nachchristlichen Aufklärung zu segeln, dies war für die pädophilen Umtriebe ein geradezu idealer Schutzmantel. Auch hier bewahrheitet sich, was Charles Taylor[9] oder Daniel von Wachter[10] jüngst eindrucksvoll gezeigt haben: dass der Glaube an die Aufgeklärtheit eines nachchristlichen Zeitalter selbst eine Pseudoreligion war, nicht aber der Nachprüfung standhält.

4. Das Material dieser Dokumentation ist bedrückend und unvorstellbar. Dabei liegen nicht einmal besondere Winkelzüge der Hintergrundrecherche vor. Es ist eher wie bei einer Bohrung, in der man allenthalben auf Öl stößt.

Pädophilie und Päderastie, Schändung und Schädigung von Kindern rufen noch immer eine (fast) ungeteilte Empörung hervor, auch wenn die Fäden gegenüber Gebot und Ordnung sich immer weitergehend lösen. Diese Grenze ist tief verankert: Selbst unter Kriminellen ist der Kinderschänder ein Abschaum, mit dem sie auch in der Haft nichts zu tun haben wollen.

Die vielen Missbrauchsfälle, die nun sichtbar werden, sind ein Spiegel, der schlimmste Abgründe der letzten Jahre und Jahrzehnte sichtbar macht. Menschlich nicht vergebbar sind jene Übergriffe seitens katholischer Priester, und nichts kann daran beschönigt werden. Exponenten der Humanistischen Union oder des offen atheistischen Giordano Bruno-Bundes haben selbst kein Instrument in der Hand, um die Greuel begründet zurückzuweisen.

Gewiss muss man differenzieren – und ein und dasselbe Greuel in unterschiedlicher Gestalt erkennen. In verschiedenen Institutionen kam es zu den kaum glaublichen Übergriffen. Die Ursprünge, die hier benannt wurden, haben indes einen anti-religiösen, dezidiert nicht-christlichen Ansatz gemeinsam.

Doch einer säkularen Welt, die den uneingeschränkten Libertinismus predigte und lebte, sollte man es nicht durchgehen lassen, wenn sie einen Sündenbock namhaft macht, ohne in den eigenen Spiegel zu blicken. Erschreckend wird in der Dokumentation auch deutlich, dass es enge Verbindungen der einschlägigen Autoren zum Umkreis Evangelischer Kirchentage gibt.

Man muss die Irrtümer klar benennen, und sich hüten, der nächsten Emanzipationsideologie zu folgen. Man darf die einstigen Exponenten ungeheuerer Thesen auch nicht im Namen der Wissenschaftsfreiheit aus der Verantwortung entlassen.

Mit dieser besonders widerlichen Frucht muss auch grundsätzlich die anthropologische und die Kulturrevolution der letzten Jahrzehnte auf den Prüfstand gestellt werden.

Eine Rechtfertigung für Pädophilie kann überhaupt nur auf einer nicht, ja dezidert antichristlichen Grundlage versucht werden. Auch dies sollte darüber nachdenklich stimmen, wie weit der Weg einer immer extremeren Emanzipatorik überhaupt gangbar ist. Und wäre dies nicht ein weiterer Grund, die lebendige Kraft des christlichen Glaubens neu zu entdecken, auch gegen die eigene Zeit, und damit die Gottebenbildlichkeit im Anderen, in den Kindern, die uns anvertraut sind. Die Anerkenntnis des Anderen wird erst von dem Grund auf ermöglicht, außer dem kein anderer gesetzt ist.

Der Band und die klugen Kommentare verfolgen zunächst jenes Ziel, das aber Wahrheit und Wahrhaftigkeit über Schuld und Sünde voraussetzt.

---

[1] Dazu klarsichtig: G. Rohrmoser, Zur Kritik der negativen Dialektik. Freiburg/Br. 41976, S. 81. Von Marcuse ist einschlägig: H. Marcuse, Eros und Kultur. Ein philosophischer Beitrag zu Sigmund Freud. Stuttgart 1957; ders., Versuch über die Befreiung. Frankfurt/Main 1969

[2] U. Raulff, Kreis ohne Meister. Stefan Georges Nachleben. München 2009

[3] Thomas Karlauf, Stefan George. Die Entdeckung des Charisma. München ²2007, insbes. S. 365ff. (‚Knabenerziehung')

[4] H. v. Hentig, Mein Leben – bedacht und bejaht. Schule, Polis, Gartenhaus. München 2007. pass. Eine genauere Analyse vor dem Hintergrund des Pädophilie-Problems wäre Thema einer eigenen Arbeit.

[5] N. Knoepffler, Angewandte Ethik. Köln, Weimar, Wien 2010, S. 213

[6] P. Singer, Leben und Tod. Der Zusammenbruch der traditionellen Ethik. Erlangen 1998, S. 218, ferner ders., Praktische Ethik. Stuttgart 1984; Wie sollen wir leben? Ethik in einer egoistischen Zeit. Erlangen 1996 und: zusammen mit Helga Kuhse, Muss dieses Kind am Leben bleiben? Das Problem schwerstgeschädigter Neugeborener. Erlangen 1993. Vgl. im Blick auf die Abtreibungsfrage: N. Hörster, Abtreibung im säkularen Staat. Argumente gegen den § 218. Frankfurt/Main 1991, und: ders., Neugeborene und das Recht auf Leben. Frankfurt/Main 1995

[7] http://www.humanistische-union.de/publikationen/mitteilungen/hefte/nummer/nummer_detail/back/mitteilungen-202/article/nachruf-auf-helmut-kentler/ [Stand: 01.05.2010]

[8] Kant, Metaphysik der Sitten, Akademie Ausgabe Band VI, S. 280f.

[9] C. Taylor, Ein säkulares Zeitalter, Berlin 2009

[10] D. von Wachter, Die kausale Struktur der Welt: Eine philosophische Untersuchung über Verursachung, Naturgesetze, freie Handlungen, Möglichkeit und Gottes Wirken in der Welt, Freiburg – München 2009

Die Autoren dieses Buches

Dr. Menno Aden, geboren 1942, studierte von 1963 bis 1967 Rechtswissenschaften an den Universitäten in Tübingen, Göttingen und Bonn. 1972 Promotion in Bonn. Senior Research Officer am Institut für Rechtsvergleichung der Universität von Südafrika (UNISA). Er ist Präsident a. D. des Oberkirchenrates der Evangelisch-Lutherischen Landeskirche Mecklenburgs. Danach bis 2007 Professor an der Hochschule für Oekonomie & Management in Essen. Menno Aden ist Autor zahlreicher Fachaufsätze und Bücher im Bereich Bank-, Wirtschafts- und internationalem Recht. Außerdem ist er Vorsitzender der Staats- und Wirtschaftspolitischen Gesellschaft (SWG) in Hamburg.

Kurt J. Heinz, geboren 1952, studierte Ingenieurwissenschaften (Dipl.-Ing. der Geodäsie) und im Nebenfach Neuere Geschichte mit Schwerpunkt 20. Jahrhundert. An der Führungsakademie der Bundeswehr absolvierte er die militär-, sozial- und organisationswissenschaftlich ausgerichtete Generalstabsausbildung. Zu seinem beruflichen Erfahrungsfeld gehören Verwendungen auf unterschiedlichsten Führungsebenen im nationalen und internationalen Bereich (Nato und EU). Seit dem Jahr 2000 widmet Heinz sich publizistisch Fragestellungen aus Politik und Zeitgeschichte aus christlich-ethischer Sicht. Seit 2008 betreibt er als Redaktionsleiter den Internetinformationsdienst „Christliches Informationsforum MEDRUM". Der gebürtige Rheinland-Pfälzer und Familienvater gehört der röm.-kath. Kirche an.

Gabriele Kuby, geboren 1944, studierte Soziologie in Berlin und in Konstanz bei Ralph Dahrendorf. Sie war in der Studentenbewegung aktiv, hat zwanzig Jahre lang Bücher übersetzt und konvertierte nach langer Suche 1997 zum katholischen Glauben. Ihr erstes Buch „Mein Weg zu Maria – von der Kraft lebendigen Glaubens" ist bis heute für viele Menschen eine Ermutigung auf dem Glaubensweg. Als Buchautorin und Vortragsrednerin zeigt sie die Sackgassen der modernen Gesellschaft auf (u. a. das sog. „Gender Mainstreaming") und den Ausweg durch eine Neubesinnung auf christliche Werte. Sie hält Seminare für Jugendliche zum Thema „only you – gib der liebe eine chance". Gabriele Kuby ist Mutter von drei Kindern. (www.gabriele-kuby.de)

Dr. Andreas Laun, OSFS, geboren 1942, Studium der Theologie in Salzburg, Eichstätt und Freiburg/Fribourg. 1973 Promotion, dann Assistent für römisch-katholische Moraltheologie an der Universität Wien, dort 1981 Habilitation, Prof. an der Hochschule Benedikt XVI. von Heiligenkreuz und an der Philosophisch-Theologischen Hochschule Benediktbeuern. Seit 1995 Weihbischof in Salzburg (Titularbischof von Libertina), wo er als Bischofsvikar für die Seelsorge an Ehe und Familie bestellt ist. Er gibt eine Reihe katholischer Lehrbücher für die Jahrgangsstufen eins bis acht heraus. 2003 erhielt er für „Glaube und Leben Bd. 1 und 2" den Deutschen Schulbuchpreis.

Jürgen Liminski, geboren 1950, studierte Journalismus und Informationswissenschaften an der katholischen Universität von Navarra in Pamplona/Spanien sowie Geschichte und

Politische Wissenschaften in Freiburg im Breisgau und Straßburg. Anschließend war er als Redakteur bei den Dernières Nouvelles d'Alsace in Straßburg, als Ressortleiter Außenpolitik beim Rheinischen Merkur und in derselben Funktion bei der Welt tätig. Er ist ständiger Mitarbeiter mehrerer Zeitungen, unter anderem der katholischen Zeitung Die Tagespost, der Preußischen Allgemeinen Zeitung, des Westfalen-Blatts, des Flensburger Tageblatts und der in Magdeburg erscheinenden Volksstimme.

Christa Meves, geboren 1925, Studium der Geographie, Germanistik und Philosophie an den Universitäten Breslau und Kiel, Staatsexamen in Hamburg, wo sie zusätzlich Psychologie studierte. 1962 schloss sie im psychotherapeutischen Institut in Göttingen ihre Zusatzausbildung zur Kinder- und Jugendlichenpsychotherapeutin ab. Mitglied der Psychotherapeutenkammer Niedersachsen. Christa Meves arbeitet in Uelzen. Sie hat mehr als 100 Bücher verfasst, die in bis zu dreizehn Sprachen übersetzt wurden. Von 1978 bis 2006 war sie Mitherausgeberin der Wochenzeitung Rheinischer Merkur.

Dr. Harald Seubert, geboren 1967, 1987–1992 Studium der Philosophie, Literatur- und Sozialwissenschaften, Geschichte und evangelischen Theologie. 1998: Promotion 2003 Habilitation über Platon, seit 2006 nach langjährigen Lehrtätigkeiten an den Universitäten Erlangen und Halle/Wittenberg ordentlicher Universitätsprofessor an der Adam Mickiewicz-Universität Posen, zudem professorale Lehre an der Universität Erlangen-Nürnberg und seit 2009 an der Universität Bamberg; seit 2010 auch an der Hochschule für Politik/ München. Zahlreiche Buch- und Aufsatzpublikationen. Verwalter des geistigen Erbes von Günter Rohrmoser. Jüngste Veröffentlichungen: Religion. Eine Einführung. München 2009; Jenseits von Sozialismus und Liberalismus. Gräfelfing 2010; Glaube und Vernunft: Christliche Religionsphilosphie. München 2010.

Andreas Späth, geboren 1971, studierte nach seiner Dienstzeit bei der Bundeswehr und Tätigkeit bei den Vereinten Nationen Religionspädagogik und kirchliche Bildungsarbeit mit Abschluss Diplom (FH) sowie einige Semester Theologie und Politikwissenschaft. Seitdem Religions- und Gemeindepädagoge in Würzburg und München, jetzt als Religionslehrer in Ansbach tätig. Zusatzausbildung zum Erlebnispädagogen. Verfasser von Zeitschriften- und Buchbeiträgen zu theologischen, politischen und pädagogischen Themen. Preisträger des Vereins zur Förderung des christlich-jüdischen Gesprächs in der Ev.-Luth. Kirche in Bayern und Träger des UN-Ordens „In the service of peace". Seit 2003 Vorsitzender der Kirchlichen Sammlung um Bibel und Bekenntnis und seit 2009 Vizepräsident der Internationalen Konferenz bekennender Gemeinschaften.

Dr. Gerard van den Aardweg, geboren 1936, niederländischer Psychologe und Psychotherapeut, 1967 Promotion über Homosexualität und Pädophilie als Sexualneurose, an der Universität von Amsterdam; zahlreiche Publikationen zu diesem Themenbereich, die in mehrere Sprachen übersetzt wurden. Seit 1965 in psychotherapeutischer Praxis, mit vielen Patienten mit homo- oder pädosexuellen Neigungen. Für das niederländische Justyministerium behandelte er von 1965 bis 1976 zeitweilig auch Strafgefangene. Des weiteren Vorlesungen und Kurse über Homosexualität und Psychotherapie von Homosexualität. Regelmäßig Kurse an katholischen Seminaren und bei evangelischen Gruppen und Pastoren.

Dr. Albert Wunsch, geboren 1944, ist Diplom-Sozialpädagoge und Psychologe. Als Dozent für Erziehungswissenschaft, Elementarpädagogik und Konzepte der sozialen Arbeit lehrt er unter anderem Kleinkindpädagogik und Eltern-Qualifikationsprogramme an der Katholischen Fachhochschule Nordrhein-Westfalen, Abteilung Köln, sowie als Lehrbeauftragter an der Philologischen Fakultät der Universität Düsseldorf. Seit zwei Jahren lehrt Wunsch auch an der Philosophisch-Theologischen Hochschule in Vallendar. Albert Wunsch ist durch Auftritte in Fernsehsendungen ebenso wie durch seine Publikationen, insbesondere durch seine Bücher „Abschied von der Spaßpädagogik" und „Die Verwöhnungsfalle" bekannt. Seit Juni 2010 gehört der Katholik und Familienvater aus Neuss dem Expertengremium der Supervisoren der Deutschen Ordensoberen-Konferenz gegen sexuellen Missbrauch an.

Personenregister

Alkibiades 157
Ansari, Dr. Salman 87
Atrott, Hans Henning 153f.

Bärsch, Prof. Dr. Walter 99f. , 109f.
Bartz, Dr. Monika 130
Baurmann, Michael 109
Beck, Volker 15, 62, 84, 86, 101
Becker, Carl Heinrich 116
Becker, Gerold Ummo 87, 93, 110ff. , 124, 156, 158
Becker, Hellmut 116, 117, 156
Bendig, Bruno 95, 128
Bergmann, Dr. Christine 19
Bergmann, Wolfgang 68
Bernard, Dr. Frits 106, 127
Bornemann, Prof. Dr. Ernst (auch bekannt als Ernest Borneman) 128, 145
Breitner, Peter 99, 106
Brongersma, Edward 71, 127
Bruns, Manfred 101, 145
Burkert, Gertraud 108

Cervik, Karl 94, 100
Chotjewicz, Peter O. 78
Cohn-Bendit, Daniel 57, 67, 79ff., 155
Conradi, Peter 121f.
Croissant, Klaus 78

Däubler-Gmelin, Dr. Herta 133
Dannecker, Prof. Dr. Martin 85
Dannenberg, Sophie 66
Dawkins, Prof. Dr. Clinton Richard 158
Dönhoff, Marion Gräfin 124
Dose, Ralf 106
Dudek, Peter 124
Dutroux, Marc 24, 127, 130, 136

Edelstein, Wolfgang 123
Enzensberger, Hans Magnus 150

Fleischhauer, Jan 76
Fleischhauer-Hardt, Helga 71
Fortner, Wolfgang 114f.
Fortner-Held, Dr. Wolfgang (siehe auch Dr. Held) 122
Freud, Sigmund 10, 42, 51, 62, 84, 156

Geheeb, Paul 113f.
Geißler, Heiner 19
George, Stefan 112, 122, 156ff.
Gindorf, Prof. Dr. Rolf 145
Glötzner, Johannes 89, 106ff., 111
Goebbels, Dr. Josef 28, 79
Goldstein, Dr. Martin (Pseudonyme: Dr. Jochen Sommer; Dr. Alexander Korff) 137, 140
Gollwitzer, Helmut 78
Goymann, Gisela 89
Grischa 141ff., 148, 150

Hanke, Franz-Josef 89, 91
Harder, Wolfgang 121f.
Hassemer, Prof. Dr. Winfried 133f.
Held, Dr. Wolfgang (siehe auch Dr. Fortner-Held) 114f., 118ff., 122f.
Hemmer, Eike 149, 151
Hentig, Prof. Dr. Hartmut v. 87, 93, 117f., 121, 156, 158
Herold, Horst 133
Hirsch, Dr. Burkhard 93
Hirschfeld, Prof. Dr. Magnus 145
Hitler, Adolf 28f.
Hohmann, Joachim Stephan, s. Leopardi, Angelo 165
Hörster, Prof. Dr. Norbert 159
Holzapfel, Hartmut 121
Huber, Prof. Dr. Ernst Rudolf 116
Huber, Prof. Dr. Wolfgang 116f.
Hutter, Dr. Jörg 106

in t'Veldt, Sophia Helena 67
Jäger, Prof. Dr. Herbert 85
Jäger, Joachim 133
Jens, Tilman 158
Jens, Prof. Dr. Walter 158
Johns, Irene 68

Käßmann, Dr. Margot 116
Karlauf, Thomas 112, 157
Kaufmann, Margarita 115f.
Kentler, Prof. Dr. Helmut 20, 47f., 52, 57, 62f., 68, 71ff., 77, 79, 87, 93, 99, 129f., 137ff., 145ff., 155, 160
Kilali, Elisabeth 106
Kinkel, Dr. Klaus 79ff.
Kinsey, Prof. Dr. Alfred C. 25, 42, 70, 137, 141, 143ff.
Klimke, Dr. Daniela 133
Köcher, Prof. Dr. Renate 22
Koerfer, Adrian 115, 118
Kolle, Oswalt 106, 137, 145
Korff, Dr. Alexander (ein Pseudonym von Dr. Martin Goldstein, s.a. Dr. Sommer) 140
Kottnik, Klaus Dieter 40
Kraus, Hermann 153f.
Künast, Renate 14, 93

Lautmann, Prof. Dr. Rüdiger 77, 79, 93, 102, 129, 131ff., 145, 147, 160
Leistner, Dr. Herta 130
Leopardi, Angelo (Pseudonym von Joachim Stephan Hohmann) 22, 84, 88
Leutheusser-Schnarrenberger, Sabine 14, 20, 62, 93, 133
Lindemann, Florian 110f.
Lietz, Dr. Hermann 113
Lutz, Hermann 133

Maier, Prof. Dr. Hans 158
McBride, Will 71, 139f.
Maasen, Thijs 124
Marcuse, Prof. Dr. Herbert 155f.
Merkel, Dr. Angela 93
Mertes, Klaus 14, 21
Mettler, Prof. Dr. Peter 35
Mildenberger, Florian 88
Money, Prof. Dr. John 145
Montessori, Dr. Maria 113
Müller, Bischof Prof. Dr. Gerhard Ludwig 134
Müller-Heidelberg, Dr. Till 89
Mussolini, Benito 113

Nasser (s.a. Nessim) 142, 150
Neill, Alexander Sutherland 155
Nessim (s.a. Nasser) 142f., 148ff.

Pfeiffer, Prof. Dr. Christian 57, 63
Philipps, Ina-Maria 67f.
Picht, Prof. Dr. Georg 112, 156
Platon 112, 156ff., 163
Plottnitz, Rupert v. 150
Pott, Prof. Dr. Elisabeth 141
Prantl, Heribert 93

Raspe, Jan Carl 149, 151
Rau, Johannes 140
Raulff, Prof. Dr. Ulrich 112, 156
Rauschert, Klaus 106
Reich, Prof. Dr. Wilhelm 84, 150, 155
Reisman, Dr. Judith 46, 144, 148
Reschke, Ulrich 152
Rogers, Prof. Dr. Carl 59
Rohrmoser, Prof. Dr. Günter 161, 163
Roth, Claudia 62, 93
Rürup, Ingeborg 89
Rupp, Dr. Marina 132
Rusche, Herbert 77

Sack, Prof. Dr. Fritz 89, 93f., 106f., 109, 129, 131, 133f., 155

Sandfort, Prof. Dr. Theo 35, 106, 127
Schirrmacher, Prof. Dr. Thomas 19f.
Schlöndorff, Volker 78
Schmoll, Dr. Heike 116
Schneider, Nikolaus 39f.
Schreiber, Steve 89
Schult, Peter 65, 77ff.
Schultz, Eberhard 56, 151
Schulz, Hermann 140f.
Schwarzer, Alice 13, 17, 57, 129f., 134, 145, 147
Siggelkow, Bernd 20
Sigusch, Prof. Dr. Volkmar 48, 85
Singer, Prof. Dr. Peter 156, 159
Sölle, Dorothee 78
Starke, Prof. Dr. Kurt 21
Steinbach, Erika 84
Steiner, Dr. Rudolf 113
Stergar, Marion 151
Ströbele, Hans-Christian 65, 78
Sommer, Dr. Jochen (ein Pseudonym von Dr. Martin Goldstein; s.a. Dr. Korff) 140
Süßmuth, Prof. Dr. Rita 145

Tanner, Sylvia 106
Trotta, Prof. Margarethe v. 78

Uhse, Beate 129, 137

Vestin, Frances 76
Vollmer, Dr. Antje 87f.

Weizsäcker, Ernst v. 116
Weizsäcker, Dr. Richard v. 116
Wieczorek-Zeul, Heidemarie 93
Wilde, Prof. Dr. Harald 153
Will, Prof. Dr. Rosemarie 89, 93
Wolf, Brigitta (eigentlich B. Wolf von Rosen) 78
Wolff, Prof. Dr. Reinhard 129
Wyneken, Gustav 112f.

Zahl, Peter Paul 78
Ziegler, Alexander 78
Zypries, Brigitte 132

Sachregister

Namen von Zeitungen und anderen Medien erscheinen in *Kursivschrift*.

Arbeitsgemeinschaft der Evangelischen Jugend in Deutschland (aej)   147
Arbeitsgemeinschaft Humane Sexualität (AHS)   79, 89f., 93ff., 105ff., 128, 131, 133ff., 136
Arbeitsgemeinschaft-Pädophilie (AG-Pädo)   95, 101ff., 105f., 108, 128
ARD   22, 108

Bamberg, Universität   132, 163
Berliner Tageszeitung   80
Berlin, Freie Universität   73

Bildzeitung   122
Bildungskammer der EKD   117
Bravo   52, 70, 140
Bremen, Universität   131
Bund für Geistesfreiheit   153f.
Bundesministerium der Justiz   81, 131
Bundesverband evangelische Behindertenhilfe (BeB)   39f.
Bundesverband Homosexualität (BHV)   101, 106, 128
Bundeszentrale für gesundheitliche Aufklärung (BzgA)   42f., 59, 67f., 72, 99ff., 141

Canisius-Kolleg   14, 17, 21
Carechild   103
Christlich Demokratische Union (CDU)   64, 145

Der Spiegel   67, 74, 78, 102, 115, 134, 158, 160
Der Tagesspiegel   88, 104, 111
Deutsche Gesellschaft für Humanes Sterben (DGHS)   153
Deutsche Gesellschaft für Sozialwissenschaftliche Sexualforschung (DGSS)   145
Deutscher Bundestag   22, 37, 77, 84, 86
Deutsche Forschungsgemeinschaft (DFG)   131, 133
Deutscher Kinderschutzbund   68, 99, 109ff.
Deutsches Rotes Kreuz (DRK)   43
Die Grünen (Partei, heute: Bündnis90/Die Grünen)   14, 19, 42, 53, 62, 65, 67, 77ff., 84, 86ff., 107, 150ff., 154
Die Linke (Partei)   42
Die Tagespost   124, 126, 163
Die Zeit   114, 118, 121, 124, 140

Emma   99f., 129f., 145
Europäische Union   45
Evangelische Kirche in Deutschland (EKD)   117, 137

Fachhochschule Stralsund   154
Focus   134, 152
Frankfurt, Universität   80
Frankfurter Allgemeine Zeitung (FAZ)   62, 111, 116ff., 121

Frankfurter Rundschau (FR)   93, 110, 115, 118, 120ff., 139, 151
Frauenstudien- und -bildungszentrum der EKD   130
Freie Demokratische Partei (FDP)   14, 52, 57, 62, 141

Gemeindehilfsbund (GhB)   39, 41
Gesellschaft für Sexualforschung   128
Grüne Jugend, Die (Jugendorganisation der Partei Bündnis90/Die Grünen)   87f.

Hamburg, Universität   107, 109
Hannover, Universität   107
Hessisches Institut für Bildungsforschung und Schulentwicklung   117
Huch Medien GmbH   21
Humanistische Union (HU)   20, 62f., 65, 79, 89ff., 95, 103f., 105, 107, 109, 131, 133f., 147, 153, 158, 160
Humboldt-Universität   39, 93

idea-spektrum   9, 39
Innsbruck, Universität   40
International Pedophile and Child Emancipation (IPCE)   101, 104, 109
Institut für Familienforschung an der Universität Bamberg   132
Institut für Kinderpsychologie Hannover   68
Institut für kriminologische Sozialforschung in Hamburg   131
Institut für Sicherheits- und Präventionsforschung, e.V. (ISIP)   133

Junge Freiheit   9

Kirchliche Sammlung um Bibel und Bekenntnis (KSBB)   12, 39, 41, 163
Kloster Ettal   17, 21
Kölner Express   67f.
Kriminologisches Institut Hannover   57, 63

Leipzig, Universität   21

Magnus-Hirschfeld-Medaille   128, 145
Magnus-Hirschfeld-Preis   145
Max-Planck-Institut für Bildungsforschung   116f., 123

Neufeld-Institut Vancouver   61
Niederländische Vereinigung für die Integration von Homosexuellen (COC)   30
Nordelbische Evangelisch-Lutherische Kirche   110

Odenwaldschule (OSO)   12, 17, 66, 79, 87, 93, 110f., 113ff., 158
Oxford, Universität   112

Preußische Allgemeine Zeitung   9, 109, 163
Pro Familia   43, 45, 72

Psychologisches Institut der Freien Universität Berlin 73

Regensburg, Universität 107
Rote Freiheit (Schülerladen) 73

Schulgemeinde in Wickersdorf 112, 124
Senat von Berlin 39, 44, 146f.
Sozialdemokratische Partei Deutschlands (SPD) 42, 52, 57, 102, 107, 121f., 132, 140, 145, 155

Studienzentrum für evangelische Jugendarbeit in Josefstal 129, 147
Süddeutsche Zeitung 123
Synode der Nordelbischen Evangelisch-Lutherischen Kirche 110

Tageszeitung (taz) 9, 64ff., 152
Transfer of Information Against Discrimination of Gays and Lesbians in Europe (TRIANGLE) 45

UNICEF 128